Homilías/Homilies

Reflexiones sobre las Lecturas Dominicales
Reflections on the Sunday Readings

Ciclo/Cycle B
Tomo/Book 3

Deacon Frank Enderle
Diácono Francisco Enderle

ISBN 978-0-9987275-1-6
©2003 Frank Enderle
All rights reserved
Derechos reservados
Enderle Publishing

Índice

Introducción..........................1

ADVIENTO
Primer Domingo......................2
Segundo Domingo...................4
Tercer Domingo......................6
Cuarto Domingo......................8

NAVIDAD
Sagrada Familia....................10
Epifanía del Señor.................12

TIEMPO ORDINARIO
Bautismo del Señor................14
Segundo Domingo.................16
Tercer Domingo....................18
Cuarto Domingo...................20
Quinto Domingo...................22
Sexto Domingo.....................24
Séptimo Domingo.................26
Octavo Domingo...................28
Noveno Domingo..................30

CUARESMA
Primer Domingo...................32
Segundo Domingo................34
Tercer Domingo....................36
Cuarto Domingo...................38
Quinto Domingo...................40
Domingo de Ramos..............42

DOMINGOS DE PASCUA
Domingo de Pascua..............44
Segundo Domingo................46
Tercer Domingo....................48
Cuarto Domingo...................50
Quinto Domingo...................52
Sexto Domingo.....................54
Séptimo Domingo.................56

SOLEMNIDADES DEL SEÑOR DURANTE EL TIEMPO ORDINARIO
Domingo de Pentecostés........58
Santísima Trinidad.................60
Cuerpo y Sangre de Cristo.....62

TIEMPO ORDINARO
Décimo Domingo...................64
Undécimo Domingo...............66
Duodécimo Domingo.............68
Decimotercero Domingo........70
Decimocuarto Domingo.........72
Decimoquinto Domingo.........74
Decimosexto Domingo..........76
Decimoséptimo Domingo......78
Decimoctavo Domingo..........80
Decimonoveno Domingo.......82
Vigésimo Domingo................84
Vigésimo Primer Domingo....86
Vigésimo Segundo Domingo.88
Vigésimo Tercer Domingo....90
Vigésimo Cuarto Domingo....92
Vigésimo Quinto Domingo....94
Vigésimo Sexto Domingo......96
Vigésimo Séptimo Domingo.98
Vigésimo Octavo Domingo...100
Vigésimo Noveno Domingo..102
Trigésimo Domingo..............104
Trigésimo Primer Domingo..106
Trigésimo Segundo Domingo.........108
Trigésimo Tercero Domingo.110
Jesucristo, Rey del Universo.112

HOMILÍAS/HOMILIES

Este libro contiene reflexiones en español, con sus traducciones al inglés. Fue escrito para los diáconos y sacerdotes que prefieren usar libros de papel con reflexiones para preparar sus homilías en vez de usar Internet para buscarlas. La diferencia entre este libro bilingüe y otros es que las homilías fueron escritas en español y traducidas al inglés y no al revés, como se suele hacer en otros libros. Esperamos que estos libros sean útiles tanto para los predicadores de habla Hispana como para los de habla inglesa que tienen que predicar en español.

Usted tiene permiso para usar cualquier homilía publicada en este libro para su propia reflexión y meditación. Puede usarla, tal cual o en parte, para predicar. No tiene permiso para usarla para cualquier fin comercial o como parte de una obra literaria, sea para vender o no, sin el permiso expreso por escrito del titular de los derechos reservados.

Table of Contents

Introduction ... 1

ADVENT
First Sunday .. 3
Second Sunday ... 5
Third Sunday . 7
Fourth Sunday ... 9

CHRISTMAS SEASON
Holy Family .. 11
Epiphany ... 13

ORDINARY TIME
Baptism of the Lord ... 15
Second Sunday ... 17
Third Sunday ... 19
Fourth Sunday ... 21
Fifth Sunday .. 23
Sixth Sunday . 25
Seventh Sunday ... 27
Eighth Sunday ... 29
Ninth Sunday. 31

LENT
First Sunday . 33
Second Sunday ... 35
Third Sunday ... 37
Fourth Sunday ... 39
Fifth Sunday . 41
Palm Sunday.. 43

SUNDAYS OF EASTER SEASON
Easter Sunday ... 45
Second Sunday ... 47
Third Sunday ... 49
Fourth Sunday ... 51
Fifth Sunday . 53
Sixth Sunday ... 55
Seventh Sunday ... 57

SOLEMNITIES OF THE LORD WITHIN ORDINARY TIME
Pentecost ... 59
Holy Trinity .. 61
Corpus Christi ... 63

ORDINARY TIME
Tenth Sunday. 65
Eleventh Sunday ... 67
Twelfth Sunday ... 69
Thirteenth Sunday ... 71
Fourteenth Sunday ... 73
Fifteenth Sunday ... 75
Sixteenth Sunday ... 77
Seventeenth Sunday . 79
Eighteenth Sunday ... 81
Nineteenth Sunday ... 83
Twentieth Sunday ... 85
Twenty First Sunday . 87
Twenty Second Sunday ... 89
Twenty Third Sunday ... 91
Twenty Fourth Sunday 93
Twenty Fifth Sunday ... 95
Twenty Sixth Sunday ... 97
Twenty Seventh Sunday ... 99
Twenty Eighth Sunday ... 101
Twenty Ninth Sunday ... 103
Thirtieth Sunday ... 105
Thirty First Sunday .. 107
Thirty Second Sunday ... 109
Thirty Third Sunday.. 111
Christ the King Sunday ... 113

HOMILÍAS/HOMILIES
Copyright Statement

This book contains reflections in Spanish, with their translations into English. It was written for deacons and priests who prefer to use paper books with reflections to prepare their homilies rather than use the Internet to search for them. The difference between this bilingual book and others is that the homilies were written in Spanish and translated into English and not the other way around, as is often done in other books. We hope these books will be helpful to both Spanish-speaking and English-speaking preachers who have to preach in Spanish.

You have permission to use any homily published in this book for your own reflection and meditation. You can use it, as is or in part, to preach. You are not allowed to use it for any commercial purpose or as part of a literary work, whether for sale or not, without the express written permission of the copyright holder.

Contact dcnfxe@gmail.com for further clarification and/or information.

Dedicación/Dedication

*Dedico este libro y toda la serie de libros Homilías/Homilies
a mi esposa Osane Miren Imanole Jiménez de Bentrosa de Enderle (Q.E.P.D.).
Sin su colaboración y su habilidad editorial nunca se hubiera escrito este libro.
Diácono Francisco Xavier Enderle Pérez*

*I dedicate this book and all of the books in the Homilías/Homilies series
to my wife Osane Miren Imanole Jimenez de Bentrosa Enderle (RIP).
Without her collaboration and editing skills this book would never have been written.
Deacon Francisco Xavier Perez Enderle*

Homilías/Homilies
Reflexiones sobre las Lecturas Dominicales
Reflections on the Sunday Readings
Ciclo/Cycle B
Tomo/Book 3
Introducción/Introduction

En el año 2000, Monseñor Frank Friedl y Diácono Ed Macauley le pidieron al Diácono Francisco Enderle, que entonces era el Director Ejecutivo del Diaconado Permanente de la Arquidiócesis de Washington, que escribiese homilías en español para el sitio web, www.homiliesalive.com. Ya en el 2002, el Diácono Enderle, se había mudado a Harrisburg, Pensilvania después de dejar su puesto en la Arquidiócesis de Washington. En este mismo año empezó a publicar en su propio sitio de Internet, www.homilias.net, traducciones homilías en español con sus traducciones en español. En el año 2005, el diacono ya había escrito tres libros de pasta blanda de reflexiones sobre las lecturas de las misas dominicales – para los años litúrgicos A, B y C. Ese mismo año, el diacono termino tres pequeños libros de pasta blanda de reflexiones sobre las lecturas de Días de Precepto para los tres años litúrgicos. El segundo juego de libros para los años litúrgicos dominicales A, B y C se publicó en el verano del 2020. Este libro que tiene en sus manos es parte del tercer juego.

In the year 2000, Monsignor Francis Friedl and Deacon Ed Macauley asked Deacon Frank Enderle, who at that time was the Executive Director of the Permanent Diaconate in the Archdiocese of Washington, to write homilies in Spanish for their webpage, www.homiliesalive.com. By 2002, Deacon Enderle had moved to Harrisburg, Pennsylvania, had left his position with the Archdiocese of Washington. It was there that he began publishing Spanish homilies with translations in English on his own website www.homilies.net. This was one of the first websites in the United States to do so. By 2005, the deacon had written three paperback books of reflections for Sunday Masses – for liturgical years A, B and C. That same year he finished and published three smaller paperback books containing reflections for the readings on Holy Days of Obligation. The second set of books for Sunday liturgical years A, B, and C were published in the summer of 2020. This book that you have in your hands is part of the third set.

Este libro contiene reflexiones en español, con sus traducciones al inglés. Fue escrito para los diáconos y sacerdotes que prefieren usar libros de papel con reflexiones para preparar sus homilías en vez de usar Internet para buscarlas. La diferencia entre este libro bilingüe y otros es que las homilías fueron escritas en español y traducidas al inglés y no al revés, como se suele hacer en otros libros. Esperamos que estos libros sean útiles tanto para los predicadores de habla Hispana como para los de habla inglesa que tienen que predicar en español.

This book contains Spanish homilies with English translations. It is published specifically for deacons and priests who prefer to read homily reflections in a paper book format rather than on the Internet. The difference between this bilingual book and others is that these homilies were originally written in Spanish and translated into English, not vice versa, as in other books. We hope that these books will be useful to native Spanish speakers who preach as well as to native English speakers who find they must preach in Spanish.

Primer Domingo de Adviento
Ciclo B Tomo 3
Lecturas: (L1) Isaías 63, 16-17. 19; 64, 2-7 (L2) 1 Corintios 1, 3-9 (Ev) Marcos 13, 33-37

Durante este año litúrgico que empieza hoy, estaremos escuchando al evangelio según San Marcos, Considerado como el más antiguo de todos los evangelios, curiosamente no menciona nada sobre los acontecimientos que rodeaban la concepción y nacimiento de Nuestro Señor. Es en el Evangelio de San Mateo y posteriormente en el de San Lucas que escuchamos una descripción de la encarnación y alumbramiento de Jesús. Sin embargo, es más o menos siete siglos antes del nacimiento de Jesucristo, cuando el profeta Isaías anuncia: *"He aquí que la virgen concebirá y dará a luz un hijo, y su nombre será Emanuel"*. Este nombre, Emanuel, quiere decir, *"Dios con nosotros"*.

Desde los tiempos de los apóstoles, nuestra iglesia ha considerado que Nuestro Señor es Dios y hombre verdadero. Y durante todo el año litúrgico, pero especialmente en esta temporada de Adviento en la cual entramos hoy, la Iglesia sigue repitiendo esta creencia año tras año. Aunque han pasado casi veinte siglos desde esa primera Navidad, la Iglesia, mediante las celebraciones litúrgicas cada temporada de Adviento, nos presenta este acontecimiento como cercano. Cada año, durante el Adviento, los cristianos nos disponemos a conmemorar el nacimiento de Jesús, nuestro Salvador. A la vez, la Iglesia nos recuerda que el advenimiento, la venida gloriosa de Nuestro Señor al final de los tiempos, puede llegar en cualquier momento. Y nos pide que nos mantengamos alerta y preparados.

Sin embargo, algunas personas, en vez de esperar la llegada del Señor con sobriedad, se esclavizan con el comprar, el comer, la embriaguez y la droga. Quien se prepara así para esperar las fiestas Navideñas, ni está alerta, ni está preparado. Esta no es una manera digna de esperar las fiestas navideñas. Nosotros sabemos que el Adviento, en realidad es tiempo de examinar nuestras vidas en preparación para recibir al Cristo que vino a nacer entre nosotros, a ser nuestro Salvador.

Cristo se hizo hombre para liberarnos del pecado original que cometieron nuestros primeros antepasados, Adán y Eva. A la vez, nos dio la oportunidad de confesar nuestros pecados y reconciliarnos con Dios. El Profeta Isaías nos dice en la Primera Lectura que la raza humana de sus tiempos se había rebelado contra su Dios y que poca gente levantaba sus oraciones hacia Él. Sin embargo, el Profeta reconoce que a pesar de la actitud de la humanidad, Dios no condena a todos por igual. Siempre sale al encuentro del ser humano que practica la justicia y sigue los mandamientos que Dios mismo le ha dado. Nos da la oportunidad de convertirnos, de cambiar nuestras vidas, y de volver a Él, si nos hemos extraviado.

Cuando el Señor llegue en Navidad, debe encontrarnos bien preparados. La temporada de Adviento debe ser tiempo de preparación para recibir al Señor, de conversión a una nueva vida en Cristo, de purificación de nuestros corazones y nuestras almas. En preparación para celebrar litúrgicamente la primera venida del Señor en Navidad, el Evangelio de hoy nos habla de su venida en los últimos tiempos y nos dice que debemos velar y estar preparados porque no sabemos cuándo llegará ese día.

Equivocadamente, y para desdicha de muchos, durante esta época de Adviento, se cometen muchos pecados relacionados con la idea equivocada de la sociedad sobre cómo se debe celebrar las fiestas navideñas. Tengamos cuidado. Estemos alerta. No nos dejemos dominar por la embriaguez, la gula y los pecados de la carne. Recordemos siempre, pero especialmente en estas semanas, que San Pablo siempre decía que nuestro cuerpo debe ser templo del Espíritu Santo. Las Sagradas Escrituras nos dicen que seamos sobrios en todo lo que hacemos.

Hoy en la Santa Misa la Iglesia nos recuerda que la venida de Jesucristo, Dios-entre-nosotros, está cercana. Toda nuestra vida debe ser un tiempo de adviento, un tiempo de preparación continuado. Que este Adviento sea en nuestra comunidad una temporada de reconciliación, de sobriedad y paz. Y que el Espíritu Santo nos colme con su gracia para que Jesucristo se vaya reproduciendo, poco a poco, en nosotros.

First Sunday of Advent

Cycle B Book 3

Readings: (R1) Isaiah 63:16-17, 19; 64:2-7 (R2) 1 Corinthians 1:3-9 (Gos) Mark 13:33-37

During this liturgical year that begins today, we will be listening to the Gospel according to Saint Mark, Considered the oldest of all the Gospels; curiously it does not mention anything about the events surrounding the conception and birth of Our Lord. It is in the Gospel of Saint Matthew and later in that of Saint Luke that we hear a description of the incarnation and birth of Jesus. However, it is more or less seven centuries before the birth of Jesus Christ, when the prophet Isaiah announces: *"Behold, the virgin will conceive and give birth to a son, and his name will be Immanuel."* This name, Emanuel, means *"God with us."*

Since the days of the apostles, our church has considered Our Lord to be true God and true man. And throughout the liturgical year, but especially in this Advent season into which we enter today, the Church continues repeating this belief year after year. Although almost twenty centuries have passed since that first Christmas, the Church, through liturgical celebrations each season of Advent, presents this event to us as near. Every year during Advent, Christians prepare to commemorate the birth of Jesus, our Savior. At the same time, the Church reminds us that the advent, the glorious coming of Our Lord at the end of time, can come at any moment. And she asks us to stay alert and prepared.

However, some people, instead of soberly awaiting the Lord's arrival, enslave themselves with shopping, eating, drunkenness, and drugs. Whoever prepares like this to wait for the Christmas holidays, is neither alert nor ready. This is not a worthy way to look forward to the holidays. We know that Advent is actually the time to examine our lives in preparation to receive the Christ who came to be born among us, to be our Savior.

Christ became man to free us from the original sin committed by our first ancestors, Adam and Eve. At the same time, it gave us the opportunity to confess our sins and reconcile ourselves to God. The Prophet Isaiah tells us in the First Reading that the human race of his time had rebelled against their God and that few people raised their prayers towards Him. However, the Prophet acknowledges that despite the attitude of humanity, God does not condemn all equally. He always goes out to meet the human being who practices justice and follows the commandments that God himself has given him. It gives us the opportunity to convert, to change our lives, and to return to Him if we have strayed.

When the Lord arrives at Christmas, He must find us well prepared. The season of Advent should be a time of preparation to receive the Lord, of conversion to a new life in Christ, of purification of our hearts and our souls. In preparation to celebrate the Lord's first coming liturgically at Christmas, today's Gospel tells us of his coming in the end times and tells us that we must watch and be prepared because we do not know when that day will come.

Wrongly, and unfortunately for many, during this season of Advent, many sins are committed related to the misconception of society about how to celebrate the Christmas holidays. Let's be careful. Let us be vigilant. Let us not be dominated by drunkenness, gluttony and sins of the flesh. Let us always remember, but especially in these weeks, that Saint Paul always said that our body should be the temple of the Holy Spirit. Holy Scripture tells us to be sober in everything we do.

Today at Holy Mass the Church reminds us that the coming of Jesus Christ, God-among-us, is near. Our whole life should be a season of advent, a time of continual preparation. May this Advent be a season of reconciliation, sobriety and peace in our community. And may the Holy Spirit fill us with his grace so that Jesus Christ reproduces himself, little by little, in us.

Segundo Domingo de Adviento
Ciclo B Tomo 3
Lecturas: (L1) Isaías 40, 1-5. 9-11 (L2) 2 Pedro 3, 8-14 (Ev) Marcos 1, 1-8

Estamos aquí reunidos celebrando la Santa Misa del Segundo Domingo de Adviento. Las lecturas hoy nos sugieren que debemos meditar sobre la figura de Juan Bautista. San Lucas, en el Evangelio, nos dice que el profeta Isaías se refería a San Juan cuando dijo, *"Ha resonado una voz en el desierto: Preparen el camino del Señor, hagan rectos sus senderos"*. Estas palabras de San Lucas son perfectas para la temporada que estamos atravesando. Adviento debe ser tiempo de ir preparándonos para las Navidades que se aproximan - pero preparándonos en el sentido espiritual primero.

Hoy la Iglesia nos deja ver, a través de la figura de Juan el Bautista, la necesidad tan grande que tenemos de Cristo. Juan el Bautista, primo de Jesús y fiel seguidor suyo, predica la conversión y el arrepentimiento. Y nos recuerda que nuestra vida debe ser recta si queremos acercarnos al Señor.

La Primera Lectura de la misa hoy es del libro del profeta Isaías. En la lectura, el profeta cita al Todopoderoso que dice *"¡Consuelen, consuelen a mi pueblo! Hablen con cariño a Jerusalén, y anúncienle que ya ha cumplido su tiempo de servicio, que ya ha pagado por su iniquidad, que ya ha recibido de la mano del Señor el doble por todos sus pecados"*. Así empieza el capítulo 40 del libro del profeta Isaías.

El servicio que había cumplido el Pueblo de Dios era su destierro en Babilonia. Después de años de volverle la espalda a Dios el Pueblo Escogido, después de largo tiempo regocijándose en el pecado, adorando dioses falsos y mezclando su fe con creencias paganas, Dios le mando un castigo. Una de las fuerzas militares más poderosas de la región ataco a Israel. Después de derrotar a sus fuerzas, los babilonios saquearon sus pueblos y ciudades y luego llevaron al exilio a la mayor parte de su clase media y alta dejando solo a los más pobres de los pobres para que se las arreglaran por sí mismos.

Setenta años después del destierro cuando la mayoría de los que habían pecado contra Dios ya habían muerto, el Señor decidió perdonar sus pecados y dejarles volver a su tierra. La iglesia nos dice que aunque el Profeta Isaías estaba hablando a los Israelitas cuando escribió las palabras de aliento que hemos escuchado en la Primera Lectura, también estaba refiriéndose a San Juan el Bautista. Juan era el que clamaba *"Preparen el camino del Señor en el desierto, construyan en el páramo una calzada para nuestro Dios"* Juan era el *"mensajero de buenas nuevas"* que alzaba la voz con alegría y sin temor para que todo el mundo supiera que Dios había decidido morar entre su pueblo. Y también era el que le tocaba anunciar al mundo entero: *"Aquí está su Dios. Aquí llega el Señor, lleno de poder, el que con su brazo lo domina todo"*.

Los profetas del Antiguo Testamento anunciaban la llegada del Mesías, aunque no sabían exactamente ni cuándo ni cómo sería. Describían al Mesías esperado cómo una persona importante en la jerarquía política y militar. Entonces apareció Juan, y en su predicación declaraba que eso no iba a ser así. La predicación de Juan Bautista era cómo una línea divisora entre las profecías del final del Antiguo Testamento y la realidad del comienzo del Nuevo Testamento.

San Juan nos enseña el camino recto que debemos seguir para vivir una vida "como Dios manda". Lo mismo que San Juan, tenemos la obligación de ir dando testimonio de nuestra fe cristiana con un seguimiento estrecha al Señor. Tanto el profeta Isaías como San Juan decían que cada persona que quiere seguir a Dios debe enderezar su vida. De hecho, nuestra meta, como cristianos, tiene que ser luchar con ahínco para que en nosotros, en nuestra manera de vivir, se vea la luz de Cristo. Y la única manera de hacer esto es si nos arrepentimos de nuestros pecados, haciendo penitencia y proponiéndonos nunca más pecar. Aunque no tengamos éxito en conseguir dejar el pecado al principio si solo tratemos seriamente de hacer esto será suficiente para que comencemos a sentir en nosotros tranquilidad en vez de agitación, paz en vez de odio, y amor en vez de rencor. Intentemos, este adviento, intentar a seguir el camino hacia el Señor más de cerca. Merece la pena.

Second Sunday of Advent
Cycle B Book 3
Readings: (R1) Isaiah 40:1-5, 9-11 (R2) 2 Peter 3:8-14 (Gos) Mark 1:1-8

We are gathered here celebrating Holy Mass on the Second Sunday of Advent. Today's readings suggest that we should meditate on the figure of John the Baptist. Saint Luke, in the Gospel, tells us that the prophet Isaiah was referring to Saint John when he said, *"A voice cries out: In the desert prepare the way of the Lord! Make straight in the wasteland a highway for our God!"* These words of Saint Luke are perfect for the season we are going through. Advent must be the time to prepare for Christmas that is approaching but getting ready in the spiritual sense first.

Today the Church lets us see, through the figure of John the Baptist, the great need we have for Christ. John the Baptist, Jesus' cousin and faithful follower, preaches conversion and repentance. And it reminds us that our life must be straight if we want to draw near to the Lord.

The First Reading of Mass today is from the book of the prophet Isaiah. In the reading, the prophet quotes the Almighty who says *"Comfort, give comfort to my people, says your God. Speak to the heart of Jerusalem, and proclaim to her that her service has ended, that her guilt is expiated, that she has received from the hand of the Lord double for all her sins."* Thus begins chapter 40 of the book of the prophet Isaiah.

The service that the People of God had performed was their exile in Babylon. After years of turning his back on God the Chosen People, after long rejoicing in sin, worshiping false gods and mixing his faith with pagan beliefs, God sent him a punishment. One of the most powerful military forces in the region attacked Israel. After defeating their forces, the Babylonians plundered their towns and cities and then drove most of their middle and upper class into exile, leaving only the poorest of the poor to fend for themselves.

Seventy years after the exile when most of those who had sinned against God had already died, the Lord decided to forgive their sins and let them return to their land. The church tells us that although the Prophet Isaiah was speaking to the Israelites when he wrote the words of encouragement that we have heard in the First Reading, he was also referring to Saint John the Baptist. John was the one who cried out: *"In the desert prepare the way of the Lord! Make straight in the wasteland a highway for our God!"* John was the "herald of good tidings" who raised his voice with joy and without fear so that the whole world would know that God had decided to dwell among his people. And he was also the one who had to announce to the whole world: *"Here is your God. Here comes the Lord, full of power, who with his arm dominates everything."*

The Old Testament prophets announced the arrival of the Messiah, although they did not know exactly when or how it would be. They described the expected Messiah as an important person in the political and military hierarchy. Then John appeared, and in his preaching he declared that this would not be the case. The preaching of John the Baptist was like a dividing line between the prophecies of the end of the Old Testament and the reality of the beginning of the New Testament.

Saint John teaches us the straight path we must follow in order to live a life "as God intended." Like Saint John, we have the obligation to bear witness to our Christian faith with a close following of the Lord. Both the prophet Isaiah and Saint John said that every person who wants to follow God must straighten his life. In fact, our goal, as Christians, must be to fight hard so that in us, in our way of living, the light of Christ is seen. And the only way to do this is if we repent of our sins, doing penance and resolving never to sin again. Even if we do not succeed in getting rid of sin at first, if we only seriously try to do this it will be enough for us to begin to feel in ourselves tranquility instead of agitation, peace instead of hatred, and love instead of resentment. Let us try, this Advent, to try to follow the path to the Lord more closely. It is worth the effort.

Tercer Domingo de Adviento
Ciclo B Tomo 3
Lecturas: (L1) Isaías 61, 1-2. 10-11 (L2) 1 Tesalonicenses 5, 16-24 (Ev) Juan 1, 6-8. 19-28

El evangelio de hoy continúa hablándonos de Juan el Bautista, como lo hizo el domingo pasado. Nos dice que surgió un hombre, llamado Juan. Fue enviado por Dios para anunciar la llegada del Mesías que el pueblo judío había estado esperando durante siglos. Juan fue el último profeta de la Biblia. Y citando al profeta Isaías, Juan dijo de sí mismo, con valentía y en voz alta: *"Yo soy la voz de quien clama en el desierto: Enderecen el camino del Señor "*.Juan predicó con integridad acerca del Mesías que vendría después de él. Habló en voz alta, sin miedo y sin titubear. La gente vino a escucharlo desde Jerusalén, Judea y alrededores. Instó a los que escucharon su predicación a convertirse y bautizarse, pidiendo perdón y sintiendo remordimiento por el mal que habían hecho.

San Juan fue un hombre grande y valiente con una fe fuerte que nadie pudo debilitar. Hasta que comenzó su vida pública, había llevado una vida oculta en el desierto, una vida estricta y austera. Vivió en completo ayuno. Además de ser un hombre intachable, también fue un gran predicador. Decía lo que sabía que era la verdad independientemente de lo que la gente dijera sobre él. Y no se retractó ante nadie. Siguió de cerca a Dios y sus mandamientos al pie de la letra a pesar de que le resultaba difícil hacerlo. Las palabras que Nuestro Señor dijo de él son envidiables. Hablando de Juan, dijo: *"Les digo que entre los hijos de mujer no hay nadie más grande que Juan el Bautista".* (Mateo 11:11)

Contemplemos la actitud de John y tratemos de practicar esa actitud nosotros mismos. Juan no ejerció su ministerio buscando honores para sí mismo. A los honores personales no les importaba. Nunca intentó ser el centro de atención. Siempre reconoció que, ante el Mesías, no era nadie. El comportamiento de San Juan nos debe estar bien presente para no caer en esa tendencia humana de querer destacar y querer ser "yo primero y siempre yo". Cuando le preguntaron si él era el Mesías, podría haber dicho que si era acaparando así mucha atención y adulación, pero fue sincero y dijo simplemente: *"Yo no soy el Mesías".*

Juan es digno de ser imitado por los cristianos, especialmente por su honestidad, su humildad y su fiel seguimiento de Cristo. No se consideraba digno de ningún elogio. Su única misión era dar a conocer al Mesías que vendría. Tenía muy claro lo que tenía que hacer, lo que era verdaderamente importante para él: hablar claro de Cristo dándole a conocer en todas partes.

En la Segunda Lectura de la Santa Misa de este domingo escuchamos lo que recomendó San Pablo a los cristianos de Tesalónica. Los invitó a estar alegres, a orar sin cesar y a dar gracias a Dios siempre por todo lo que ha hecho por ellos. Nuestro Dios nos dice esto a todos hoy: Regocíjense. Den gracias a Dios Se acerca la Navidad. San Pablo también nos advierte que debemos mantener el pecado alejado de nosotros ya que sabemos que con el pecado nunca podremos ser personas felices como él nos pide. El pecado trae tristeza y depresión a nuestras vidas. Echemos un buen vistazo a lo que nos dice San Pablo, *"Abstenerse de todo tipo de mal".* En otras palabras, nuestro deseo debe ser mantenernos limpios del pecado, sin reproche.

En la primera lectura, el profeta Isaías nos deja ver que cumplió la misión que recibió de Dios. Su misión era anunciar a los judíos que habían regresado a Jerusalén estaba con ellos. Les dijo: *"... el Espíritu del Señor está sobre mí, porque me ha ungido para predicar buenas nuevas a los pobres. Me ha enviado a proclamar la libertad a los cautivos y a dar vista a los ciegos, a liberar a los oprimidos, a proclamar el año del favor del Señor".* Nuestro Señor Jesús, hablando en la sinagoga de Nazaret varios siglos después, leyó este texto del profeta y dijo: *"Hoy se cumplen estas profecías que acabas de escuchar".* (Lc 4:21)

Hoy en vez de escuchar el Salmo Responsorial hemos oído las palabras que la Virgen María pronunció al visitar su prima Santa Isabel: *"Mi alma glorifica al Señor y mi espíritu se llena de júbilo en Dios, mi salvador".* Nosotros hacemos eco de esos sentimientos y proclamamos que como la Virgen María, esperamos con alegría celebrar el nacimiento del Nino Dios.

Third Sunday of Advent

Cycle B Book 3

Readings: (R1) Isaiah 61:1-2, 10-11 (R2) 1 Thessalonians 5:16-24 (Gos) John 1:6-8, 19-28

Today's Gospel continues to tell us about John the Baptist, as it did last Sunday. It tells us that a man emerged, named Juan. He was sent by God to announce the arrival of the Messiah that the Jewish people had been waiting for centuries. John was the last prophet in the Bible. And quoting the prophet Isaiah, John said of himself, boldly and aloud: *"I am the voice of one who cries out in the desert: Make straight the way of the Lord."* John preached with integrity about the Messiah who would come after him He spoke out loud without fear and without hesitation. People came to hear him from Jerusalem, Judea and the surrounding area. He urged those who heard his preaching to be converted and baptized, asking for forgiveness and feeling remorse for the wrong they had done.

Saint John was a great and courageous man with a strong faith that no one could weaken. Until his public life began, he had led a hidden life in the desert, a strict and austere life. He lived in complete fasting. Besides being a blameless man, he was also a great preacher. He was saying what he knew to be the truth regardless of what people said about him. And he did not recant to anyone. He closely followed God and his commandments to the letter even though it was difficult for him to do so. The words that Our Lord said about him are enviable. Speaking of John, he said: *"I tell you that among the sons of women there is no one greater than John the Baptist."* (Matthew 11:11)

Let's look to John's attitude and try to practice that attitude ourselves. John did not exercise his ministry seeking honors for himself. Personal honors didn't care. He never tried to be the center of attention. He always recognized that, before the Messiah, he was nobody. The behavior of Saint John must be well present to us so as not to fall into that human tendency of wanting to stand out and wanting to be "me first and always me". When asked if he was the Messiah, he could have said he was garnering a lot of attention and adulation, but he was sincere and said simply, *"I am not the Messiah."*

John is worthy of being imitated by Christians, especially for his honesty, his humility and his faithful following of Christ. He did not consider himself worthy of any praise. His only mission was to make known the Messiah who would come. He was very clear about what he had to do, what was truly important to him: to speak clearly about Christ making him known everywhere.

In the Second Reading of Holy Mass this Sunday we heard what Saint Paul recommended to the Christians of Thessalonica. He invited them to be happy; to pray without ceasing and to give thanks to God always for all that he has done for them. Our God says this to all of us today: Rejoice. Thank God Christmas is coming. Saint Paul also warns us that we must keep sin away from us since we know that with sin we can never be happy people as he asks of us. Sin brings sadness and depression into our lives. Let's take a good look at what Saint Paul tells us, *"Refrain from all kinds of evil."* In other words, our desire must be to keep ourselves clean from sin, without reproach.

In the First Reading, the prophet Isaiah lets us see that he fulfilled the mission he received from God. His mission was to announce to the Jews who had returned to Jerusalem that he was with them. He told them: *"... the Spirit of the Lord is upon me, because he has anointed me to preach good news to the poor. He has sent me to proclaim freedom to the captives and to give sight to the blind, to free the oppressed, to proclaim the year of the Lord's favor. Our Lord Jesus, speaking in the synagogue of Nazareth several centuries later, read this text of the prophet and said:* "Today these prophecies that you have just heard are fulfilled." (Lk 4:21)

Today instead of listening to the Responsorial Psalm we have heard the words that the Virgin Mary spoke when visiting her cousin Saint Elizabeth: *"My soul glorifies the Lord and my spirit is filled with joy in God, my Savior."* We echo those sentiments and look forward to celebrating the birth of Baby Jesus.

Cuarto Domingo de Adviento
Ciclo B Tomo 3
Lecturas: (L1) 2 Samuel 7, 1-5. 8-11. 16 (L2) Romanos 16, 25-27 (Ev) Lucas 1, 26-38

Estamos aquí reunidos celebrando el último domingo de Adviento y, a la vez, nos disponemos a celebrar con alegría las fiestas navideñas que se aproximan. En pocos días estamos celebrando de nuevo el alumbramiento de Nuestro Señor, Dios y Salvador, Jesucristo, Dios entre nosotros. Durante esta temporada de Adviento los cristianos nos hemos estado preparando para el nacimiento del Hijo de Dios e Hijo de María. Este domingo la Iglesia nos recuerda que aún hay tiempo para prepararnos de una manera digna para nuestro encuentro con el Señor. Y nos dice que esa preparación tiene que incluir una actitud de fe y de esperanza.

Al entrever el final de esta temporada de Adviento nos alegra el corazón pensar que nuestra conmemoración anual del nacimiento del Niño Jesús ocurrirá dentro de muy pocos días. El Evangelio hoy nos cuenta cómo fue que la Virgen María dio su "fiat", su *"hágase en mi su voluntad"* (Lucas 1, 38) rotundo sin el cual no se hubiera encarnado Nuestro Señor Jesucristo que vino a extender su reino de paz y de amor en toda la tierra. Todos anhelamos ese reino por el cual el Hijo de Dios nació entre nosotros. Ese reino de justicia y derecho durará por siempre porque una joven judía sencilla hace más de 2,000 años decidió cambiar su vida, arriesgándola a sabiendas, simplemente porque Dios le pidió que lo hiciera.

Los seres humanos tenemos la costumbre de hacer grandes propósitos que muchas veces se quedan en agua de borrajas. A menudo comprobamos, con desaliento, que muchas de las ambiciones que teníamos y que habían guiado nuestros planes se han quedado en sueños sin realizar, bien porque no nos hemos situado debidamente para cumplirlos, o bien porque nuestros caminos no cogieron el rumbo adecuado. Muchas veces el no cumplir los propósitos que iniciamos es porque apenas aparece la primera dificultad, nos desanimamos. En seguida nos quejamos de lo difícil que es y nos encontramos incapaces de mantenernos en la esperanza. Y es que muchas veces en nuestras vidas lo que predomina la tibieza y el apegamiento a las cosas fáciles terrenas. Si durante el tiempo de Adviento que pronto pasara, hubiéramos hecho el propósito de repasar nuestras vidas con miras a cambiar nuestra manera de ser pero no lo hemos conseguido, quizás si contemplamos la fe y el coraje de la Virgen María encontraremos un ejemplo a seguir.

La conmemoración del nacimiento de Jesucristo nos da otra oportunidad de rehacer nuestras vidas, de volver a ser amigos de Dios, rechazando completamente las tentaciones materialistas que siempre surgen durante esta temporada. Pidamos a Dios, por mediación de Nuestra Madre Amantísima, que la presencia de su Hijo, Jesucristo, entre nosotros en el Sagrario de este templo santo, nos mantenga firmes en la esperanza de renovar nuestras vidas y que no nos permita caer nuevamente en pecado. Sigamos el ejemplo de la Virgen María y ella nos mostrará el camino recto que nos conducirá a Cristo.

Durante esta temporada de Adviento que termina pronto, muchos cristianos nos hemos ido preparando para el nacimiento de Jesucristo, Nuestro Señor y Salvador. Hemos estado recalcando durante estas cuatro semanas que teníamos que prepararnos a conciencia para este acontecimiento. Al ir disponiéndonos para la celebración de la Navidad, hemos ido sintiendo, como todos los años, que al nacimiento del Niño Dios la esperanza renace en nuestro corazón y en nuestra alma. La conmemoración del nacimiento de Jesucristo nos da otra oportunidad para rehacer nuestras vidas, para volver a ser amigos de Dios, rechazando completamente todas las tentaciones que Satanás siempre está dispuesto usar para hacernos caer en pecado.

Pidamos a Dios, por mediación de Nuestra Madre Amantísima, que la presencia de su Hijo, Jesucristo, ya cercana, nos mantenga firmes en la esperanza de renovar nuestras vidas y que no nos permita caer nuevamente en pecado. Sigamos el ejemplo de la Virgen María y ella nos mostrará el camino recto que nos conducirá a Cristo.

Fourth Sunday of Advent
Cycle B Book 3
Readings: (R1) 2 Samuel 7:1-5, 8-11, 16 (R2) Romans 16:25-27 (Gos) Luke 1:26-38

We are gathered here celebrating the last Sunday of Advent and, at the same time, we are preparing to celebrate with joy the Christmas holidays that are approaching. In a few days we are celebrating again the birth of Our Lord, God and Savior, Jesus Christ, God among us. During this Advent season we Christians have been preparing for the birth of the Son of God and the Son of Mary. This Sunday the Church reminds us that there is still time to prepare ourselves in a worthy way for our encounter with the Lord. And it tells us that this preparation must include an attitude of faith and hope.

As we glimpse the end of this Advent season, our hearts rejoice to think that our annual commemoration of the birth of the Child Jesus will take place in a very few days. The Gospel today tells us how it was that the Virgin Mary gave her "fiat", her resounding *"May it be done to me according to your word."* (Luke 1:38) without which Our Lord Jesus Christ would not have been incarnate, who came to extend his kingdom of peace and love throughout the world. We all long for that kingdom by which the Son of God was born among us. That reign of justice and righteousness will last forever because a simple Jewish girl more than 2,000 years ago decided to change her life, knowingly risking it, simply because God asked her to.

Human beings have the habit of making great purposes that many times remain in borage water. We often find, with dismay, that many of the ambitions that we had and that had guided our plans have remained unrealized in dreams, either because we have not placed ourselves properly to fulfill them, or because our paths did not take the right course. Many times, not fulfilling the purposes that we started is because as soon as the first difficulty appears, we get discouraged. We immediately complain about how difficult it is and find ourselves unable to hope. And it is that many times in our lives warmth and attachment to easy earthly things predominate. If during the season of Advent that will soon pass, we had made the intention to review our lives with a view to changing our way of being but we have not succeeded, perhaps if we contemplate the faith and courage of the Virgin Mary we will find an example to follow.

The commemoration of the birth of Jesus Christ gives us another opportunity to rebuild our lives, to become friends of God again, completely rejecting the materialistic temptations that always arise during this season. Let us ask God, through the mediation of Our Loving Mother, that the presence of her Son, Jesus Christ, among us in the Tabernacle of this holy temple, keep us firm in the hope of renewing our lives and that it does not allow us to fall back into sin. Let us follow the example of the Virgin Mary and she will show us the straight path that will lead us to Christ.

During this soon-ending Advent season, many Christians have been preparing for the birth of Jesus Christ, Our Lord and Savior. We have been emphasizing during these four weeks that we had to prepare thoroughly for this event. As we prepare ourselves for the celebration of Christmas, we have been feeling, as every year that at the birth of the Child God hope is reborn in our hearts and souls. The commemoration of the birth of Jesus Christ gives us another opportunity to rebuild our lives, to become friends with God again, completely rejecting all the temptations that Satan is always willing to use to make us fall into sin.

Let us pray to God, through the mediation of Our Loving Mother, that the presence of her Son, Jesus Christ, already close at hand, will keep us firm in the hope of renewing our lives and not allow us to fall back into sin. Let us follow the example of the Virgin Mary and she will show us the straight path that will lead us to Christ.

Sagrada Familia
Ciclo B Tomo 3
Lecturas: (L1) Génesis 15, 1-6; 21, 1-3 (L2) Hebreos 11, 8. 11-12. 17-19 (Ev) Lucas 2, 22-40

Jesucristo comenzó su tarea redentora desde el mismo instante de su nacimiento, aunque esto no fue evidente hasta que llegó el tiempo de su ministerio público. Los primeros años de su existencia, lo que llamamos su vida privada, trascurrió en el seno de la familia sencilla en que nació. Al nacer entre nosotros y vivir en familia, la dio su apoyo y la santificó. Nuestros hogares cristianos deben imitar, lo más posible, al hogar de la Sagrada Familia. Sabemos que no somos perfectos y que no es fácil llevar un hogar. Pero con la ayuda de Dios, y nuestro amor mutuo, podremos conseguir más armonía y amor en nuestro hogar.

Todo católico, al formar una familia, debe tener presente ante todo, que el matrimonio es un sacramento. Es a través de ese sacramento que Dios derrama su gracia sobre los conyugues dándoles la fuerza necesaria para superar los problemas que todos los matrimonios encierran. Estar casados no es fácil. Pero cuando la pareja que ha contraído el matrimonio pide en oración que Dios les ayude a superar las contrariedades que acarrea vivir una relación tan estrecha e intima, se hace más llevadero. Solo con el apoyo del Señor pueden los cónyuges, al unirse, complementarse y prepararse para recibir la gracia santificante del matrimonio.

Formar una familia conlleva mucha responsabilidad con Dios y con la sociedad. La pareja que quiere hacer el compromiso de casarse en la Iglesia Católica no solo tiene que comprender intelectualmente lo que significa el matrimonio. También tienen que sentir en su corazón y alma el verdadero significado de estar casados. El matrimonio no dura solo hasta que lleguen los primeros problemas. Es hasta que la muerte separe la pareja casada y perdura en lo bueno y en lo malo. No se puede tomar a la ligera. El matrimonio católico no es una propuesta a medias. Nadie debe contraer el matrimonio católico esperando dar solo una parte de sí mismo a su cónyuge con miras de recuperar lo que ha dado después si el matrimonio fracasa por alguna razón. La iglesia define el matrimonio como la entrega mutua que hace la pareja casada de toda su vida por toda su vida. Por eso la preparación pre–matrimonial es relativamente larga e importante.

En muchos matrimonios, si Dios quiere, con los años vendrán los hijos que traen con ellos sus demandas como, por ejemplo, ser educados en la fe y en las buenas costumbres. Necesitarán no solo cuidado y comida sino también amor y comprensión. Esto, aunque es difícil a veces, se puede conseguir pidiendo a Dios por los hijos y por la familia, en general. Él les dará a los padres de familia paciencia y protegerá a los hijos.

En la Segunda Lectura San Pablo exhorta a las familias que aprendan a compartir, a perdonar y a pasar por alto los pequeños roces que traen la vida matrimonial. El matrimonio tiene que esforzarse para que, entre ellos, haya respeto y que ese respeto lo aprendan los hijos por el ejemplo que den los padres de familia. Los hijos, al ver el respeto mutuo de sus progenitores tendrán un ejemplo de la cual puedan aprender. Así será más fácil que puedan mostrar ese mismo respeto en un futuro cuando formen sus propios hogares.

Hermanas y hermanos, si encontramos que tenemos problemas en la vida matrimonial pensemos que la Virgen María y San José también tuvieron dificultades en su hogar. El Evangelio nos dice que ellos se encontraban aún en Belén, con el Niño Jesús casi recién nacido, cuando un ángel habló a San José en sueños advirtiéndole del peligro que existía para el Niño. Inmediatamente se pusieron en camino con lo que tenían a mano. Cuando llegaron a Egipto no tenían ni hogar, ni trabajo, ni bienes. No se marcharon porque buscaban una vida mejor, como algunos dicen sino porque el Niño estaba en peligro. Obedecieron a Dios, confiando en su misericordia divina, y salvaron la vida propia y de su hijo.

En nuestro mundo, queridos hermanos y hermanas, la familia cristiana está en peligro de extinción. Oremos a Nuestra Madre Amantísima, la Virgen María, que nos enseñe a luchar para que nuestro matrimonio y nuestra familia sean felices, a no darle la espalda a Dios y a asegurarnos que nosotros y nuestros hijos sigamos a Dios.

Holy Family Sunday

Cycle B Book 3

Readings: (R1) Genesis 15:1-6; 21:1-3 (R2) Hebrews 11:8, 11-12, 17-19 (Gos) Luke 2:22-40

Jesus Christ began his redemptive task from the moment of his birth, although this was not evident until the time of his public ministry arrived. The first years of his existence, what we call his private life, passed within the simple family in which he was born. By being born among us and living in a family, he supported and sanctified it. Our Christian homes should imitate, as much as possible, the home of the Holy Family. We know that we are not perfect and that it is not easy to run a home. But with God's help, and our love for each other, we can achieve more harmony and love in our home.

Every Catholic, when forming a family, must bear in mind first of all that marriage is a sacrament. It is through this sacrament that God pours out his grace on the spouses, giving them the necessary strength to overcome the problems that all marriages contain. Being married is not easy. But when the couple that has contracted the marriage asks in prayer that God help them to overcome the setbacks that living such a close and intimate relationship entails, it becomes more bearable. Only with the Lord's support can spouses, by uniting, complementing and preparing themselves to receive the sanctifying grace of marriage.

Forming a family entails a lot of responsibility with God and with society. The couple who want to make the commitment to marry in the Catholic Church does not only have to understand intellectually what marriage means. They also have to feel in their heart and soul the true meaning of being married. Marriage does not last only until the first problems arrive. It is until death separates the married couple and endures through the good and the bad. It cannot be taken lightly. Catholic marriage is not a half proposal. No one should enter into a Catholic marriage expecting to give only a part of himself to his spouse with a view to recovering what he has given later if the marriage fails for any reason. The church defines marriage as the mutual giving that the married couple makes of their entire lives for their entire lives. This is why pre-marital preparation is relatively long and important.

In many marriages, God willing, children will come over the years that bring with them their demands, such as, for example, being educated in faith and good morals. They will need not only care and food but also love and understanding. This, although difficult at times, can be achieved by asking God for the children and for the family in general. He will give parents patience and protect their children.

In the Second Reading, Saint Paul exhorts families to learn to share, to forgive and to ignore the small frictions that married life brings. Marriage has to make an effort so that there is respect between them and that respect is learned by the children through the example set by the parents. Children, seeing the mutual respect of their parents, will have an example from which they can learn. This will make it easier for them to show that same respect in the future when they make their own homes.

Sisters and brothers, if we find that we have problems in married life, let's think that the Virgin Mary and Saint Joseph also had difficulties in their home. The Gospel tells us that they were still in Bethlehem, with the almost newborn Baby Jesus, when an angel spoke to Saint Joseph in a dream, warning him of the danger that existed for the Child. They immediately set off with what they had on hand. When they arrived in Egypt they had no home, no job, and no property. They did not leave because they were looking for a better life, as some say, but because the Child was in danger. They obeyed God, trusting in his divine mercy, and saved their own life and that of their child.

In our world, dear brothers and sisters, the Christian family is in danger of extinction. Let us pray to Our Loving Mother, the Virgin Mary, to teach us to fight so that our marriage and our family are happy, not to turn our backs on God and to make sure that we and our children follow God.

La Epifanía Del Señor Jesucristo
Ciclo B Tomo 3
Lecturas: (L1) Isaías 60, 1-6 (L2) Efesios 3, 2-3. 5-6 (Ev) Mateo 2, 1-12

Este domingo estamos celebrando la Fiesta de la Epifanía del Señor. Este día, como muchos que nuestra Santa Madre, la Iglesia, celebra, es una fiesta mayor. Conmemoramos la manifestación de Jesucristo al mundo hace más de veinte siglos. La palabra epifanía viene del griego que significa manifestación ó revelación. En algunos países esta fiesta es conocida como el Día de los Reyes Magos ó de los Tres Reyes. Desdichadamente, este gran día está perdiendo su significado en algunos sitios. Afortunadamente, en otros los Reyes siguen siendo los que traen regalos a todos y a los niños dulces y juguetes. Epifanía es un bonito día para dar regalos teniendo en cuenta que los Reyes, cuando vinieron de Oriente, trajeron oro, incienso y mirra. Se arrodillaron ante el Niño Jesús, lo adoraron y, abriendo sus cofres, le presentaron sus regalos.

¿Cómo llegaron estos hombres poderosos desde tan lejos hasta la presencia de la Virgen María, San José y el Niño Dios? Estos hombres sabios se dedicaban a lo que hoy llamamos astrología. Estudiando los astros, intuyeron que algún acontecimiento importante estaba para ocurrir. Observando el firmamento, vieron una estrella grande que brillaba más que las otras y, como ya habían estudiado las profecías, emprendieron un viaje de cientos y cientos de kilómetros hacia Jerusalén, siguiendo la estrella y buscando al Rey de los judíos recién nacido. De esta forma, cumplieron lo que el Profeta Isaías había profetizado sobre el nacimiento del Señor y que hemos escuchado en la Primera Lectura.

La fiesta que estamos celebrando es grande para los católicos. Y lo es porque estamos celebrando la revelación del Redentor que vino a salvar a la humanidad. Ahora, reunidos aquí, estamos celebrando el regalo más grande que nos dejó Nuestro Señor Jesucristo: La Santa Misa. Hoy es un buen día para recordar que tenemos la obligación, como cristianos, de estar atentos a la manera que el Señor se nos manifiesta en la vida diaria. A los Reyes Magos los llamó por mediación de una estrella. A nosotros nos llama de muchas maneras. Habrá personas que no presten atención y desoigan la llamada. El motivo puede ser que están lejos de la fe ó tienen muy poca. Ignorar la llamada del Señor es una gran equivocación porque puede ocurrir que no se vuelva a manifestar.

En Belén nació el Niño Jesús en un establo entre los más pobres de los pobres. Cuando ocurrió este gran acontecimiento la ciudad estaba abarrotada de gente y en ella había mucho bullicio. Debido a eso, los habitantes de aquella localidad no pudieron enterarse que había nacido un Niño, y que ese Niño era muy especial. Tan especial que venía a salvar a toda la humanidad. Los que escuchan la llamada del Señor, como lo hicieron los Reyes Magos, reconocen el nacimiento del Hijo de Dios y ven en ese nacimiento la venida del Mesías anunciado, al que por más de dos mil años la humanidad sigue adorando. Escuchar a Dios cuando nos habla es vital. Él siempre nos trae cosas buenas. Los Reyes Magos de Oriente, por escuchar la llamada de Dios, fueron los primeros que tuvieron el privilegio especial de adorar al Niño Dios. Los ciudadanos de Belén, teniéndolo tan cerca, ni se percataron de su nacimiento.

Este domingo terminan las fiestas navideñas. Hace unos días celebramos el inicio de un nuevo año en honor a Nuestra Madre Amantísima, la Virgen María, la Madre de Dios. Hace doce días celebramos el nacimiento de Jesús, que con su venida inició la salvación del mundo. En este año que acabamos de comenzar, busquemos hacer la voluntad de Dios en todo. Hagamos el propósito de dejar nuestros caprichos egoístas siguiendo la estrella de nuestra fe. Ella nos conducirá a la luz del Recién Nacido.

The Epiphany of Our Lord Jesus Christ

Cycle B Book 3

Readings: (R1) Isaiah 60:1-6 (R2) Ephesians 3:2-3, 5-6 (Gos) Matthew 2:1-12

This Sunday we are celebrating the Feast of the Epiphany of the Lord. This day, like many that our Holy Mother, the Church, celebrates, is a major festival. We commemorate the manifestation of Jesus Christ to the world more than twenty centuries ago. The word epiphany comes from the Greek which means manifestation or revelation. In some countries this festival is known as the Day of the Magi or Three Kings. Unfortunately, this big day is losing its meaning in some places. Fortunately, in others the Kings are still the ones who bring gifts to everyone and to the children, sweets and toys. Epiphany is a beautiful day to give gifts considering that the Kings, when they came from the East, brought gold, frankincense and myrrh. They knelt before the Child Jesus, worshiped him and, opening their chests, presented their gifts to him.

How did these powerful men come from so far into the presence of the Virgin Mary, Saint Joseph and the Christ Child? These wise men were engaged in what we now call astrology. Studying the stars, they sensed that some important event was about to occur. Observing the sky, they saw a large star that shone more than the others and, having already studied the prophecies, they undertook a journey of hundreds and hundreds of kilometers towards Jerusalem, following the star and looking for the newborn King of the Jews. In this way, they fulfilled what the Prophet Isaiah had prophesied about the birth of the Lord and that we have heard in the First Reading.

The feast we are celebrating is great for Catholics. And it is because we are celebrating the revelation of the Redeemer who came to save humanity. Now, gathered here, we are celebrating the greatest gift that Our Lord Jesus Christ left us: Holy Mass. Today is a good day to remember that we have an obligation, as Christians, to be attentive to the way the Lord manifests himself to us in daily life. He called the Magi through a star. He calls us in many ways. There will be people who do not pay attention and ignore the call. The reason may be that they are far from faith or have very little. Ignoring the call of the Lord is a great mistake because it can happen that it does not appear again.

In Bethlehem the Child Jesus was born in a stable among the poorest of the poor. When this great event happened the city was packed with people and there was a lot of bustle. Because of this, the inhabitants of that town could not find out that a Child had been born, and that this Child was very special. So special that he came to save all humanity. Those who hear the call of the Lord, as the Magi did, recognize the birth of the Son of God and see in that birth the coming of the announced Messiah, whom humanity continues to adore for more than two thousand years. Listening to God when he speaks to us is vital. He always brings us good things. The Magi from the East, by listening to God's call, were the first to have the special privilege of worshiping the Child God. The citizens of Bethlehem, having him so close, did not even notice his birth.

This Sunday the Christmas season ends. A few days ago we celebrated the beginning of a New Year honoring the Our Beloved Mother, the Virgin Mary, the Mother of God. Twelve days ago we celebrated the birth of Jesus, who with his coming began the salvation of the world. In this year that we have just begun, let us seek to do God's will in everything. Let's resolve to leave our selfish whims by following the star of our faith. She will lead us to the light of the Newborn.

El Bautismo del Señor
Ciclo B Tomo 3
Lecturas: (L1) Isaías 42, 1-4. 6-7 (L2) Hechos 10, 34-38 (Ev) Marcos 1, 7-11

Hoy, la Iglesia celebra la Solemnidad del Bautismo de Jesús por San Juan el Bautista en el Río Jordán. El evangelio nos dice que inmediatamente después de ser bautizado, al salir Jesús del agua, vio que los cielos se rasgaban y el Espíritu de Dios bajaba en forma de paloma y se posó sobre Él. Y se oyó entonces la voz de Dios Padre que decía: *"Tú eres mi Hijo amado; yo tengo en ti mis complacencias"*. La Iglesia nos dice que este hecho señala la consagración de Jesús para su misión redentora mesiánica. Sabemos que la misión que Cristo trajo al mundo no terminó con su muerte. Cuando un cristiano es bautizado comparte la misión de Jesús de ser profeta, de evangelizar, de ir pregonando por doquier la Buena Nueva de la justicia, amor y perdón que Nuestro Señor vino a traernos. Al ser bautizados también incurrimos en la obligación de encaminar nuestra vida a la santidad. Esto solo se puede conseguir cuando tratamos de vivir una vida ejemplar, siguiendo a Cristo.

Nuestro Señor se sometió voluntariamente a que Juan el Bautista lo bautizara. No necesitaba ser bautizado. Con su bautismo quiso enseñarnos su humildad. Sin embargo, lo que para él no era necesidad para nosotros sí lo es. Es necesidad y es, además, obligación. La Iglesia Católica considera que cuando Jesús fue bautizado quedó instituido el Bautismo como sacramento. Cristo mismo encomendó a la Iglesia la obligación de bautizar a todos los que quieren ser cristianos. San Mateo nos dice al final de su Evangelio que Cristo impuso el bautismo universal el día de su ascensión al cielo cuando dijo, *"Vayan y hagan que todos los pueblos sean mis discípulos. Bautícenlos, en el nombre del Padre y del Hijo y del Espíritu Santo"*. (Mateo 28, 19) Los Apóstoles y sus seguidores consideraron que con estas palabras el Señor les había mandado bautizar a "casas enteras," o sea, a todos los miembros de las familias desde los recién nacidos hasta los ancianos. Nuestra Iglesia Católica trata de seguir esta pauta rigurosamente aconsejando a los padres de familia que traigan sus hijas e hijos a bautizar lo antes posible después de su nacimiento.

Los cristianos reconocemos que cuando somos bautizados recibimos la gracia sacramental que corresponde a este sacramento. En otras palabras, recibimos al Espíritu Santo. Y al recibirlo recibimos el mismo mandato que recibieron los apóstoles, el de ir por el mundo evangelizando. Sin embargo, muchos Cristianos no ven la misión tan importante que reciben a través del Sacramento del Bautismo y debido a eso su fe no se traduce en obras. Sus vidas no van predicando las enseñanzas de Cristo. Incluso algunas personas toman al Bautismo como algo que no es necesario, como algo que hay que hacer si se quiere hacer. Y debido a eso, dejan a sus niños largo tiempo sin bautizar. Y algunos ni siquiera los bautizan. Para otros el Bautismo solo es un acontecimiento social. Hemos escuchado algunas personas decir: "No bautizo ahora a mi niño porque más adelante tendré dinero para hacer la fiesta. Ahora no me viene bien". Otros dicen: "Tenemos que esperar para bautizar a nuestro niño porque mi familia no puede venir al Bautismo ahora". Es una lástima que estas personas no vean el Bautismo como lo que es: el más bello y magnifico de los dones de Dios. Es el fundamento de toda la vida Cristiana, el pórtico por donde entra el recién bautizado en la vida del Espíritu Santo y en la vida de la Iglesia. Es un sacramento primordial porque es el primero de los siete sacramentos sin el cual no se pueden recibir ningún otro. Lo primero que hace este sacramento es quitar todo pecado, incluyendo el pecado original. Quita toda impureza, deja el alma completamente limpia, sin ningún pecado purificando el alma del bautizado. Y al hacer esto abre las puertas de la Iglesia al recién bautizado para que pueda recibir la gracia que necesita para poder vivir una vida santa en Cristo.

Gracias a este sacramento nos podemos llamar hijas e hijos de Dios. A través del Bautismo se nos perdonan los pecados, recibimos al Espíritu Santo que nos ayuda a iniciar una vida nueva y somos introducidos en la Iglesia, en la cual seguiremos recibiendo, por mediación de los otros sacramentos, las gracias necesaria para vivir una vida santa y para llevar el mensaje de la salvación del género humano al mundo entero. Bauticemos nuestros hijos, haciéndoles cristianos, colmando sus almas con la gracia divina.

Baptism of the Lord

Cycle B Book 3

Readings: (R1) Isaiah 42:1-4, 6-7 (R2) Acts 10:34-38 (Gos) Mark 1:7-11

Today, the Church celebrates the Solemnity of the Baptism of Jesus by Saint John the Baptist in the Jordan River. The Gospel tells us that immediately after being baptized, when Jesus came out of the water, he saw that the heavens were renting and the Spirit of God descended in the form of a dove and settled on Him. And then the voice of God the Father was heard saying: "You are my beloved Son; I have my pleasure in you". The Church tells us that this fact marks the consecration of Jesus for his messianic redemptive mission. We know that the mission that Christ brought to the world did not end with his death. When a Christian is baptized, he shares the mission of Jesus to be a prophet, to evangelize, to proclaim everywhere the Good News of justice, love and forgiveness that Our Lord came to bring us. By being baptized we also incur the obligation to direct our lives to holiness. This can only be achieved when we try to live an exemplary life, following Christ.

Our Lord voluntarily submitted to John the Baptist to baptize him. He did not need to be baptized. With his baptism he wanted to show us his humility. However, what was not a need for him is a necessity for us. It is a necessity and it is also an obligation. The Catholic Church considers that when Jesus was baptized, Baptism was instituted as a sacrament. Christ himself entrusted to the Church the obligation to baptize all those who want to be Christians. St. Matthew tells us at the end of his Gospel that Christ imposed universal baptism on the day of his ascension into heaven when he said, *"Go, therefore, and make disciples of all nations, baptizing them in the name of the Father, and of the Son, and of the holy Spirit."* (Matthew 28:19) The Apostles and their followers considered that with these words the Lord had commanded them to baptize "whole houses," that is, all members of families from newborns to the elderly. Our Catholic Church tries to follow this guideline rigorously advising parents to bring their daughters and sons for baptism as soon as possible after their birth.

Christians recognize that when we are baptized we receive the sacramental grace that corresponds to this sacrament. In other words, we receive the Holy Spirit. And upon receiving it, we received the same mandate that the apostles received that of going through the world evangelizing. However, many Christians do not see the important mission that they receive through the Sacrament of Baptism and because of that their faith does not translate into works. Their lives are not preaching the teachings of Christ. Some people even take Baptism as something that is not necessary, something that must be done if you want to do it. And because of that, they leave their children unbaptized for a long time. And some don't even baptize them. For others, Baptism is just a social event. We have heard some people say: "I am not baptizing my child now because later I will have money to have the party. Now it doesn't suit me". Others say, "We have to wait to baptize our child because my family cannot come to Baptism now." It is a pity that these people do not see Baptism for what it is: the most beautiful and magnificent of God's gifts. It is the foundation of the whole Christian life, the portico through which the newly baptized enters the life of the Holy Spirit and the life of the Church. It is a primordial sacrament because it is the first of the seven sacraments without which no other can be received. The first thing this sacrament does is remove all sin, including original sin. Remove all impurity; leave the soul completely clean, without any sin purifying the soul of the baptized. And by doing this, he opens the doors of the Church to the newly baptized so that he can receive the grace he needs to be able to live a holy life in Christ.

Thanks to this sacrament we can call ourselves daughters and sons of God. Through Baptism our sins are forgiven, we receive the Holy Spirit who helps us to start a new life and we are introduced into the Church, in which we will continue to receive, through the other sacraments, the graces necessary to live a holy life and to carry the message of the salvation of mankind to the whole world. Let us baptize our children, making them Christians, filling their souls with divine grace

Segundo Domingo del Tiempo Ordinario
Ciclo B Tomo 3
Lecturas: (L1) 1 Samuel 3, 3-10. 19 (L2) 1 Corintios 6, 13-15. 17-20 (Ev) Juan 1, 35-42

Las lecturas de cada misa durante las vacaciones de Navidad se han centrado en el nacimiento de Jesús y, además, en su vida antes de comenzar su ministerio público. La semana pasada conmemoramos su Bautismo de purificación, realizado por Juan el Bautista. Hoy entramos en el Tiempo Ordinario del año litúrgico. A partir de hoy retomamos la historia de la vida de Nuestro Señor durante su vida pública contada por San Marcos. Cuando decimos Tiempo Ordinario, no lo decimos en el sentido de ser domingos ordinarios o aburridos. Simplemente significa que están numerados los domingos. Hoy es el segundo domingo; el próximo domingo es el tercer domingo, etc. Durante estas semanas del tiempo ordinario, no solo se nos pide que meditemos en la vida pública de Jesús, sino que también pensemos en las cosas maravillosas que ocurren durante el transcurso de nuestras propias vidas cotidianas "ordinarias".

El evangelio de hoy es según San Juan Evangelista. Dado que el Evangelio de San Marcos es más corto que los otros, durante este año litúrgico escucharemos a menudo Evangelios según los otros evangelistas, especialmente San Juan. Hoy San Juan nos dice que poco después de someterse al bautismo de purificación de Juan el Bautista, el Señor comenzó a elegir a sus primeros discípulos. En la época de Jesús, como en la actualidad, había muchas personas trabajando a diario, tratando de afrontar la vida. Al mismo tiempo, estaban tratando de encontrar cuál era el sentido de su vida. Algunas de estas personas siguieron a Juan el Bautista porque vieron en él a un hombre íntegro y de fe, alguien que podría mostrarles la manera de vivir una vida espiritual más plena. Un día, Juan el Bautista estaba con dos de sus seguidores cuando vio pasar a Jesús. Tan pronto como Juan vio a Jesús, dijo: *"Este es el Cordero de Dios"*. Cuando los dos discípulos oyeron esto, dejaron a Juan y siguieron al que iba a ser su Maestro. Cuando Jesús vio que lo seguían, se volvió y les preguntó: *"¿Qué buscan?"* Ellos respondieron: *"Rabí... ¿dónde vives?"* Y él dijo: *"Vengan y verán"*. Se quedaron con él escuchando lo que tenía que decir durante el resto del día.

Mientras escuchamos cómo era la vida de Jesús, no podemos dejar de notar que cada vez que Él escogió a alguien para seguirlo, siempre les pidió que dejaran todo atrás para que pudieran tener la libertad de hacerlo. Y eso, mis hermanas y hermanos en Cristo, es lo que nos pide a nosotros también. Cada uno de nosotros tiene una vocación. Hemos sido llamados a seguir a Dios haciendo diferentes cosas de diferentes maneras. Pero básicamente lo que Dios nos pide es que a medida que avanzamos, demos nuestro tiempo, nuestro talento y nuestros recursos para cumplir con nuestra vocación. Todos tenemos la obligación y la responsabilidad de escuchar el llamado de Dios, discernir lo que Él quiere que hagamos con nuestras vidas y seguirlo fielmente, como lo hicieron los primeros discípulos. Lo que el Señor quiere escucharnos decir cuando nos llama es: *"Habla Señor, tu siervo escucha"*, como dijo Samuel en nuestra Primera Lectura.

Nuestra segunda lectura es de la Primera Carta de San Pablo a los Corintios. En la época de Pablo, la ciudad de Corinto se destacó por su clima portuario de corrupción y pecado. A muchos de los primeros cristianos allí les resultó difícil dejar atrás su vida anterior de pecado porque la sociedad en la que vivían les dificultaba distinguir entre el bien y el mal. Si eso les suena familiar, es porque la humanidad no ha cambiado mucho desde que San Pablo predicó en Corinto. Hoy en día, a muchas personas les resulta difícil distinguir entre lo que es inmoral y lo que no lo es. Pero Jesús nos pide lo mismo que entonces a sus apóstoles. Nos llama a ser faros de luz en un mundo oscurecido por el pecado.

Hermanos y hermanas, ser cristiano simplemente significa ser seguidor de Cristo. Significa seguirlo sin dudar, sin permitir que las personas o las cosas se interpongan entre Él y nosotros. Significa mostrar valor e integridad en nuestra propia fe personal. Y también significa ir más allá de nuestras propias vidas, esforzándonos por todos los medios pacíficos para superar el creciente escándalo de la inmoralidad pública que vemos a nuestro alrededor. Esa es la vocación que todos tenemos en nuestra vida un tanto "ordinaria".

Second Sunday of Ordinary Time
Cycle B Book 3
Readings: (R1) 1 Samuel 3:3-10, 19 (R2) 1 Corinthians 6:13-15, 17-20 (Gos) John 1:35-42

The readings for each Mass during the Christmas holidays have focused on the birth of Jesus and, in addition, on his life before he began his public ministry. Last week we commemorated his Baptism of purification, performed by John the Baptist. Today we enter Ordinary Time of the liturgical year. Starting today we take up the story of the life of Our Lord during his public life as told by Saint Mark. When we say Ordinary Time, we do not mean it in the sense of being ordinary or boring Sundays. It simply means that they are numbered Sundays. Today is the second Sunday; next Sunday is the third Sunday, etc. During these weeks of Ordinary Time, we are not only asked to meditate on the public life of Jesus but also to think about the wonderful things that occur during the course of our own daily, public and "ordinary" life.

Today's Gospel is according to Saint John the Evangelist. Since the Gospel of Saint Mark is shorter than the others, during this liturgical year we will hear Gospels according to the other evangelists often, especially Saint John. Today Saint John tells us that shortly after submitting to John the Baptist's baptism of purification, the Lord began to choose his first disciples. In Jesus' time, as today, there were many people working daily, trying to cope with life. At the same time they were trying to find what the meaning of his life was. Some of these people followed John the Baptist because they saw in him a man of integrity and faith, someone who could show them a way to live a fuller spiritual life. One day John the Baptist was with two of his followers when he saw Jesus pass by. As soon as John saw Jesus, he said, *"This is the Lamb of God."* When the two disciples heard this, they left John and followed the man who was to be their Teacher. When Jesus saw that they were following him, he turned and asked, *"What are you looking for?"* They replied, *"Rabbi ... where do you live?"* And he said, *"Come and see."* They stayed with him listening to what he had to say for the rest of the day.

As we listen to what the life of Jesus was like, we cannot help but notice that every time He chose someone to follow Him, He always asked them to leave everything behind and so that could be free to do so. And that, my sisters and brothers in Christ, is what he asks of us. Each of us has a vocation. We have been called to follow God by doing different things in different ways. But basically what God asks of us is that as we move forward, we give our time, our talent, and our resources, to fulfill our vocation. We all have an obligation and a responsibility to listen to God's call, to discern what He wants us to do with our lives, and to follow Him faithfully, as the first disciples did. What the Lord wants to hear when he calls us is: "Speak Lord, your servant is listening," as we heard Samuel say in our First Reading.

Our Second Reading is from the First Letter of Saint Paul to the Corinthians. In Paul's time, the city of Corinth was noted for its seaport climate of corruption and sin. Many of the early Christians there found it difficult to leave their former life of sin behind because the society in which they lived made it hard for them to distinguish between good and evil. If that sounds familiar, it is because humanity hasn't changed much since Saint Paul preached in Corinth. Today, many people find it difficult to tell the difference between what is immoral and what is not. But Jesus asks of us the same thing as of his apostles then. He calls us to be beacons of light in a world darkened by sin

Brothers and sisters, being a Christian simply means being a follower of Christ. It means following Him without hesitation, without allowing people or things to come between us and Him. It means showing courage and integrity in our own personal faith. And it also means going beyond our own lives, striving by all peaceful means to overcome the growing scandal of public immorality that we see all around us. That is the vocation that we all have in our somewhat ordinary life.

Tercer Domingo del Tiempo Ordinario
Ciclo B Tomo 3
Lecturas: (L1) Jonás 3, 1-5. 10 (L2) 1 Corintios 7, 29-31 (Ev) Marcos 1, 14-20

Llevamos tres domingos consecutivos con el Tiempo Ordinario litúrgico. El primer domingo escuchamos cómo fue el Bautismo del Señor por San Juan el Bautista. El Segundo Domingo fue dedicado, como ustedes recordarán, a los últimos días del ministerio de San Juan el Bautista. El Evangelio de la Misa que estamos celebrando hoy nos relata cómo Jesús comenzó a escoger el grupo de seguidores fieles, los apóstoles, que lo acompañarían durante toda su vida en la tierra y que formarían el núcleo de la Iglesia que Nuestro Señor fundó.

El Evangelio empieza con un pequeño relato sobre las primeras predicaciones del Señor. Habiendo sido encarcelado San Juan el Bautista por el Rey Herodes, Jesús decidió marcharse a Galilea. Es allí donde comienza a predicar a la gente que ya estaba siguiendo sus pasos para poder escuchar sus palabras. Les decía: *"Se ha cumplido el tiempo. El reino de Dios está cerca. ¡Arrepiéntanse y crean las buenas nuevas!"*

Y pasando junto al lago de Galilea, vio a Simón y a su hermano Andrés, que eran pescadores y estaban echando sus redes al lago. Los primeros apóstoles llamados estos dos hermanos. Después el Señor vio a los hermanos Santiago y Juan, hijos de Zebedeo, y también los llamó a formar parte de este grupo. Aunque la llamada del Señor vino de una manera inesperada, vemos la prontitud con que respondieron estos cuatro hombres a Cristo.

Las primeras palabras de Jesús a estos hombres, que, como he dicho, ya tenían un conocimiento de Él, fueron, *"Síganme y haré de ustedes pescadores de hombres"*. A cada uno de nosotros también cada día el Señor nos dice, *"Síganme"*. Y nos dice aún más. Nos pide que lo hagamos con la prontitud y generosidad con que lo hicieron Simón Pedro, Andrés, Santiago y Juan. Nos pide que volvamos a su lado y nos portamos como los hijos e hijas suyos que somos. Somos miembros de su familia. Y como todos los buenos padres de familia, solo quiere que seamos felices. Por eso nos llama, como llamó a los apóstoles, pidiéndonos que lo sigamos, que regresemos a su lado y evitemos todas esas cosas y personas que podrían hacernos dejar de nuevo su lado. Eso es lo que significa la conversión. Cada conversión es tanto una llamada como una respuesta. Convertir significa dejar el camino equivocado que hemos tomado, por error o intencionalmente, y enderezar nuestra vida, siguiendo al Señor.

¿Por qué convertirse? San Pablo en la segunda lectura nos lo dice: *"El tiempo se acaba... la apariencia de este mundo está a punto de acabar"*. Este mundo no es eterno, es más bien transitorio y fugaz. Dios nos pide que en el poco tiempo que nos queda de vivir, creamos en su palabra, nos convertimos, le seamos fieles y recordemos que el Reino de Dios está cerca. Para Dios convertirse de palabra y no de corazón y alma, no vale. Pronto pasará el tiempo y nos encontraremos cara a cara con Cristo siendo juzgados por lo que hemos hecho o no hemos hecho mientras vivíamos en la tierra. Dios sabe que hay muchos que están alejados de Él. Adoptan comportamientos inmorales y tratan de convencer a todo el mundo que lo que hacen no hace daño a nadie y que por lo tanto, no son culpables de nada y no tienen necesidad de conversión. Quizás lo más triste de su comportamiento es que tratan de convencer a todo el mundo de que todo lo que hacen es normal e invitan otras personas a imitarles. Se está inventando, poco a poco, una nueva moralidad inmoral en la que todo vale y no hay repercusiones ni castigos por hacer cosas que van en contra de la ley divina.

Cada día de nuestra vida, debemos proponernos seguir plenamente a Cristo. También debemos orar por las personas que conocemos que oyen la Palabra de Dios pero no la escuchan. Las que viven sus vidas como si Dios no significaba nada para ellos. Nosotros no podemos ser así. Debemos mostrar, por nuestra manera de vivir y nuestra manera de ser que, como los apóstoles, hemos escuchado la llamada del Señor y hemos decidido dejar toda nuestra vida anterior atrás para poder seguirle hasta el final.

Third Sunday of Ordinary Time
Cycle B Book 3
Readings: (R1) Jonah 3:1-5, 10 (R2) 1 Corinthians 7:29-31 (Gos) Mark 1:14-20

We have three consecutive Sundays with the liturgical Ordinary Time. The first Sunday we heard how the Baptism of the Lord by Saint John the Baptist took place. The Second Sunday was dedicated, as you will remember, to the last days of the ministry of Saint John the Baptist. The Gospel of the Mass that we are celebrating today tells us how Jesus began to choose the group of faithful followers, the apostles, who would accompany him throughout his life on earth and who would form the nucleus of the Church that Our Lord founded.

The Gospel begins with a short account of the Lord's first preaching. Saint John the Baptist having been imprisoned by King Herod, Jesus decided to go to Galilee. It is there where he begins to preach to the people who were already following in his footsteps to be able to hear his words. He told them: *"The time has passed. The kingdom of God is near. Repent and believe the good news!"*

And passing by the lake of Galilee, he saw Simon and his brother Andrew, who were fishermen and were casting their nets into the lake. The first apostles called these two brothers. Later the Lord saw the brothers James and John, sons of Zebedee, and also called them to be part of this group. Although the Lord's call came in an unexpected way, we see the promptness with which these four men responded to Christ. The first words of Jesus to these men, who, as I have said, already had knowledge of Him, were, *"Follow me and I will make you fishers of men."* To each one of us also every day the Lord says, *"Follow me."* And He tells us even more. He asks us to do so with the promptness and generosity with which Simon Pedro, Andrés, Santiago and Juan did. He asks us to return by his side and we behave like his sons and daughters that we are. We are members of his family. And like all good parents, he only wants us to be happy. That is why he calls us, as he called the apostles, asking us to do so. Let's go on, that we return to his side and avoid all those things and people that could make us leave his side again. That is what conversion means. Every conversion is both a call and a response. Conversion means to leave the wrong path that we have taken, mistakenly or intentionally, and straighten our lives, following the Lord.

Why convert? Saint Paul tells us in the second reading: *"Time is running out ... the appearance of this world is about to end."* This world is not eternal; it is rather transitory and fleeting. God asks us that in the little time that we have left to live, we believe in his word, we convert, we be faithful to him and we remember that the Kingdom of God is near. For God to convert by word and not by heart and soul, it is not worth it. Soon time passes and we find ourselves face to face with Christ being judged for what we have done or have not done while living on earth. God knows that there are many who are estranged from Him. They adopt immoral behaviors and try to convince everyone that what they do does no harm to anyone and that therefore they are not guilty of anything and have no need of conversion. Perhaps the saddest thing about their behavior is that they try to convince everyone that everything they do is normal and invite other people to imitate them. Little by little, a new immoral morality is being invented in which anything goes and there are no repercussions or punishments for doing things that go against divine law.

Every day of our life, we must decide to fully follow Christ. We should also pray for the people we know who hear the Word of God but do not, the ones who live their lives as if God meant nothing to them. We cannot be like this. We must show, by our way of life and our way of being that, like the apostles, we have heard the Lord's call and have decided to leave all our previous life behind us in order to follow him to the end.

Cuarto Domingo del Tiempo Ordinario
Ciclo B Tomo 3
Lecturas: (L1) Deuteronomio 18, 15-20 (L2) 1 Corintios 7, 32-35 (Ev) Marcos 1, 21-28

El domingo pasado escuchamos en el Evangelio cómo Jesús ya había empezado a escoger las personas que serían sus más fieles seguidores, sus apóstoles. San Marcos, este domingo, nos explica lo que ocurrió cuando predicó Jesús en la sinagoga de Cafarnaúm, un pueblo próspero ubicado en la orilla norte del Mar de Galilea. Era el pueblo de los primeros discípulos que el Señor había llamado a seguirle.

El sábado después de llegar a Cafarnaúm, Jesús fue a la sinagoga, como era su costumbre. Para los judíos, solamente había un templo. Las sinagogas eran, y siguen siendo, sitios dedicados al estudio de las Sagradas Escrituras. Cada sábado se reunían los judíos y escuchaban una oración, leían alguna lectura y escuchaban a la predicación. A veces predicaba el presidente de la sinagoga pero a menudo invitaba a laicos con estudios y el don de la palabra para que predicaran. Y así fue cómo Jesús fue invitado a predicar.

Cuando Jesús comenzó a predicar, la gente se quedó asombrada por lo bien que hablaba y la autoridad con que enseñaba. No era como los escribas que estudiaban, interpretaban, y enseñaban las Escrituras y que, muchas veces, se basaban en sus estudios para juzgar las personas que vivían en la comunidad. En los tiempos de Jesús, los Escribas se habían convertido en un grupo de hombres poderosos que disfrutaban de sus puestos de honor en la asamblea. Los mejores asientos estaban reservados para ellos y la gente se ponía de pie cuando entraban en la sinagoga. Muchos de ellos eran fariseos y muchos eran miembros del Sanedrín. Se les llamaba "Rabí", que quiere decir "gran hombre".

Muchos de los Escribas, Fariseos y miembros del Sanedrín ni siquiera reconocían que Jesús era un "Rabí", mucho menos el Mesías prometido. Hoy en día hay muchas personas que hacen lo mismo. No reconocen la divinidad del Señor. Sin embargo, San Marcos nos enseña que hasta Satanás lo reconoce. En la sinagoga de Cafarnaúm un espíritu inmundo que había poseído un hombre gritó, *"¿Qué quieres de nosotros, Jesús Nazareno? ¿Has venido para acabar con nosotros? Ya sé quién eres: el Santo de Dios".*

Aunque Satanás siempre está al acecho para hacernos caer en pecado, debe alegrarnos saber que tiene verdadero pánico a Dios. Es más, incluso teme a las personas que viven sus vidas de acuerdo a las enseñanzas de Cristo. El Demonio sabe que es mucho más difícil controlar a personas que siguen a Jesús. Por eso prefiere utilizar a los que ya están esclavizados al pecado.

La tradición nos dice que el autor del Libro de Deuteronomio es Moisés y que lo escrito en ese libro son las pautas y consejos que dio al pueblo hebreo antes de morir. Hoy nuestra Primera Lectura viene de ese libro. En él, Moisés dice que cuando muera Dios escogerá de entre el pueblo un profeta para reemplazarle. Y si alguien no presta oída a las palabras que el profeta proclame en el nombre de Dios, Dios mismo le pediré cuentas. Por otro lado, el profeta que se atreva a hablar en nombre del Señor y diga algo que Dios no le haya mandado decir morirá. La misma suerte correrá el profeta que hable en nombre de otros dioses.

La Segunda Lectura nos recuerda lo que ya todos sabemos, ó debemos saber: que todos tenemos una vocación y que debe llevarla a cabo con entereza, como nos lo pide la Palabra de Dios. A nosotros, los cristianos, nos toca luchar contra la maldad que existe en este mundo. Muchas veces, cuando personas como San Pablo tratan de enseñar e ir promoviendo la fe, dando ejemplo con su propia vida, Satanás utiliza a otras personas para que entorpezcan ese ministerio. Puede ser que las personas utilizadas no lo hagan a sabiendas. Por eso no debe extrañarnos cuando escuchamos a personas atacar a la Iglesia y sus enseñanzas. Esta es una táctica de Satanás para desalentarnos y confundirnos. Oremos siempre por nuestra Santa Madre la Iglesia para que siga luchando sin descanso contra el pecado. Y pidamos por las personas que, al atacar a la Iglesia que Cristo fundó, inconscientemente están ayudando a Satanás, para que Dios les haga ver que están siendo utilizadas. Pidamos por ellos para que Dios los ilumine y protege de los engaños del Malvado

Fourth Sunday of Ordinary Time
Cycle B Book 3
Readings: (R1) Deuteronomy 18:15-20 (R2) 1 Corinthians 7:32-35 (Gos) Mark 1:21-28

Last Sunday we heard in the Gospel how Jesus had already begun to choose the people who would be his most faithful followers, his apostles. Saint Mark, this Sunday, explains to us what happened when Jesus preached in the synagogue of Capernaum, a prosperous town located on the north shore of the Sea of Galilee. It was the hometown of the first disciples that the Lord had called to follow him.

On the Saturday after arriving in Capernaum, Jesus went to the synagogue, as was his custom. For the Jews, there was only one temple. Synagogues were, and still are, sites dedicated to the study of the Holy Scriptures. Every Saturday the Jews met and listened to a prayer, read some reading and listened to the preaching. Sometimes the president of the synagogue preached but often he invited laypeople with studies and the gift of the word to preach. And that's how Jesus was invited to preach.

When Jesus began to preach, the people were amazed at how well he spoke and the authority with which he taught. It was not like the scribes who studied, interpreted, and taught the Scriptures and who, many times, relied on their studies to judge the people who lived in the community. In the time of Jesus, the Scribes had grown into a group of powerful men who enjoyed their places of honor in the assembly. The best seats were reserved for them and people stood up when they entered the synagogue. Many of them were Pharisees and many were members of the Sanhedrin. They were called "Rabbi", which means "great man."

Many of the Scribes, Pharisees, and members of the Sanhedrin did not even recognize that Jesus was a "Rabbi," much less the promised Messiah. Today there are many people who do the same. They do not recognize the divinity of the Lord. However, Saint Mark teaches us that even Satan recognizes him. In the synagogue of Capernaum an unclean spirit that had possessed a man shouted, *"What do you want from us, Jesus the Nazarene? Have you come to destroy us? I know who you are: the Holy One of God."*

Although Satan is always on the prowl to make us fall into sin, that he is truly terrified of God should make us rejoice. What's more, he even fears people who live their lives according to the teachings of Christ. The Devil knows that it is much more difficult to control people who follow Jesus. That is why he prefers to use those who are already enslaved to sin.

Tradition tells us that the author of the Book of Deuteronomy is Moses and that what is written in that book are the guidelines and advice that he gave to the Hebrew people before he died. Today our First Reading comes from that book. In it, Moses says that when he dies God will choose a prophet from among the people to replace him. And if someone does not listen to the words that the prophet proclaims in the name of God, God himself will hold him accountable. On the other hand, the prophet who dares to speak in the name of the Lord and says something that God has not commanded him to say will die. The same fate will befall the prophet who speaks on behalf of other gods.

The Second Reading reminds us of what we all already know, or should know: that we all have a vocation and that it must be carried out with integrity, as the Word of God asks of us. It is up to us Christians to fight against the evil that exists in this world. Many times, when people like Saint Paul try to teach and promote the faith, setting an example with his own life, Satan uses other people to hinder that ministry. It may be that the people used do not knowingly do so. That is why we should not be surprised when we hear people attack the Church and its teachings. This is a tactic of Satan to discourage and confuse us. Let us always pray for our Holy Mother the Church to continue fighting without rest against sin. And let us pray for the people who, by attacking the Church that Christ founded, are unconsciously helping Satan, so that God will make them see that they are being used. May God enlighten them and protect them from the deceptions of the Evil One.

Quinto Domingo del Tiempo Ordinario
Ciclo B Tomo 3
Lecturas: (L1) Job 7, 1-4. 6-7 (L2) 1 Corintios 9, 16-19. 22-23 (Ev) Marcos 1, 29-39

Hoy, en el Evangelio, San Marcos continúa su relato sobre cómo fueron los primeros días de la vida pública de Jesucristo. Nos dice que El Señor predicaba en las sinagogas y, al salir de ellas, expulsaba demonios. Un día, después de predicar en la sinagoga de Cafarnaúm, pueblo donde vivían Simón Pedro y Andrés, Jesús decidió irse a la casa de estos con Santiago y Juan. Es allí donde le comunicaron que la suegra de Simón Pedro se encontraba en cama, con fiebre. E inmediatamente Jesús decidió sanarla. Así es como ocurrieron los milagros del Señor. Veía la fe de las personas que deseaban ser curadas y actuaba. El Señor se acercó a la suegra de Simón y al tomarla de la mano, ella se curó. Se levantó de la cama y se puso al servicio del Señor. De esta manera mostró su agradecimiento por haber sido curada.

A veces, al escuchar en los Evangelios con qué facilidad el Señor curaba a los enfermos nos preguntamos porque sufrimos nosotros tanto, porque hay tanto dolor en el mundo y en nuestras propias vidas. En la Primera Lectura, el santo Job se queja de sus problemas que, por cierto, eran muchas. Expresando la misma frustración que sentimos nosotros a veces, dice *"Mis días se van más veloces que una lanzadera, y sin esperanza alguna llegan a su fin."* Entonces hablando directamente al Señor dice *"Recuerda, oh Dios, que mi vida es un suspiro; que ya no verán mis ojos la felicidad."* Queramos o no, durante toda la vida desde su origen hasta su término sentimos el dolor: el dolor del cansancio diario en el trabajo, el dolor de las pesadillas que a veces nos hostigan durante toda la noche y que no nos dejan dormir, el dolor de enfermedades comunes, epidemias y pandemias que azotan a la humanidad y nos recuerdan que todos estamos sometidos a la enfermedad en todas sus formas. Y, en cuanto más años tenemos, más sentimos la angustia de pensar que la muerte se acerca. Y, a pesar de creer en la misericordia de Dios, seguimos temiendo la muerte y sintiendo angustia cuando pensamos en la eternidad.

De no ser por nuestra fe, los sufrimientos de cuerpo y alma nos podían hundir en un abismo de depresión sin fondo. El autor de los salmos nos dice en el Salmo 146 que *"Dios merece una alabanza armoniosa"* Porque *"sana los corazones destrozados, venda sus heridas. ... sostiene a los humildes, humilla hasta el polvo a los malvados"*. A pesar de todos los dolores, penas y dificultades que pasamos en este Valle de Lagrimas, nos alienta saber que aunque nos parece que ya no podemos aguantar más y que todo el mundo nos abandone, Dios sabe lo que estamos pasando y está con nosotros. Jesús tuvo, igual que tenemos nosotros, enfermedades, fracasos y decepciones, pero no se dejó vencer. Siguió adelante obedeciendo la Voluntad de Dios con entereza, enseñando y haciendo milagros. Cuando predicaba el Señor, siempre enseñaba claramente y sin vacilaciones lo que exigía a cada persona que estaba dispuesta a seguirle. Los cristianos decimos que seguimos a Cristo fielmente y que estamos dispuestos a seguir sus enseñanzas con fidelidad pero los evangelistas, los que escribieron los Evangelios, nos dicen que no todo el mundo aceptaba la predicación de Cristo. Muchos al escuchar su predicación, adoptaban una actitud incrédula. Incluso viendo sus obras y sus milagros, había muchos que no querían creer. A pesar de los problemas que a veces tuvo, Jesús siguió recorriendo haciendo el bien porque para eso había venido a este mundo. A nosotros nos pide que le ayudemos en esta tarea. No hace falta saber cómo predicar de palabra. Vivir una vida "como Dios manda" y mostrar con nuestros hechos que somos cristianos es todo lo que se nos pide Cristo. San Francisco de Asís dijo "Lo que haces puede ser el único sermón que algunas personas escuchen hoy".

La misión profética de la Iglesia es su tarea más importante. Sin embargo, es el cometido más difícil que el Señor nos ha encomendado a los cristianos. Porque, aunque la sociedad no esté de acuerdo con lo que enseñamos, incluso aunque la gente deje de acudir a nuestra Iglesia porque no predicamos lo que quieren oír, tenemos que seguir enseñando con valentía lo que el mismo Cristo nos ha encomendado. Tenemos que seguir diciendo lo que dijo San Pablo a los Corintios: *"Si anuncio el Evangelio, no lo hago para gloriarme: al contrario, es para mí una necesidad imperiosa. ¡Ay de mí si no predicara el Evangelio!"*

Fifth Sunday in Ordinary Time

Cycle B Book 3

Readings: (R1) Job 7:1-4, 6-7 (R2) 1 Corinthians 9:16-19, 22-23 (Gos) Mark 1:29-39

Today, in the Gospel, Saint Mark continues his account of what the first days of the public life of Jesus Christ were like. It tells us that the Lord preached in the synagogues and, coming out of them, he cast out demons. One day, after preaching in the synagogue of Capernaum, the town where Simon Peter and Andrew lived, Jesus decided to go to their house with James and John. It is there that they informed him that Simon Peter's mother-in-law was in bed with a fever. And immediately Jesus decided to heal her. This is how the Lord's miracles happened. He saw the faith of people who wanted to be healed and he acted. The Lord approached Simon's mother-in-law and by taking her by the hand, she was cured. She got out of bed and began serving Lord. In this way she showed her gratitude for having been cured.

Sometimes, hearing in the Gospels how easily the Lord healed the sick, we wonder why we suffer so much, because there is so much pain in the world and in our own lives. In the First Reading, the holy man, Job complains about his problems, which, by the way, were many. Expressing the same frustration that we sometimes feel, he says *"My days are swifter than a weaver's shuttle; they come to an end without hope."* Then speaking directly to the Lord he says *"Remember that my life is like the wind; my eye will not see happiness again."* Whether we like it or not, throughout life from its origin to its end we feel the pain: the pain of daily fatigue at work, the pain of nightmares that sometimes harass us throughout the night and that do not let us sleep, the pain of common diseases, epidemics and pandemics that plague humanity and remind us that we are all subjected to disease in all its forms. And, the older we get, the more we feel the anguish of thinking that death is approaching. Despite believing in God's mercy, we continue to fear death and feel anguish when we think of eternity.

Were it not for our faith, suffering of body and soul could plunge us into a bottomless abyss of depression. The author of the psalms tells us in Psalm 146 that *"I will praise the LORD all my life, sing praise to my God while I live"* because *"he heals broken hearts, binds up their wounds. ... Sustains the humble, humiliates the wicked to the dust"*. Despite all the pains, sorrows and difficulties that we go through in this Valley of Tears, it encourages us to know that although it seems to us that we cannot take it anymore and that everyone is abandoning us, God knows what we are going through and is with us. Jesus had, just as we have, diseases, failures and disappointments, but he did not allow himself to be overcome. He went on, obeying the Will of God with integrity, teaching and performing miracles. When the Lord preached, he always taught clearly and without hesitation what he required of each person who was willing to follow him. Christians say that we follow Christ faithfully and that we are willing to follow his teachings faithfully, but the evangelists, those who wrote the Gospels, tell us that not everyone accepted the preaching of Christ. Many when hearing his preaching adopted an incredulous attitude. Even seeing his works and miracles, there were many who did not want to believe. Despite the problems that he sometimes had, Jesus continued to travel doing good because that is why he had come to this world. He asks us to help him in this task. You don't need to know how to preach by word of mouth. Living a life "as God intended" and showing with our actions that we are Christians is all that Christ asks of us. Saint Francis of Assisi said *"What you do may be the only sermon some people hear today."*

The prophetic mission of the Church is its most important task. However, it is the most difficult task that the Lord has given us Christians. Because, even if society does not agree with what we teach, even if people stop coming to Church because we do not preach what they want to hear, we have to continue to teach with courage what Christ himself has entrusted to us. We must continue saying what Saint Paul said to the Corinthians: *"If I proclaim the Gospel, I do not do it to boast: on the contrary, it is an urgent need for me. Woe to me if I didn't preach the Gospel!"*.

Sexto Domingo del Tiempo Ordinario
Ciclo B Tomo 3
Lecturas: (L1) Levítico 13, 1-2. 44-46 (L2) 1 Corintios 10, 31 – 11, 1 (Ev) Marcos 1, 40-45

Hoy nuestras lecturas nos hablan de la necesidad que tenemos todos los cristianos de emular a Nuestro Señor siendo compasivos con los marginados. Los cristianos católicos no vivimos en un mundo aislado simplemente porque seguimos las enseñanzas de Cristo. Sabemos que el mundo, en sí, no es ni un paraíso ni un infierno. Pero puede parecer uno u otro de estos dos sitios según la situación económica o física de la persona. Reconocemos que aunque luchemos contra Satanás y sus tentaciones, a veces caemos en pecado. Reconocemos que somos pecadores. Y sabemos que el pecado también puede consistir en no ayudar al prójimo cuando está en nuestro haber hacerlo. La Palabra de Dios que escuchamos en cada Santa Misa que celebramos nos muestra que, por amor a Dios y al prójimo, no solo tenemos que ayudar al pecador a convertirse, arrepentirse, y volver al camino hacia el Señor. También nos anima a tratar de remediar la miseria física que sufren muchas personas marginadas en esta sociedad en que vivimos. Esto lo hacemos por amor a Dios y al prójimo. Nuestra fe nos lleva a acercarnos a la persona necesitada que no solo sufre por falta de recursos materiales sino que también puede que padece de una soledad absoluta por una sociedad que solo quiere marginarla.

Como cristianos, tenemos que recordar que ayudar al prójimo no solo se trata de acercarnos a todos para ganarlos a todos para Dios y así dar testimonio de nuestra fe. También quiere decir impulsar a la sociedad a ser más consciente de las privaciones de las personas en que sufren azotes contra su dignidad. Además, Jesús nos dice que no podernos distinguir de ninguna manera entre buenos y malos, ricos y pobres, personas distinguidas o gente común. "Hacer el bien sin mirar a quien", como dice el refrán.

Aunque he hablado del ministerio de la Iglesia entre los marginados y necesitados, también es cierto que la misión profética de la Iglesia más importante es de evangelizar y santificar el mundo para que todos, algún día, seamos fieles seguidores de un solo Dios. La lepra era, y sigue siendo, una enfermedad tremenda. Sin embargo, sabemos que la mayoría de las personas poseen inmunidad natural frente a la lepra, por lo que aunque se infecten, su sistema inmunitario combate con eficacia a la bacteria y no llegan a padecer la enfermedad. Los cristianos debemos ver en el pecado algo más peligroso porque nadie es inmune a las tentaciones de Satanás. Todos pecamos. Algunas personas dicen, "No voy mucho a confesarme porque no peco mucho.". Estas son palabras que le gusta oír el Demonio. Porque muchas veces precisamente las personas que dicen esto son las que más necesitan hacer un examen de conciencia, acudir a un sacerdote y hablar con él sobre el pecado y sus consecuencias.

También hay algunos que almacenan en su alma pecados de años porque no les gusta ir a confesarse o creen que no tienen que hacerlo. Y, lo más triste de todo, incluso van a comulgar estando en estado de pecado mortal. Afortunadamente, hay otros que cuando cometen pecado se confiesan lo antes posible para no dejar que el pecado mate su alma como mataba la lepra al cuerpo. Los católicos tenemos el gran don del Sacramento de la Confesión. El Señor mismo les dio a los primeros sacerdotes, los apóstoles, el enorme poder de absolver los pecados actuando en representación de Cristo. Y los apóstoles, al escoger sus sucesores les otorgaron el mismo poder. Por eso, los sacerdotes Católicos siguen teniendo ese mismo poder. Todos podemos ser sanados de nuestros pecados simplemente con confesarnos.

Seamos sinceros con nosotros mismos, reconozcamos que somos pecadores. Recordemos que podemos ser sanados siempre que lo deseemos. Los sacerdotes nos están esperando en los confesionarios. Están preparados y deseosos de mostrarnos la misericordia de Cristo. Si hacemos una buena confesión, seguramente nos sentiremos tan felices y contentos como el leproso después de ser curado. Y tendremos ganas de pregonar, como lo hizo él, nuestra dicha y nuestra alegría por haber sido curados por Cristo Jesús.

Sixth Sunday in Ordinary Time
Cycle B Book 3
Readings: (R1) Leviticus 13:1-2, 4-46 (R2) 1 Corinthians 10:31-11:1 (Gos) Mark 1:40-45

Today our readings speak to us of the need that all Christians have to emulate Our Lord by being compassionate towards the marginalized. Catholic Christians do not live in an isolated world simply because we follow the teachings of Christ. We know that the world itself is neither a paradise nor a hell. But it may seem one or the other of these two places depending on the economic or physical situation of the person. We recognize that even though we fight Satan and his temptations, we sometimes fall into sin. We recognize that we are sinners. And we know that sin can also consist of not helping others when it is within our power to do so. The Word of God that we hear in each Holy Mass that we celebrate shows us that, out of love for God and our neighbor, we not only have to help the sinner to convert, repent, and return to the path of the Lord. It also encourages us to try to remedy the physical misery suffered by many marginalized people in this society in which we live. We do this out of love for God and our neighbor. Our faith leads us to get closer to the person in need who not only suffers from a lack of material resources but also may suffer from absolute loneliness due to a society that only wants to marginalize them.

As Christians, we have to remember that helping others is not just about reaching out to everyone to win them all to God and thus bear witness to our faith. It also means encouraging society to be more aware of the deprivations of people who suffer scourges against their dignity. Furthermore, Jesus tells us that we cannot in any way distinguish between good and bad, rich and poor, distinguished people or ordinary people. "Do good to others without looking at whom", as the saying goes.

Although I have spoken of the ministry of the Church among the marginalized and needy, it is also true that the most important prophetic mission of the Church is to evangelize and sanctify the world so that all of us, one day, will be faithful followers of one God. Leprosy was, and still is, a tremendous disease. However, we know that most people have natural immunity against leprosy, so even if they become infected, their immune system effectively fights the bacteria and they do not develop the disease. We Christians must see in sin something more dangerous because no one is immune from the temptations of Satan. We all sin. Some people say, "I don't go to confession much because I don't sin much." These are words the Devil likes to hear. Because many times it is precisely the people who say this who most need to do an examination of conscience, go to a priest and talk to him about sin and its consequences.

There are also some who store sins of years in their souls because they do not like to go to confession or they think they do not have to. And, saddest of all, they even go to communion while in a state of mortal sin. Fortunately, there are others who when they commit sin confess as soon as possible so as not to let the sin kill their soul as leprosy killed the body. Catholics have the great gift of the Sacrament of Confession. The Lord Himself gave the first priests, the apostles, the enormous power to absolve sins by acting on behalf of Christ. And the apostles, by choosing their successors, gave them the same power. Therefore, Catholic priests continue to have that same power. We can all be healed of our sins simply by confessing.

Let's be honest with ourselves, recognize that we are sinners. Let us remember that we can be healed whenever we want to. The priests are waiting for us in the confessionals. They are ready and willing to show us the mercy of Christ. If we make a good confession, we will surely feel as happy and content as the leper after being healed. And we will want to proclaim, as he did, our happiness and our joy at having been healed by Jesus Christ.

Séptimo Domingo del Tiempo Ordinario
Ciclo B Tomo 3
Lecturas: (L1) Isaías 43, 18-19. 21-22. 24-25 (L2) 2 Corintios 1, 18-22 (Ev) Marcos 2, 1-12

Al escribir los Evangelios, los cuatro evangelistas claramente mostraron que Jesús de Nazaret realmente era más que el Mesías prometido, era Emmanuel: Dios entre nosotros. Tomaron ejemplos de su vida cotidiana para describir lo que había hecho durante su vida terrenal. Pero debemos ser atentos al leer estos hechos porque no solamente describen la vida diaria de Jesús, sino que continuamente nos inspiran a repasar nuestra propia vida e intentar mejorarla.

En el Evangelio de hoy notamos que el hecho más importante no era que Jesús había curado el paralítico sino que había perdonado sus pecados – algo que solo Dios puede hacer. Lo que San Marcos quiere enseñarnos en esta lectura es que Jesús es Dios, que perdona las personas que piden perdón y que nosotros también tenemos que perdonar

Al comenzar nuestra lectura, vemos que El Señor justo había regresado a Cafarnaúm. La gente supo que estaba en casa. Se corrieron las voces de unos a otros y acudieron tantas personas, venidas de todos los alrededores, que la gente se amontonaba y no había sitio frente a la puerta. Entonces un enfermo paralítico en una camilla fue acercado al Señor. Lo trasportaban cuatro hombres. Aunque lo intentaron grandemente, era imposible aproximarlo al Maestro. Demostraron su tenacidad e idearon la manera de poner al enfermo lo más cerca de Jesús. Subieron al tejado y quitaron parte del techo y por el agujero descolgaron al enfermo casi encima del Señor.

Viendo a estos hombres Jesús decidió hacer algo por el paralítico. Pero observemos que lo primero que hizo Jesús fue perdonarle al paralítico los pecados. Y después lo curó de su enfermedad. Y es que al liberar Jesús algunas personas de sus enfermedades, demostró que era en realidad el Mesías. Pero, no obstante, Él no vino a abolir todos los males aquí en la tierra, sino a liberar al género humano de la esclavitud más grave, la del pecado, que es la causa de todos los males humanos.

Muchas personas, si tenían que escoger entre la enfermedad física y el pecado, les preocuparía más la enfermedad y cómo curarla. Sabemos que estar físicamente enfermo puede ser doloroso y frustrante. Pero el pecado en nuestras almas hace mucho más daño que la enfermedad física. Por eso, para el Señor lo más importante es curarnos del pecado ya que Él bien sabe el daño que puede traer a nuestra familia, a nuestro entorno y, sobre todo, a nosotros mismos, a nuestra humanidad.

En su meditación antes de rezar el Ángelus el 12 de febrero de 2006, el Papa Benedicto XVI dijo: *"ese gesto de Jesús, que extiende la mano y toca el cuerpo llagado de la persona que lo invoca, manifiesta perfectamente la voluntad de Dios de sanar a su criatura caída, devolviéndole la vida 'en abundancia,'* (Jn 10, 10) *la vida eterna, plena, feliz."* Cristo es "la mano" de Dios extendida a la humanidad para que pueda salir de las arenas movedizas de la enfermedad y de la muerte, volverse a levantar apoyándose en la roca firme del amor divino".

Los cristianos siempre hemos creído que cada miembro de la comunidad tiene la obligación de perdonar las personas que le han hecho daño. Sabemos que solamente podemos recibir el perdón sacramental en el Sacramento de la Penitencia pero todos podemos sanar las relaciones que tenemos con otras personas perdonando a los que nos han herido. Justamente como nosotros hemos sentido la misericordia de Dios al recibir su perdón en el Sacramento de Penitencia, debemos ser misericordiosos, debemos perdonar a las personas que nos han causado daño. Y no olvidemos que también tenemos la obligación de pedir perdón a las personas que hemos herido. "Perdónanos nuestros ofensas, como nosotros perdonamos los que nos han ofendido" debe ser más que una frase que decimos en el Padre Nuestro. Debe ser la base de nuestra vida.

Recordemos las palabras de Santo Tomas Moro escritas en una carta a su hija poco antes de su martirio, *"Nada puede pasarme que Dios no quiera. Y todo lo que Él quiere, por muy malo que parezca, es en realidad lo mejor".*

Seventh Sunday in Ordinary Time
Cycle B Book 3
Readings: (R1) Isaiah 43:18-19, 21-22, 24-25 (R2) 2 Corinthians 1:18-22 (Gos) Mark 2:1-12

In writing the Gospels, the four evangelists clearly showed that Jesus of Nazareth really was more than the promised Messiah, he was Emmanuel: God among us. They took examples from his everyday life to describe what he had done during his earthly life. But we must be careful when reading these facts because they not only describe the daily life of Jesus, but they continually inspire us to review our own life and try to improve it.

In today's Gospel we note that the most important fact was not that Jesus had healed the paralyzed man but that he had forgiven his sins - something that only God can do. What Saint Mark wants to teach us in this reading is that Jesus is God, that he forgives people who ask for forgiveness and that we too have to forgive.

As we begin our reading, we see that the Lord had just returned to Capernaum. People knew he was home. The voices spread from one to another and so many people came, coming from all around, that people were crowding together and there was no room in front of the door. Then a paralyzed patient on a stretcher was brought to the Lord. Four men carried it. Although they tried greatly, it was impossible to bring him closer to the Master. They showed their tenacity and devised a way to bring the sick as close to Jesus. They went up to the roof and removed part of the roof and through the hole they lowered the sick man almost on top of the Lord.

Seeing these men Jesus decided to do something for the paralyzed man. But let's notice that the first thing Jesus did was forgive the paralyzed man of his sins. And then he cured him of his illness. And it is that when Jesus liberated some people from their diseases, he showed that he was really the Messiah. But nevertheless, He did not come to abolish all evils here on earth, but to free mankind from the gravest slavery, that of sin, which is the cause of all human evils.

Many people, if they had to choose between sickness and sin, would be more concerned with sickness and how to cure it. We know that being sick is painful and frustrating. But sin in our souls does much more damage than physical illness. Therefore, for the Lord the most important thing is to heal us from sin since He well knows the damage it can bring to our family, to our environment and, above all, to ourselves, to our humanity.

In his meditation before praying the Angelus on February 12, 2006, Pope Benedict XVI said: *" that gesture of Jesus who stretches out his hand and touches the body covered with sores of the person who calls upon him, perfectly manifesting God's desire to heal his fallen creature, restoring to him 'life in abundance,'* (Jn 10: 10)" *eternal, full, happy life."* Christ is "the hand" of God extended to humanity so that it can emerge from the quicksand of disease and death, to rise again leaning on the firm rock of divine love.

Christians have always believed that each member of the community has an obligation to forgive people who have hurt them. We know that we can only receive sacramental forgiveness in the Sacrament of Penance but we can all heal the relationships we have with other people by forgiving those who have hurt us. Just as we have felt God's mercy by receiving his forgiveness in the Sacrament of Penance, we must be merciful, we must forgive the people who have caused us harm. And let's not forget that we also have an obligation to apologize to the people we have hurt. "Forgive us our offenses, as we forgive those who have offended us" should be more than a phrase we say in the Our Father. It must be the basis of our life.

Let us remember the words of Saint Thomas More written in a letter to his daughter shortly before his martyrdom, *"Nothing can happen to me that God does not want. And everything He wants, no matter how bad it may seem, is actually for the best.*

Octavo Domingo del Tiempo Ordinario
Ciclo B Tomo 3
Lecturas: (L1) Oseas 2, 16. 17. 21-22 (L2) 2 Corintios 3, 1-6 (Ev) Marcos 2, 18-22

Las lecturas de la Santa Misa hoy nos recuerdan que la Alianza entre Dios y su pueblo sigue vigente. La Iglesia usa las tres lecturas para decirnos que el vínculo que establece esa Alianza es tan estrecho e intimo como los votos matrimoniales.

Si alguien nos preguntara desde cuando creemos en Dios, Puede ser que nos sea un poco difícil dar una fecha exacta. Pero es posible que podíamos decirle más o menos donde y cuando empezamos a aprender formalmente las enseñanzas de Jesús en la escuela o en catequesis. Una pregunta mucho más fácil de contestar seria: "¿Desde cuándo existe Dios?" Los católicos creemos que Dios siempre existe. Existe fuera del tiempo y por lo tanto no tiene ni pasado, ni futuro. Vive eternamente en el presente. Siempre es. Nunca envejece. La humanidad en cambio puede cambiar. Puede pasar de creer en Dios a no creer. Puede ser fiel a Dios o infiel. Pero Dios siempre existe y siempre es fiel. Esta es la lección que las tres lecturas hoy tratan de enseñarnos.

La Primera Lectura es del libro del profeta Oseas. Para cuando este profeta vivía en Israel, el pueblo casi se había olvidado del Éxodo de los hebreos de Egipto. Habían pasado muchos años y vivían una vida completamente diferente al de sus antepasados. El placer y el dinero eran los nuevos dioses de los israelitas y la injusticia, la opresión y la marginación de los más necesitados era el plato del día. Dios no había castigado al pueblo por su infidelidad aun. Aunque el pueblo le era infiel, Dios seguía fiel al amor que tenia por su pueblo elegido. Oseas, usa su matrimonio como ejemplo de las relaciones entre Dios y el pueblo. Dice: *"Me casaré contigo en matrimonio perpetuo, me casaré contigo en derecho y justicia, en misericordia y compasión, me casaré contigo en fidelidad"*. Como en un matrimonio, el hecho de que uno de los conyugues sea infiel no quiere decir que el otro lo sea también. Dios no castiga al pueblo, sino hace una nueva alianza con toda la humanidad que incluye el pueblo judío, una alianza tan intima como la alianza matrimonial, sellada en el interior del corazón. Esta alianza se sellará con la crucifixión de Jesucristo.

En el Evangelio, el Señor usa tres diferentes ejemplos para describir la relación que va a surgir entre Dios y su pueblo a través de su pasión, muerte y resurrección. Es una alianza nueva y definitiva de Dios con la humanidad y Jesús primero usa la figura del matrimonio para describirla. Dios se desposa con su nuevo pueblo que es la Iglesia que representa toda la humanidad. Es una relación tan completa y tan intima como la relación entre esposos. Por eso Cristo hoy en el Evangelio dice que los apóstoles no pueden ayunar porque el novio aun está con ellos. Tienen que celebrar con El ahora. Habrá tiempo para ayunar después.

El segundo ejemplo es el del paño nuevo. Dice que la tela vieja solo se puede usar para remendar cuando se usa con alguna tela que también es vieja. Con tela nueva sólo se puede hacer en una prenda nueva. Jesús es la tela nueva, que quiere vestir a la humanidad con su mensaje de salvación definitiva y total. Los ritos, tradiciones e instituciones antiguos judías o paganas no pueden ser reusados El tercer ejemplo es el vino nuevo. Jesús dice que el vino nuevo requiere odres nuevos. Si se usa odres viejos para almacenar vino nuevo, se romperán y se echará a perder el vino nuevo. Odres viejos son las personas que siguen aferrados a las costumbres y creencias judías y paganas. Cristo es el vino nuevo que requiere personas nuevas, odres nuevos dispuestos a formar parte de una nueva alianza. En la Primera Lectura, San Pablo les dice a los Corintios que no necesita cartas de recomendación para visitarles. Les explica que Dios es fiel y su alianza no vacila entre el sí y el no. Siempre ha sido sí. Todas las promesas que ha hecho Dios son «sí» en Cristo.

Hermanos y hermanas, Dios espera y desea que le seamos fieles. Las lecturas hoy nos recuerdan que la alianza que selló Jesucristo con su sangre sigue vigente aunque seamos infieles y pecadores. La fidelidad de Dios a su alianza es como la del esposo amante que siempre está dispuesto a perdonar las infidelidades de su esposa. Si por alguna razón le hemos sido infieles y hemos pecado es imprescindible recibir su perdón en el Sacramento de la Confesión. Solo así podremos ser reconciliados con El.

Eighth Sunday in Ordinary Time

Cycle B Book 3

Readings: (R1) Hosea 2:16, 17, 21-22 (R2) 2 Corinthians 3:1-6 (Gos) Mark 2:18-22

The readings of the Holy Mass today remind us that the Covenant between God and his people is still valid. The Church uses the three readings to tell us that the bond that this Covenant establishes is as close and intimate as the marriage vows.

If someone were to ask us since when we believe in God, it may be a bit difficult for us to give an exact date. But it is possible that we could say more or less where and when we began to formally learn the teachings of Jesus in school or in catechesis. A much easier question to answer would be: "Since when does God exist?" Catholics believe that God always exists. He exists outside of time and therefore has neither a past nor a future. He lives eternally in the present. He always is. He never ages. On the other hand, humanity can change. It can go from believing in God to not believing. It can be faithful to God or unfaithful. But God always exists and is always faithful. This is the lesson that the three readings today try to teach us.

The First Reading is from the book of the prophet Hosea. By the time this prophet lived in Israel, the people had almost forgotten about the Exodus of the Hebrews from Egypt. Many years had passed and they lived a completely different life than their ancestors. Pleasure and money were the new gods of the Israelites and injustice, oppression and the marginalization of the neediest were common occurrences. God had not punished the people for their unfaithfulness yet. Although the people were unfaithful to him, God remained faithful to the love he had for his chosen people. Hosea uses his marriage as an example of the relationship between God and the people. He says: *"I will marry you in perpetual marriage, I will marry you in right and justice, in mercy and compassion, I will marry you in fidelity."* As in a marriage, the fact that one of the spouses is unfaithful does not mean that the other is also. God does not destroy the people, but makes a new alliance with all humanity which continues to include the Jewish people, an alliance as intimate as the marriage alliance, sealed within the heart. This covenant will be sealed with the crucifixion of Jesus Christ.

In Gospel, the Lord uses three different examples to describe the relationship that will emerge between God and his people through his passion, death and resurrection. It is a new and definitive alliance of God with humanity and Jesus uses the figure of marriage to describe it. He marries his new people, which is the Church that represents all humanity. It is a relationship as complete and as intimate as the relationship between spouses. That is why Christ today in the Gospel says that the apostles cannot fast because the bridegroom is still with them. You have to celebrate with Him now. There will be time to fast when Easter arrives.

The second example is that of the new cloth. It says that old fabric can only be used for mending when used with some fabric that is also old. Only a new piece can be made with new fabric. Jesus is the new cloth, who wants to clothe humanity with his message of definitive and total salvation. Ancient Jewish or pagan rites, traditions and institutions cannot be reused. The third example is new wine. Jesus says that new wine requires new wineskins. If old wineskins are used to store new wine, they will break and spoil the new wine. Old wineskins are the people who remain attached to Jewish and pagan customs and beliefs. Christ is the new wine that requires new people, new wineskins ready to be part of a new covenant. In the First Reading Saint Paul tells the Corinthians that he does not need letters of recommendation to visit them. He explains that God is faithful and his covenant does not waver between yes and no. It has always been yes. All the promises God has made are "yes" in Christ.

Brothers and sisters, God expects and wants us to be faithful to him. Today's readings remind us that the covenant that Jesus Christ sealed with his blood is still in force even though we are unfaithful and sinful. God's fidelity to his covenant is like that of a loving husband who is always ready to forgive his wife's infidelities. If for any reason we have been unfaithful to him and we have sinned, it is essential to receive his forgiveness in the Sacrament of Confession. Only in this way can we be reconciled to Him.

Noveno Domingo del Tiempo Ordinario
Ciclo B Tomo 3
Lecturas: (L1) Deuteronomio 5, 12-15 (L2) 2 Corintios 4, 6-11 (Ev) Marcos 2, 23 – 3, 6

En el Evangelio, hemos escuchado a Jesús decirles a sus seguidores que los que quieren seguir sus pasos tienen que mostrar, con hechos, que realmente son sus discípulos. Simplemente diciendo que creen en Él, no basta. Hay un viejo dicho que reza, "Haz el bien y no mires a quien". Si queremos ser santos, Dios nos pide vivir nuestra fe con profundidad, guardando los mandamientos, desde luego, pero también haciendo caridad con los hermanos y desprendiéndonos de la tendencia que tenemos de querer imponer nuestra voluntad sobre otros. Los hechos caritativos, entre muchos otros, no solo muestran que somos cristianos, sino que fortalecen nuestra alma y nos dan la fuerza moral necesaria para seguir adelante en nuestro camino hacia la vida eterna. Cada cristiano tiene que reflexionar si está viviendo su fe donde quiera que se encuentre, con hechos y sin palabras, si su vida es ejemplar y digna de emular. Pregonar con palabras huecas, sencillamente para que las oigan los demás, o sea, decir que amamos a Cristo sin mostrarlo con obras, tarde o temprano, dejará ver lo contrario.

La ley del sábado que aparece en el Antiguo Testamento tal y como todas las leyes incluidas en las Sagradas Escrituras, es buena y de gran valor. La razón que es tan importante es porque muestra la necesidad que tiene la humanidad de adorar y mostrar su agradecimiento al Dios que la creó. La Primera Lectura deja claro el gran valor, en el sentido humano, de la ley del sábado: el descanso del hombre respecto a las fatigas diarias del trabajo, y la liberación de toda fuerza opresora como lo fue para Israel la esclavitud en Egipto. Pero, toda ley, con la excepción de la ley natural y divina, en su formulación y en su contenido material está sometida a los cambios en el tiempo. Por eso, aferrarse a la letra de una ley aunque haga daño a las personas puede incluso llegar a ser contrario a la intención del legislador y al espíritu y contenido formal de la ley. Tal es el caso que se nos presenta en el evangelio hoy. Los fariseos, por defender la ley del sábado, se oponen al verdadero sentido de la ley: el bienestar del hombre. No les importa si los seguidores del Señor pasen hambre o que el hombre paralizado siga en su invalidez. Para ellos, lo importante es seguir la letra de la ley aunque esta podría hacer daño a los creyentes. No cabe duda que no debamos negar el valor de la ley, pero también debemos reconocer que si seguir la ley causara más daño que no, debemos considerar más importante seguir el espíritu de la ley.

N el Evangelio hemos escuchad a Jesús resaltar el espíritu de la ley sobre la letra de la ley. No condena la ley en sí, tal y como está escrita en la Torah o Ley Mosaica. Lo que está condenando el Señor son las reglas escritas por los Fariseos supuestamente para salvaguardar la ley del sábado. Precisamente prohibían arrancar espigas, desgranarlas y comerlas, que es justamente lo que los seguidores de Jesús había hecho. El Señor podía haber respondido a los Fariseos que tal prescripción no estaba en la Ley y que los fariseos se estaban refiriendo a una interpretación desmesuradamente rigurosa de la ley. Pero Jesús, en vez de discutir, decidió exponer un ejemplo tomado de la historia de Israel: Precisamente el Rey David, muy respetado por todos los judíos, hizo lo que no estaba permitido por la ley para satisfacer su propia hambre y la de sus compañeros. Lo que sugirió nuestro Señor es que antes de condenar a sus seguidores deben recordar que el Rey David había hecho lo propio por lo tanto no podía ser algo que fuese contra la ley. Lo que Jesús quería ensenarles con este ejemplo es que lo importante no es seguir la ley a raja tabla si esto puede hacer daño a las personas. Lo que importa es comprender y acatar el espíritu que respalda la ley.

Jesús curo al hombre que tenía la mano atrofiada en sábado, y dentro de la sinagoga, donde se predica y se exhorta a la observancia de la ley. En vez de maravillarse del poder de Dios que hizo ese milagro, los fariseos se quejaban de que se había hecho en sábado. Estaban tan ensimismados que no comprendían dos cosas: que *"El sábado se hizo para el hombre y no el hombre para el sábado"* y que Dios es el autor de la ley divina y puede interpretar la ley como quiera. Jesucristo no solo es Dios, es Señor del sábado.

Ninth Sunday in Ordinary Time
Cycle B Book 3
Readings: (R1) Deuteronomy 5:12-15 (R2) 2 Corinthians 4:6-11 (Gos) Mark 2:23 – 3:6

In the Gospel, we have heard Jesus tell his followers that those who want to follow in his footsteps have to show, with deeds, that they really are his disciples. Simply saying that you believe in Him is not enough. There is an old saying that goes, "Do good and don't look at whom." If we want to be holy, God asks us to live our faith in depth, keeping the commandments, of course, but also doing charity with our brothers and sisters and detaching ourselves from the tendency we have of wanting to impose our will on others. Charitable acts, among many others, not only show that we are Christians, but they strengthen our souls and give us the moral strength necessary to move forward on our path to eternal life. Every Christian has to reflect on whether he is living his faith wherever he is, with deeds and without words, if his life is exemplary and worthy of emulation. If we proclaim with hollow words, simply for others to hear, that is, to say that we love Christ without showing him with works, sooner or later, we will only show that the opposite is true.

The Sabbath law that appears in the Old Testament like all the laws included in the Holy Scriptures, is good and of great value. The reason it is so important is because it shows humanity's need to worship and show its gratitude to the God who created it. The First Reading makes clear the great value, in the human sense, of the Sabbath law: man's rest from the daily toils of work, and liberation from all oppressive forces as slavery in Egypt was for Israel. But, all law, with the exception of natural and divine law, in its formulation and in its material content is subject to changes in time. Therefore, clinging to the letter of a law even if it hurts people can even be contrary to the intention of the legislator and the spirit and formal content of the law. Such is the case presented to us in the gospel today. The Pharisees, by defending the Sabbath law, oppose the true meaning of the law: the welfare of man. They do not care if the followers of the Lord go hungry or that the paralyzed man remains in his invalidity. For them, the important thing is to follow the letter of the law, although it could harm believers. Certainly we should not deny the value of the law, but we must also recognize that if following the law causes more harm than not, we must consider it more important to follow the spirit of the law.

In the Gospel we have heard Jesus highlight the spirit of the law over the letter of the law. It does not condemn the law itself, as it is written in the Torah or Mosaic Law. What the Lord is condemning are the rules written by the Pharisees supposedly to safeguard the Sabbath law. In fact, they forbade the pulling of the ears, shelling them and eating them, which is exactly what the followers of Jesus had done. The Lord could have responded to the Pharisees that such a prescription was not in the Law and that the Pharisees were referring to an inordinately rigorous interpretation of the law. But Jesus, instead of arguing, decided to present an example taken from the history of Israel: Precisely King David, highly respected by all Jews, did what was not allowed by law to satisfy his own hunger and that of his companions. What our Lord suggested is that before condemning his followers they should remember that King David had done the same, therefore it could not be something that was against the law. What Jesus wanted to teach them with this example is that the important thing is not to follow the law strictly if this can harm people. What matters is understanding and abiding by the spirit behind the law.

Jesus healed the man with a withered hand on the Sabbath, and inside the synagogue, where the observance of the law is preached and exhorted. Instead of marveling at the power of God that performed this miracle, the Pharisees complained that it was done on the Sabbath. They were so absorbed that they did not understand two things: that *"The Sabbath was made for man and not man for the Sabbath"* and that God is the author of divine law and can interpret the law however He wants. Jesus Christ is not only God; He is Lord of the Sabbath.

Primer Domingo de Cuaresma

Ciclo B Tomo 3

Lecturas: (L1) Génesis 9, 8-15 (L2) 1 Pedro 3, 18-22 (Ev) Marcos 1, 12-15

Nuestra Iglesia Católica denomina a esta temporada litúrgica, "tiempo de penitencia y de renovación interior". Es tiempo para hacer un examen espiritual a fondo, para revisar cómo ha ido nuestra vida durante el año que ya pasó y para prepararnos espiritualmente para el nuevo que hemos comenzado. Es tiempo de oración y tiempo de reflexión, que es a lo que la Iglesia nos invita. Nos pide limpiar nuestras almas y empezar de nuevo.

El Evangelio de hoy nos dice cómo Jesús se fue al desierto y allí pasó cuarenta días. Es la primera vez que Cristo, Nuestro Señor, fue tentado. Es la primera vez que el diablo, descaradamente, se enfrenta a Cristo poniéndolo a prueba. Pero, ya sabemos que Jesús nunca pecó. Era similar en todo a nosotros menos en el pecado. El Diablo lo tentó abiertamente pero Jesús no se doblegó ante las tentaciones que el Maligno le propuso. Con esto el Señor nos enseña que no debemos creer que a nosotros no nos vaya a tentar Satanás. Si examinamos nuestra vida a fondo veremos que es poco probable que podremos decir, "Yo no peco". A todos nos prueba Satanás. Y muchas veces nos doblegamos a él, algo que no consiguió con Nuestro Señor, Jesús.

La Cuaresma nos pide que mostremos nuestra penitencia mediante el ayuno y también la abstinencia, por los pecados que hemos cometido. La mortificación, la penitencia, fortifica nuestras almas para resistir al Demonio que durante todo el año, pero especialmente durante estos cuarenta días de Cuaresma y durante los días de la Pasión de Cristo, nos va a tentar con mucha más saña.

No debemos olvidar que aunque Satanás nos quiere tentar, Cristo, precisamente durante estos días, nos ayudará a librarnos del pecado. Nos dará las gracias que necesitamos para vencer. Claro está, esto lo hará si nosotros nos preparamos, si limpiamos nuestras almas, y si pedimos al Señor esas gracias. Cuando pedimos con sincero arrepentimiento, "líbrame Señor de todo pecado," Él lo hará.

Este tiempo, que es tiempo de misericordia, es el más idóneo para purificarnos y fortalecernos, para cambiar nuestras vidas, para convertirnos y seguir a Cristo. Comenzamos a sentir la conversión cuando hacemos la firme resolución de mejorar espiritualmente y enmendar nuestras vidas, si esto fuera necesario.

La humanidad está en una encrucijada. Las pautas que regían la convivencia social del pasado se ignoran como si nunca habían existido. La convivencia, la conversión, la compasión son algunas de las enseñanzas constantes de la Biblia. Son normas que son imprescindibles no solo para las comunidades eclesiales, sino también para la sociedad en general. El ser humano que medita en su interior con sinceridad sabe que para que haya paz en nuestra sociedad, cada persona tiene que cree en un Dios misericordioso que entiende cuales son los problemas que nos enfrentan diariamente, Nos encontramos encadenados a un mundo hostil que trata de robarnos de la libertad que necesitamos para que vivamos una vida en paz. Los eslabones que, unidos, constituyen la cadena que nos sujeta son los pecados que cometemos. La única persona que puede ayudarnos a romper esa cadena, es nuestro Señor, Dios y Salvador, Jesucristo. La Biblia nos enseña que hay un solo y único Salvador.

Si creemos de verdad en la Buena Noticia, en el Evangelio de Cristo, forzosamente sentiremos la necesidad de abandonar radicalmente la vida de pecado. Nuestro Señor, con su ejemplo de los cuarenta días pasados en el desierto ayunando y orando, nos dio un modelo a seguir que nos muestra cómo debemos prepararnos espiritualmente durante estos cuarentas días para la Pascua. Nos pide arrepentirnos por los pecados cometidos que nos separan de Dios. Sería un lamentable error no aprovechar estos días cuaresmales dejando para más tarde lo que, como cristianos, sabemos que tenemos la obligación de hacer ya. Con un deseo ardiente de cambiar la vida, recordando que aún estamos a tiempo para hacerlo y que no sabemos si mañana lo estaremos, arrepintámonos de corazón y hagamos una confesión sincera.

First Sunday of Lent
Cycle B Book 3
Readings: (R1) Genesis 9:8-15 (R2) 1 Peter 3:18-22 (Gos) Mark 1:12-15

Our Catholic Church calls this liturgical season, "a time of penance and interior renewal." It is time to do a thorough spiritual examination, to review how our life has been during the past year and to prepare ourselves spiritually for the new one that we have begun. It is a time of prayer and a time of reflection, which is what the Church invites us to. She asks us to cleanse our souls and start over.

Today's Gospel tells us how Jesus went into the desert and spent forty days there. It is the first time that Christ, Our Lord, was tempted. It is the first time that the devil, shamelessly, confronts Christ by putting him to the test. But, we already know that Jesus never sinned. He was similar in everything to us except sin. The Devil openly tempted him but Jesus did not yield to the temptations that the Evil One proposed to him. With this the Lord teaches us that we should not believe that Satan is not going to tempt us. If we examine our life thoroughly we will see that it is unlikely that we could say, "I do not sin." Satan tests us all. And many times we bend to him, something that he did not achieve with Our Lord, Jesus.

Lent asks us to show our penance through fasting and also abstinence, for the sins we have committed. Mortification, penance, fortifies our souls to resist the Devil that throughout the year, but especially during these forty days of Lent and during the days of the Passion of Christ, will tempt us with much more fury.

We must not forget that although Satan wants to tempt us, Christ, precisely during these days, will help us to free ourselves from sin. He will give us the thanks we need to win. Of course, this will do it if we prepare ourselves, if we cleanse our souls, and if we ask the Lord for these graces. When we ask with sincere repentance, "Deliver me Lord from all sin," He will do it.

This time, which is a time of mercy, is the most suitable to purify and strengthen us, to change our lives, to convert and follow Christ. We begin to feel conversion when we make a firm resolution to improve spiritually and amend our lives, if necessary.

Humanity is at a crossroads. The guidelines that governed the social coexistence of the past are ignored as if they had never existed. Coexistence, conversion, compassion are some of the constant teachings of the Bible. They are norms that are essential not only for ecclesial communities, but also for society in general. The human being who meditates inside with sincerity knows that for there to be peace in our society, each person has to believe in a merciful God who understands what are the problems that face us daily, We find ourselves chained to a hostile world that tries to rob us of the freedom we need to live a life in peace. The links that, together, constitute the chain that holds us together are the sins we commit. The only person who can help us break that chain is our Lord, God and Savior, Jesus Christ. The Bible teaches us that there is only one and only Savior.

If we truly believe in the Good News, in the Gospel of Christ, we will necessarily feel the need to radically abandon the life of sin. Our Lord, by his example of the forty days spent in the desert fasting and praying, gave us a role model that shows us how we should prepare spiritually during these forty days for Passover. He asks us to repent for the sins committed that separate us from God. It would be an unfortunate mistake not to take advantage of these Lenten days by leaving for later what, as Christians, we know we have an obligation to do now. With a burning desire to change life, remembering that we still have time to do it and that we do not know if we will be tomorrow, let us heartily repent and make a sincere confession.

Segundo Domingo de Cuaresma

Ciclo B Tomo 3

Lecturas: (L1) Génesis 22, 1-2. 9. 10-13. 15-18 (L2) Romanos 8, 31-34 (Ev) Marcos 9, 2-10

En este Evangelio que hemos escuchado hoy, San Marcos nos relata lo que sucedió en el Monte Tabor. Anteriormente, en Cesarea de Filipo, Jesús les había anunciado a sus discípulos su pasión y muerte. Les dijo que él iba a sufrir, e incluso iba a morir, en manos de las autoridades religiosas. En realidad lo que les dijo es que tenía que pasar por el sufrimiento antes de llegar a la gloria de su Resurrección. Pero San Marcos nos dice que los Apóstoles no comprendieron lo que Jesús les estaba diciendo. Sin embargo, y quizás porque no entendieron completamente lo que quería decir el Señor, se quedaron tristes y preocupados.

Es entonces cuando Jesús reúne a Pedro, Santiago y Juan y los lleva con él a un lugar apartado para orar. Estos apóstoles fueron los que posteriormente presenciaron la agonía y el prendimiento de Nuestro Señor en el Huerto de los Olivos. Pero eso era algo que sucedería en el futuro. Después de escuchar lo que el Señor les había comunicado en Cesarea de Filipo estos mismos apóstoles llevaban varios días cabizbajos y preocupados. Estaban muy desanimados. Como las cosas estaban dudosas, Nuestro Señor decidió manifestarles su verdadera gloria. Quiso quitarles esa tristeza y preocupación y les dejó ver lo que hoy en día llamamos "La Transfiguración". Este destello divino fue para los apóstoles algo muy fugaz. De repente vieron el rostro de Cristo resplandeciente y sus vestiduras esplendorosamente blancas. Además, se les aparecieron el profeta Elías y el patriarca Moisés. Pero esto duró muy poco, más bien unos instantes. Y después solo vieron a Jesús. El Señor les dio este privilegio a estos tres Apóstoles para que pudieran gozar, por un corto tiempo, de la felicidad reservada en el Cielo para los que siguen a Dios fielmente.

A veces, nosotros también no entendemos el porqué de los acontecimientos diarios de la vida. No sabemos cómo vamos a salir de los problemas que nos trae la vida diaria. Cuando nos pasa esto el Señor nos pide que tengamos fe en Él. Este tiempo cuaresmal es un tiempo perfecto para mostrar nuestra fe en Cristo, para mostrarle que estamos dispuestos a escucharle y a seguirle. Durante estos días de Cuaresma, nosotros, dentro de esta comunidad, debemos prepararnos, mediante la penitencia y el ayuno, para la fiesta de la gloriosa Resurrección de Nuestro Señor Jesucristo. El Señor nos recuerda lo que les dijo a los apóstoles, que antes de llegar a la gloria hay que pasar por el calvario de la vida cotidiana.

La Primera Lectura nos habla del sacrificio que Abraham estaba dispuesto a hacer para mostrar su amor a Dios. Vemos cómo Dios primero lo llamó por su nombre. Y Abraham respondió con prontitud, *"Aquí estoy"*. Dios quiso probarle pidiéndole lo más difícil: sacrificar a su único hijo, Isaac, que Abraham tanto quería. Era duro para Abraham. Pero demostró que por encima de todo y de todos amaba primero a Dios. Sin embargo, el Señor solamente quería probarlo. Dios escogió a Abraham para renovar con la humanidad el diálogo interrumpido por el pecado original de Adán y Eva. Y Abraham mostró, por su actitud, que el ser humano, a pesar de haber pecado, aún tenía la capacidad de amar y obedecer al Dios verdadero. Siglos después, Dios mostraría su gran amor por el género humano al sacrificar a su único Hijo, Jesucristo, en la Cruz.

San Pablo, en la Segunda Lectura, nos dice que debemos ser alegres y tener confianza. Nos dice que si Dios está con nosotros podremos contra todo, que cuando tenemos problemas, cuando las dificultades de esta vida nos agobian, debemos pensar en la gloria que les espera a los que llevan su cruz con resignación, como la llevó Nuestro Señor Jesucristo por nosotros.

Este Segundo Domingo de Cuaresma, la Iglesia nos alienta a una transformación urgente. La vida es corta y no sabemos de cuanto será el tiempo del que disponemos. Pero si seguimos al Señor fielmente con alegría y confianza algún día disfrutaremos de la gloria que Dios nos tiene reservada.

Second Sunday of Lent
Cycle B Book 3
Readings: (R1) Genesis 22:1-2, 9, 10-13, 15-18 (R2) Romans 8:31-34 (Gos) Mark 9:2-10

In this Gospel that we have heard today, Saint Mark tells us what happened on Mount Tabor. Earlier, at Caesarea Philippi, Jesus had announced his passion and death to his disciples. He told them that he was going to suffer, and even die, at the hands of the religious authorities. In reality what he told them is that he had to go through suffering before reaching the glory of his Resurrection. But Saint Mark tells us that the Apostles did not understand what Jesus was saying to them. However, perhaps because they did not fully understand what the Lord meant, they were sad and worried.

It is then that Jesus gathers Peter, James and John and takes them with him to a secluded place to pray. These apostles were the ones who later witnessed the agony and arrest of Our Lord in the Garden of Olives. But that was something that would happen in the future. After hearing what the Lord had communicated to them in Caesarea Philippi, these same apostles had been downcast and worried for several days. They were very discouraged. As things were doubtful, Our Lord decided to manifest his true glory to them. He wanted to take away that sadness and worry and let them see what today we call "The Transfiguration." This divine flash was for the apostles something very fleeting. Suddenly they saw the resplendent face of Christ and his splendidly white robes. Furthermore, the prophet Elijah and the patriarch Moses appeared to them. But this lasted very little, more like a few moments. And then they only saw Jesus. The Lord gave these three Apostles this privilege so that they could enjoy, for a short time, the happiness reserved in Heaven for those who follow God faithfully.

Sometimes we also don't understand the reasons for the daily events of life. We do not know how we are going to get out of the problems that daily life brings us. When this happens to us, the Lord asks us to have faith in him. This Lenten season is a perfect time to show our faith in Christ, to show him that we are willing to listen to him and to follow him. During these days of Lent, we, within this community, must prepare, through penance and fasting, for the feast of the glorious Resurrection of Our Lord Jesus Christ. The Lord reminds us of what he told the apostles, that before reaching glory, one must go through the Calvary of everyday life.

The First Reading tells us about the sacrifice that Abraham was willing to make to show his love for God. We see how God first called him by name. And Abraham responded promptly, *"Here I am."* God wanted to test him by asking the most difficult thing: to sacrifice his only son, Isaac, whom Abraham loved so much. It was hard for Abraham. But he showed that above everything and everyone he loved God first. However, the Lord only wanted to prove it. God chose Abraham to renew with humanity the dialogue interrupted by the original sin of Adam and Eve. And Abraham showed, by his attitude, that human beings, despite having sinned, still had the ability to love and obey the true God. Centuries later, God would show his great love for mankind by sacrificing his only Son, Jesus Christ, on the Cross.

Saint Paul, in the Second Reading, tells us that we must be joyful and have confidence. It tells us that if God is with us we will be able to fight everything, that when we have problems, when the difficulties of this life overwhelm us, we must think about the glory that awaits those who carry their cross with resignation, as Our Lord Jesus Christ carried it for us.

This Second Sunday of Lent, the Church encourages us to an urgent transformation. Life is short and we don't know how much time we have. But if we follow the Lord faithfully with joy and confidence, one day we will enjoy the glory that God has in store for us.

Tercer Domingo de Cuaresma
Ciclo B Tomo 3
Lecturas: (L1) Éxodo 20, 1-17 (L2) 1 Corintios 1, 22-25 (Ev) Juan 2, 13-25

En la Segunda Lectura hoy, tomada de su Primera Carta a los Corintios, San Pablo dice: *"Los judíos exigen signos, los griegos buscan sabiduría. Pero nosotros predicamos a Cristo crucificado: escándalo para los judíos, necedad para los griegos"*. Esta frase resume el mensaje central de las lecturas de este tercer domingo de Cuaresma. Y insistiendo en su mensaje a los Corintios, San Pablo sigue: *"...para los que Dios ha llamado, lo mismo judíos que gentiles, Cristo es el poder de Dios y la sabiduría de Dios. Pues la locura de Dios es más sabia que la sabiduría humana, y la debilidad de Dios es más fuerte que la fuerza humana"*.

En el Evangelio de esta Santa Misa, hemos escuchado cómo Jesús se indignó, y con razón, cuando vio la situación en el templo de Jerusalén. Según el autor de nuestro Evangelio, San Juan, Jesús hizo un azote de cordeles, y echó a todos los vendedores y mercaderes del templo con sus ovejas y bueyes. E hizo lo propio con los cambistas, volcando sus mesas y esparciendo las monedas de cambio que en ellas había. Y cuando los al echar los que vendían palomas a la gente más pobre, les dijo: *"Quiten esto de aquí: no conviertan en mercado la casa de mi Padre."* Los discípulos del Señor se acordaron de lo que está escrito en el Salmo 69: *"El celo por tu casa me consume..."*. Y, cuando las autoridades judías empezaron a cuestionar lo que había hecho Jesús seguramente los discípulos también se acordaron de la frase del Salmo: *"sobre mí han recaído los insultos de tus detractores"*. (Salmo 69:9)

Las autoridades religiosas judías eran responsables del Templo de Jerusalén. Durante muchos años, los judíos peregrinaban desde sus pueblos y países hasta la época en que sacrificaban animales en el templo, de acuerdo con las pautas de su religión. Las autoridades observaron esto y concluyeron que podrían ganar bastante dinero alquilando puestos y mesas dentro de los terrenos del templo, a vendedores de animales y cambistas. Para tener una idea, era algo así como cualquier mercado del mundo. La diferencia era que todo esto ocurría en el patio que formaba la entrada al templo, lo que llamaríamos el atrio de la iglesia.

Es difícil para nosotros comprender el impacto que sufrió Jesús al entrar al templo y ver en lo qué habían convertido la casa de su Padre Amado. Al ver el caos en el atrio del templo: la gente que paseaba de puesto a puesto, los comerciantes gritando en voz alta, el olor de los animales, el Señor se enojo y reaccionó de una manera violenta, volcando las mesas de los cambistas y expulsando los vendedores de ganado. Suponemos que las autoridades judías no podían dar crédito a lo que estaban viendo. Para ellos, el templo les pertenecía. Y ellos eran quienes daban las órdenes.

Seguramente por eso, no pudieron aguantar que alguien les quitara la autoridad. Así que decidieron intervenir, preguntándole a Jesús, *"Ya que haces estas cosas, ¿qué señal nos muestras?"* El Señor, como tenía por costumbre, no respondió a esta pregunta directamente, sino que dijo, *"Destruid este templo, y en tres días lo levantaré"*. Estas palabras, ni las autoridades judías ni los propios discípulos, las entendieron. Fue después de su muerte y resurrección cuando los apóstoles comprendieron con claridad aquellas palabras del Maestro y lo que con ellas les quiso decir.

El templo de Jerusalén era el lugar más santo de la religión Judía. Era el sitio donde Dios moraba. Y desde allí, desde ese templo, Dios protegía y santificaba a su pueblo. Lo mismo ocurre hoy en día. Este templo donde celebramos la Santa Misa todos los días y donde mora Dios en el tabernáculo, es un edificio santificado por la presencia de Dios. Aunque es una pena ver como algunas personas no sepan comportarse bien cuando entran en el templo, estoy seguro que nosotros aquí presentes sí sabemos cómo comportarnos cuando estamos ante Jesús Sacramentado en el Sagrario. Estoy seguro que sabemos que el templo no es un sitio para conversaciones vanas y ruidos estridentes como si fuera la plaza del pueblo. Y también estoy seguro que el Señor santificará y protegerá a los que muestran, por su comportamiento, el respeto y el amor que merece el Santísimo Sacramento, el centro de toda comunidad católica cristiana.

Third Sunday of Lent
Cycle B Book 3
Readings: (R1) Exodus 20:1-17 (R2) 1 Corinthians 1:22-25 (Gos) John 2:13-25

In today's Second Reading, taken from his First Letter to the Corinthians, Saint Paul says: *"The Jews demand signs, the Greeks seek wisdom. But we preach Christ crucified: scandal for the Jews, folly for the Greeks"*. This phrase summarizes the central message of the readings for this third Sunday of Lent. And insisting on his message to the Corinthians, Saint Paul continues: *"... for those whom God has called, Jews and Gentiles, Christ is the power of God and the wisdom of God. For the madness of God is wiser than human wisdom, and the weakness of God is stronger than human strength."*

In the Gospel of this Holy Mass, we have heard how Jesus was outraged, and rightly so, when he saw the situation in the temple in Jerusalem. According to the author of our Gospel, Saint John, Jesus made a whip of strings, and drove all the vendors and merchants out of the temple with their sheep and oxen. And he did the same with the moneychangers, overturning their tables and scattering the change that was in them. And when, when they kicked out those who sold pigeons to the poorest people, he told them: *"Get this out of here: don't turn my Father's house into a market."* The Lord's disciples remembered what is written in Psalm 69: *"The zeal for your house consumes me ..."* And, when the Jewish authorities began to question what Jesus had done, surely the disciples also remembered the phrase of the same Psalm that follows: *"The insults of your detractors have fallen on me."* (Psalm 69: 9)

The Jewish religious authorities were responsible for the Temple in Jerusalem. For many years, the Jews made pilgrimages from their towns and countries until the time when they sacrificed animals in the temple, according to the guidelines of their religion. The authorities observed this and concluded that they could earn quite a bit of money by renting stalls and tables within the temple grounds to animal dealers and money changers. To get an idea, it was something like any market in the world. The difference was that all this took place in the courtyard that formed the entrance to the temple, what we would call the church atrium.

It is difficult for us to understand the impact that Jesus suffered when entering the temple and seeing what they had turned into the house of his Loving Father. Seeing the chaos in the temple court, the people walking from stall to stall, merchants shouting loudly, the smell of animals, the Lord became angry and reacted in a violent way, overturning the tables of the moneychangers and driving out the cattle sellers. We assume that the Jewish authorities could not believe what they were seeing. For them, the temple belonged to them. And they were the ones who gave the orders.

Probably because of that, they could not bear having someone take away their authority. So they decided to intervene, asking Jesus, *"What signs do you show us to do this?"* The Lord, as was his custom, did not answer this question directly, but said, *"Destroy this temple, and in three days I will raise it up."* These words, neither the Jewish authorities nor the disciples themselves, understood them. It was only after his death and resurrection that the apostles understood clearly those words of the Master and what he meant by them.

The temple in Jerusalem was the holiest place in the Jewish religion. It was the place where God dwelt. And from there, from that temple, God protected and sanctified his people. The same is true today. This temple where we celebrate Holy Mass every day where God dwells in the tabernacle is a building sanctified by the presence of God. While it is a shame to see how some people do not know how to behave when they enter the temple. I am sure that we here present do know how to behave when we are before Jesus in the Sacrament in the Tabernacle. I am sure we know that the temple is not a place for vain conversations and shrill noises as if it were the town square. And I am also sure that the Lord will sanctify and protect those who show, through their behavior, the respect and love that the Blessed Sacrament deserves, the center of every Christian Catholic community.

Cuarto Domingo de Cuaresma

Ciclo B Tomo 3

Lecturas: (L1) 2 Crónicas 36, 14-16. 19-23 (L2) Efesios 2, 4-10 (Ev) Juan 3, 14-21

Estamos celebrando el Cuarto Domingo de Cuaresma. La temporada cuaresmal son cuarenta días de ayuno, abstinencia y penitencia. Es un tiempo más estricto, en este sentido, que el resto del año. Pero precisamente esa severidad que encarna la Cuaresma es interrumpida hoy al celebrar la Iglesia el Domingo "Laetare". Esta es una palabra en latín que quiere decir, "Alégrate". Y es la primera palabra de la Antífona de Entrada de la Santa Misa que estamos celebrando.

Este domingo es más alegre que los demás domingos de Cuaresma. Nos da alegría reconocer que estamos a medio camino en nuestra peregrinación hacia el Domingo de Pascua, el Domingo de Resurrección. Pero, en realidad, la alegría nunca debe faltar en la vida de un cristiano, incluso cuando está ayunando y haciendo penitencia. La alegría de Nuestro Señor debe ser nuestra fuerza. El saber que Dios nos amó tanto que nació como cualquier ser humano para poder vivir y morir entre nosotros y así salvarnos de las garras del Maligno. Nuestro amor a Dios, debe impulsarnos a querer seguir a Jesús más de cerca cada día dejando atrás los pecados de nuestra vida y haciendo un firme propósito de no pecar jamás.

Nuestro Señor nos dice: *"Tanto amó Dios al mundo, que dio a Su Hijo unigénito, para que todo aquel que cree en Él, no se pierda"*. Son palabras que recogen y subrayan el verdadero sentido de nuestra fe. Dios no quiere que perezcamos sino que nos salvemos, le sigamos y lleguemos a disfrutar de la vida eterna. El gozo de reconocernos seguidores fieles del Señor debe alegrarnos y fortalecernos durante toda la semana, debe darnos la fuerza que necesitamos para cargar con las cruces que surgen durante la vida cotidiana. Debe darnos la fuerza de voluntad para arrepentirnos y la alegría de saber que al confesarnos hemos vuelto a ser contados como fieles seguidores de Dios. Nos debe recordar que no debemos de ser tristes.

En el evangelio San Juan nos explica la causa de tanta tristeza y tanto pecado en el mundo. Nos dice que Nuestro Señor Jesucristo, Luz del Mundo, quiso nacer y vivir como cualquier ser humano. Al final de su vida, aceptó una muerte cruel en la cruz para que pudiéramos ser librados de la esclavitud del pecado. Y aunque hizo todo esto simplemente por el amor que tiene por nosotros, la humanidad, mostrando su desdén por El, le volvió la espalda y eligió seguir pecando, rechazando la luz de Cristo y la salvación que ofrecía para quedarse en el pecado, esperando ser juzgado y condenado. A pesar de este rechazo de la humanidad a su salvador, Dios no retiro su promesa de salvación. Nos sigue invitando a gozar de la alegría de ser su pueblo aceptándole como nuestro Dios, amándole y obedeciéndole. El camino que nos lleva al paraíso es fácil de vislumbrar y trazar. Empieza cuando aceptamos a Jesucristo como nuestro Señor, Dios y Salvador. Como dice el Evangelio hoy: él que cree *"no será condenado; el que no cree, ya está condenado, porque no ha creído en el nombre del Hijo único de Dios"*. Para los que han oído el llamado del Señor y no lo han contestado, no habrá salvación. No creer en Cristo, la luz del mundo, será la causa de nuestra condena.

La incredulidad, la falta de fe en el Señor ya era un problema grave en los tiempos de los apóstoles. También, en nuestros días, hay muchas personas que no creen en Dios. Prefieren vivir en la oscuridad del pecado y les encanta vivir así. Han vuelto la espalda a Dios. De esa manera pueden seguir viviendo en pecado como si Él no existiera. Aunque no lo sepan, sus almas han sido debilitadas por el pecado. Y como todos los enfermos, si no acuden al médico, si no tratan de llegar a la luz del mundo que es Cristo, se irán debilitando y poco a poco se irán acostumbrando a la vida de pecado. Por otra parte, hay muchos que se están preparando para el Domingo de Pascua limpiando sus almas del pecado y volviendo al camino que les lleva a la vida eterna. Hoy, el Señor nos pide que también nosotros nos preparemos, si no lo hemos hecho ya. No debamos dejarnos arrastrar por la tristeza que trae consigo el pecado. Confesémonos para que podamos sentir el amor de Dios en nuestras vidas. Aun hay tiempo para sentir la alegría de sabernos hijas e hijos suyos.

Fourth Sunday of Lent

Cycle B Book 3

Readings: (R1) 2 Chronicles 36:14-16, 19-23 (R2) Ephesians 2:4-10 (Gos) John 3:14-21

We are celebrating the Fourth Sunday of Lent. The Lenten season is forty days of fasting, abstinence, and penance. It is a stricter time, in this sense, than the rest of the year. But precisely that severity that Lent embodies is interrupted today as the Church celebrates on "Laetare" Sunday. This is a Latin word that means, "Rejoice." And it is the first word of the Entrance Antiphon of the Holy Mass that we are celebrating.

This Sunday is more joyous than the other Sundays of Lent. We are happy to recognize that we are halfway on our pilgrimage to Easter Sunday, Resurrection Sunday. But in reality, joy should never be lacking in the life of Christians, even when we are fasting and doing penance. The joy of Our Lord must be our strength. Knowing that God loved us so much that he was born as any human being so that he could live and die among us and thus save us from the clutches of the Evil One. Our love for God should prompt us to want to follow Jesus more closely each day, leaving behind the sins of our life and making a firm resolution never to sin.

Our Lord tells us: *"God so loved the world that he gave his only Son, so that none of those who believe in him would perish, but may have eternal life."* These are words that collect and underline the true meaning of our faith. God does not want us to perish but rather to save ourselves, follow Him, and come to enjoy eternal life. The joy of recognizing ourselves as faithful followers of the Lord should gladden and strengthen us throughout the week, it should give us the strength we need to carry the crosses that arise during everyday life. It should give us the willpower to repent and the joy of knowing that by confessing we have once again been counted as faithful followers of God. It should remind us that we should not be sad.

In the Gospel Saint John explains to us the cause of so much sadness and so much sin in the world. It tells us that Our Lord Jesus Christ, the Light of the World, chose to be born and live like any human being. At the end of his life, he accepted a cruel death on the cross so that we could be freed from the slavery of sin. And although he did all this simply out of the love he has for us, humanity, showing its disdain for him, turned its back on him and chose to continue sinning, rejecting the light of Christ and the salvation that he offered, to remain in sin, waiting to be tried and condemned. Despite humanity's rejection of its savior, God did not withdraw his promise of salvation. He continues to invite us to revel in the joy of being his people, accepting him as our God, loving him and obeying him. The path that leads to paradise is easy to glimpse and trace. It begins when we accept Jesus Christ as our Lord, God and Savior. As the Gospel says today: he who believes *"...will not be condemned. He who does not believe is already condemned, because he has not believed in the name of the only Son of God."* For those who have heard the Lord's call and have not answered it, there will be no salvation. Not believing in Christ, the light of the world will be the reason we are condemned.

Unbelief, lack of faith in the Lord was already a serious problem in the days of the apostles. Also, in our day, there are many people who do not believe in God. They prefer to live in the darkness of sin and they love to live that way. They have turned their backs on God. That way they can go on living in sin as if He didn't exist. Although they may not know it, their souls have been weakened by sin. And like all sick people, if they do not go to the doctor, if they do not try to reach the light of the world that is Christ, they will grow weak and little by little they will get used to the life of sin. On the other hand, there are many who are preparing for Easter Sunday by cleansing their souls of sin and returning to the path that leads to eternal life. Today, the Lord asks us to prepare ourselves too, if we have not already done so. We should not let ourselves be carried away by the sadness that sin brings with it. Let's go to confession so we can feel God's love in our lives. There is still time to feel the joy of knowing that we are his daughters and sons.

Quinto Domingo de Cuaresma
Ciclo B Tomo 3
Lecturas: (L1) Jeremías 31, 31-34 (L2) Hebreos 5, 7-9 (Ev) Juan 12, 20-33

Vivimos en años muy inciertos. Al ver las noticias cada día en el televisor nos da la sensación de que la tendencia del ser humano más común es dividir, separar, y enfrentar. En cambio, Jesús, el Dios hecho Hombre, no es así. Actúa de otra manera y nos dice que debemos emularle lo más posible.

Los seres humanos tienden a separar el sufrimiento de la gloria. No nos gusta pensar que para alcanzar la gloria de la resurrección tenemos que pasar por el Calvario de vivir en este mundo y luego afrontar la muerte con la incertidumbre que trae. No queremos cargar la cruz ni queremos sufrir, si es necesario, para pasar a lo que está más allá de la muerte. Por eso hay tantas personas que piensan que todos van al cielo.

Lo queremos todo. Y de ser posible, que lo que tenemos que pasar para adquirirlo sea rápido y fácil. La vida, muerte y resurrección de nuestro Señor, Dios y Salvador, Jesucristo, une en si el oprobio del sufrimiento y el resplandor de la gloria. Y por eso el ser humano trata de separarlos. No nos gusta pensar en el sufrimiento, mucho menos en lo que tenemos que pasar para llegar "al otro lado" de la muerte. El ser humano quiere el paraíso sin sufrir ni morir, Pero Dios nos dice que las dos cosas van unidas. Hay que pasar por el sufrimiento y la muerte si queremos llegar a la gloria. El Señor nos dice *"si el grano de trigo no cae en tierra y muere, queda infecundo; pero si muere, da mucho fruto"*. Nos es difícil aceptar esa manera de pensar. Queremos fructificar sin morir, pero Jesús nos dice que eso es imposible. Él acepta ser esa semilla que muere bajo la tierra para después brotar, crecer y dar fruto abundante.

Y eso no es la única diferencia entre nosotros y Cristo. Nosotros preferimos, y con mucho, ser servidos a servir. En el Evangelio hoy Jesús dice: "El que quiera servirme, que me siga y donde esté yo, allí también estará mi servidor; a quien me sirva, el Padre le premiará". Oímos al señor pronunciar palabras similares antes: *"Si alguien quiere ser mi discípulo, que se niegue a sí mismo, lleve su cruz cada día y me siga. Porque el que quiera salvar su vida la perderá; pero el que pierda su vida por mi causa la salvará"*. (Lucas 9, 23-24)

La mayoría de los seres humanos no están dispuestos a perder la vida por el bien de los demás especialmente si es para personas que no conocemos. Y esa es la paradoja. Cristo sufrió lo indecible y perdió la vida, no se aferró a ella, y de esa manera la ganó para siempre. Sin embargo, siendo un ser humano, le fue increíblemente difícil ya que sabía lo que iba pasar. Les advirtió varias veces a sus seguidores lo que le iba pasar: que sería apresado, juzgado injustamente, azotado, y crucificado. Sabía lo que iba a pasar, pero no le resultaba fácil ni siquiera pensar en ello. En el Evangelio hoy le oímos decir: *"Ahora mi alma está agitada y, ¿qué diré? Padre, líbrame de esta hora. Pero si para esto vine a esta hora. Padre, glorifica tu nombre"*.

Con su muerte y resurrección, nuestro Señor nos alcanzó la posibilidad de también nosotros "ganar" la vida eterna. Todo lo que tenemos que hacer es seguirle sus huellas. Todo lo que tenemos que hacer es cargar con nuestra cruz. Nos costará pero Jesús nos dice que lo podemos conseguir. Sabe que vale la pena porque lo ha pasado Él ya. En la Segunda Lectura escuchamos las palabras de San Pablo de su Carta a los Hebreos; *"Cristo, en los días de su vida mortal, a gritos y con lágrimas, presentó oraciones y súplicas al que podía salvarlo de la muerte, cuando en su angustia fue escuchado. Él, a pesar de ser Hijo, aprendió, sufriendo, a obedecer. Y, llevado a la consumación, se ha convertido para todos los que le obedecen en autor de salvación eterna"*.

Hermanas y hermanos, sufrir, en sí, es absurdo e indigno del ser humano. Nadie debe sufrir. Sin embargo, sufrir por fidelidad a unos principios, por fidelidad a la propia conciencia, por fidelidad a familia, o por fidelidad a las convicciones religiosas; ese sufrimiento, a los ojos de Dios, no sólo tiene sentido, sino que tiene valor, como el sufrimiento de Jesucristo. Ahora, Jesús nos pregunta, si estamos dispuestos a sufrir por fidelidad a convicciones, conciencia y familia. ¿Estamos dispuestos a sufrir por fidelidad a Dios?

Fifth Sunday of Lent
Cycle B Book 3
Readings: (R1) Jeremiah 31:31-34 (R2) Hebrews 5:7-9 (Gos) John 12:20-33

We live in very uncertain years. Watching the news every day on the television gives us the feeling that the most common human traits are dividing, separating, and confronting. In contrast, Jesus, the God made Man, is not like that. He acts in another way and tells us that we should emulate him as much as possible.

Human beings tend to separate suffering from glory. We do not like to think that in order to reach the glory of the resurrection we have to go through the Calvary of living in this world and then face death with the uncertainty that it brings. We do not want to carry the cross nor do we want to suffer, if necessary, to move on to whatever is beyond death. That is why so many people think that everyone goes to heaven.

We want it all. And if possible, make what we have to go through to acquire it fast and easy. The life, death and resurrection of our Lord, God and Savior, Jesus Christ, unites in itself the reproach of suffering and the splendor of glory. And that's why human beings try to separate them. We do not like to think about the suffering, much less about what we have to go through to get to "the other side" of death. Human beings want paradise without suffering or dying, but God tells us that the two things go together. You have to go through the suffering and death if you want to reach the glory. The Lord tells us *"if the grain of wheat does not fall to the ground and die, it remains infertile; but if it dies, it bears much fruit."* It is difficult for us to accept that way of thinking. We want to bear fruit without dying, but Jesus tells us that this is impossible. He accepts being that seed that dies under the earth and then sprouts, grows, and gives abundant fruit.

And that is not the only difference between us and Christ. We much prefer to be served than to serve. In the Gospel Reading we heard Jesus say: *"Whoever wants to serve me, let him follow me and where I am, my servant will also be there; whoever serves me, the Father will reward him."* We heard the Lord utter similar words before: *"If someone wants to be my disciple, let him deny himself, carry his cross every day and follow me. Because whoever wants to save his life will lose it; but whoever loses his life for my sake will save it."* (Luke 9: 23-24)

Most human beings are not easily willing to lose their lives for the good of others especially if it is for people they do not know. And that is the paradox. Christ suffered the unspeakable and lost his life, he did not cling to it, and in that way he won it forever. However, being a human being, it was incredibly difficult for him to do so since he knew what was going to happen. He warned his followers several times what was going to happen to him: that he would be arrested, unjustly tried, flogged, and crucified. He knew what was going to happen but it was not easy for him to even think about it. In our Gospel Reading we heard him say: *"Now my soul is agitated and, what shall I say? Father, deliver me from this hour. But if for this I came to this hour. Father, glorify your name"*.

With his death and resurrection, our Lord gave us the possibility of also "winning" eternal life. All we have to do is follow in his footsteps. All we have to do is carry our cross. It will cost us but Jesus tells us that we can do it. He knows it is worth it because He has already gone through it. In the Second Reading we hear the words of Saint Paul from his Letter to the Hebrews: *"Christ, in the days of his mortal life, with shouts and tears, presented prayers and supplications to the one who could save him from death, when in his anguish he was heard. Despite being a Son, he learned, suffering, to obey. And, brought to completion, he has become the author of eternal salvation for all who obey him."*

Sisters and brothers, suffering, in itself, is absurd and unworthy of human beings. No one should suffer. However, suffering for fidelity to principles, for fidelity to one's own conscience, for fidelity to family, or for fidelity to religious convictions; that suffering, in the eyes of God, not only makes sense, but it has value, like the suffering of Jesus Christ. Now, Jesus asks us, if we are willing to suffer for fidelity to convictions, conscience and family. Are we willing to suffer for fidelity to God?

Domingo de Ramos en la Pasión del Señor
Ciclo B Tomo 3
Lecturas: (Ev1) Marcos 11, 1-10 (L1) Isaías 50, 4-7 (L2) Filipenses 2, 6-11 (Ev2) Marcos 14, 1 - 15, 47

Hermanos y hermanas, empezamos esta Misa de Domingo de Ramos con júbilo, aclamando al Señor, conmemorando su entrada triunfante a Jerusalén Jesucristo. Ahora, después de escuchar el relato de su Pasión y Muerte, nuestro júbilo se ha vuelto en tristeza al meditar sobre todo lo que Jesús hizo por nosotros, sobre como sufrió por nuestros pecados.

Era costumbre en aquel tiempo que las personas saliesen al encuentro de los grupos más grandes de peregrinos que entraban en Jerusalén. Por lo tanto, no era extraño ver que la muchedumbre se agolpaba para formar parte de la procesión de entrada a la Ciudad Santa de un grupo tan importante. Sin embargo, esta entrada era algo especial. Al oír que Jesús era quien venía el pueblo salió a recibirlo. Mientras algunos alfombraban la calzada con sus capas en honor del Señor, otros iban cortando ramas de árboles, agitándolas y gritando "Hosanna al Hijo de David. Bendito el que viene en nombre del Señor. ¡Hosanna, Gloria en lo más alto de los cielos!"

El Señor no se opuso a esta entrada triunfal en Jerusalén. Entró victorioso entre palmas y vítores. Había júbilo y fiesta pero Jesús ya sabía que en unos pocos días entraría nuevamente a Jerusalén para morir.

Jesús hizo su entrada en Jerusalén como Rey de la Gloria. Muchos siglos antes el Profeta Zacarías había profetizado que el Rey entraría triunfante en esta ciudad. Recordando con fe y devoción la entrada triunfal de Jesucristo en la Ciudad Santa, hemos venido aquí hoy para acompañarle con nuestros cantos y nuestra alegría. Pero también hemos venido para acompañarle en su dolor, para decirle que somos conscientes de lo mucho que hizo, y sigue haciendo, por nosotros.

Es por esta razón que nosotros también debemos salir al encuentro de Cristo. Debemos ascender al Monte de los Olivos desde donde comenzó su entrada triunfal a Jerusalén. Y desde donde comenzó su Pasión y Muerte tras la traición de Judas. Porque el mismo Jesucristo que fue libremente hacia Jerusalén en triunfo es el mismo que entro después como preso. Por nosotros, los seres humanos, bajó del cielo para levantarnos de lo más profundo del pecado y colocarnos con Él en el paraíso.

Estamos aproximándonos rápidamente al final de Cuaresma. Este jueves entramos en el periodo más solemne del año litúrgico - el Santo Triduo - durante el cual conmemoraremos todos lo que ocurrió en la vida de Nuestro Señor entre la Última Cena el Jueves Santo y su gloriosa Resurrección. Durante toda la temporada cuaresmal hemos estado ayunando, absteniéndonos de comer carne cada viernes, dando limosna y haciendo penitencia. Y nos hemos confesado, renovándonos espiritualmente a través del Sacramento de la Reconciliación. Estos son los medios que usamos los cristianos para prepararnos para la Pascua del Señor para que podamos vivirla más intensamente.

Para los que, por cualquier razón, aún no se han aprovechado de esta santa temporada cuaresmal para experimentar una renovación espiritual, les diré simplemente que aún hay tiempo. Aún hay tiempo para preparar para la Pascua del Señor, para arrepentirse y ser reconciliado con Dios y con las personas a las que hemos hecho daño. Hay tiempo para sentir el amor renovador de Jesús, que es, en realidad, la razón de ser de esta temporada.

Palm Sunday of the Lord's Passion
Cycle B Book 3
Readings: (Gos1) Mark 11:1-10 (R1) Isaiah 50:4-7 (R2) Philippians 2:6-11 (Gos2) Mark 14:1--15:47

Brothers and sisters, we begin this Palm Sunday Mass with jubilation, acclaiming the Lord, commemorating Jesus Christ's triumphant entry into Jerusalem. Now, after hearing the account of his Passion and Death, our joy has turned to sadness as we meditate on all that Jesus did for us, on how he suffered for our sins.

It was customary at that time for people to go out to meet the larger groups of pilgrims entering Jerusalem. Therefore, it was not uncommon to see the crowd flocking to form part of the procession into the Holy City of such an important group. However, this entry was something special. Hearing that Jesus was the one who was coming, the people went out to meet him. While some carpeted the road with their capes in honor of the Lord, others were cutting tree branches, waving them and shouting "Hosanna to the Son of David. Blessed is he who comes in the name of the Lord. Hosanna, Glory in the highest of heaven!"

The Lord did not oppose this triumphal entry into Jerusalem. He entered victorious between clapping and cheering. There was joy and celebration but Jesus already knew that in a few days he would enter Jerusalem again to die.

Jesus made his entry into Jerusalem as King of Glory. Many centuries earlier the Prophet Zacharias had prophesied that the King would enter this city in triumph. Remembering with faith and devotion the triumphal entry of Jesus Christ into the Holy City, we have come here today to accompany him with our songs and our joy. But we have also come to accompany him in his pain, to tell him that we are aware of how much he did, and continues to do, for us.

It is for this reason that we too must go out to meet Christ. We must ascend to the Mount of Olives from where his triumphal entry into Jerusalem began. And from where his Passion and Death began after the betrayal of Judas. The same Jesus Christ who went freely to Jerusalem in triumph is the same who later entered as a prisoner. For us human beings, He came down from heaven to raise us up from the depths of sin and place us with Him in paradise.

We are fast approaching the end of Lent. This Thursday we enter the most solemn period of the liturgical year - the Holy Triduum - during which we will commemorate all that happened in the life of Our Lord between the Last Supper on Holy Thursday and his glorious Resurrection. Throughout the Lenten season we have been fasting, abstaining from meat every Friday, giving alms and doing penance. And we have confessed, renewing ourselves spiritually through the Sacrament of Reconciliation. These are the means that Christians use to prepare for the Lord's Passover so that we can live it more intensely.

For those who, for whatever reason, have not yet taken advantage of this holy Lenten season to experience spiritual renewal, I will simply say that there is still time. There is still time to prepare for the Lord's Passover, to repent and be reconciled to God and to the people we have hurt. There is time to feel the renewing love of Jesus, which is really the reason for this season.

La Resurrección de Nuestro Señor y Salvador Jesucristo
Ciclo B Tomo 3
Lecturas: (L1) Hechos 10, 34a. 37-43 (L2) Colosenses 3, 1-4 (Ev) Juan 20, 1-9

¡Jesucristo ha resucitado de entre los muertos! ¡Aleluya!

Después de resucitar Nuestro Señor, fue visto por los discípulos. Ellos pudieron hablar con Él. Estuvieron con Él. Comieron con Él. También se les apareció a la Santísima Virgen y a María Magdalena. Los Evangelios nos dicen que a cada uno de ellos se le manifestó de diferente manera según la capacidad que cada uno tenía para verlo. Muchos de estos primeros testigos oculares murieron manifestando esta verdad. La realidad de la resurrección era tan grande que los mismos apóstoles, después de recibir la gracia del Espíritu Santo, salieron a la calle predicando a todo el mundo que Cristo vive. Hoy, después de veinte siglos, la Resurrección del Señor sigue siendo la noticia más espectacular y verdadera del mundo.

En la Segunda Lectura, escuchamos cómo San Pablo les dijo a los colosenses (En su Carta a los Colosenses, San Pablo les dice: *"ustedes han sido resucitados con Cristo"*. Les dice que deben buscar los bienes del cielo que Cristo obtuvo con su muerte. Este consejo también es para nosotros. Las palabras del apóstol nos deben hacer reflexionar en no obsesionarnos tanto con la vanidad, con el poder, con el dinero. Realmente, en lo que tenemos que pensar es en ir ganando, como nos dice San Pablo, los bienes de arriba. Las cosas que ofrece el mundo, si nos dejamos obsesionar por ellas y solamente pensamos en adquirirlas, serán negativas para nuestra meta, que es conseguir el Cielo.

Nosotros también tenemos que anunciar este maravilloso acontecimiento al mundo entero como lo hicieron los apóstoles. La Resurrección de Cristo es un llamado a ser misioneros, a ser luz para los otros, a proclamar con valentía que Jesucristo ha resucitado, como lo hicieron los mártires y los santos. Pero antes de comenzar la tarea de la predicación debemos preguntarnos: ¿Qué nos dice Jesús a nosotros hoy en día? Su resurrección nos trajo nuestra liberación. ¿Vivimos nosotros como mujeres y hombres liberados del pecado? ¿O seguimos oprimidos, esclavizados y sin esperanza? La Pascua Cristiana debe ser para todo creyente la iniciación de una vida verdaderamente cristiana.

La Misa de la Vigilia Pascual que estamos celebrando (que celebramos anoche) está (estaba) llena de simbolismos. Durante la Misa hemos visto (vimos) cómo la Iglesia quedó a oscuras y cómo el Cirio Pascual se encendió mientras se proclamaba "Luz de Cristo". Todo eso nos deja ver simbólicamente que la humanidad estaba en tinieblas y confusa antes de llegar el Señor. Cristo es la luz que alumbra nuestra vida. Cristo es la luz que destruye la oscuridad. Cristo es el fuego que arde sin apagarse. Él es el Dios-con-nosotros que nos guía hacia el camino de nuestra liberación.

Hermanas y hermanos, en cada misa celebramos la presencia entre nosotros de Cristo Resucitado. Muchas veces venimos a la misa con dudas, con angustias, con poca esperanza. Sin embargo, hoy debemos demostrar nuestra alegría. ¡Cristo ha Resucitado! ¡Aleluya! Y la Iglesia también continúa viva como Nuestro Señor Jesucristo. Y seguirá viva hasta que vuelva Nuestro Señor en toda su majestad y gloria.

Que el misterio pascual de la muerte y resurrección de Cristo tome conciencia en nuestras vidas y se haga realidad. Proclamemos lo que sabemos es verdad: que Jesús ha resucitado. La muerte en Él no venció. Muriendo destruyó la muerte y resucitando restauró la vida.

The Resurrection of Our Lord and Savior Jesus Christ
Cycle B Book 3
Readings: (R1) Acts 10:34a, 37-43 (R2) Colossians 3:1-4 (Gos) John 20:1-9

Jesus Christ has risen from the dead! Hallelujah!

After Our Lord resurrected, He was seen by the disciples. They were able to talk with Him. They were with Him. They ate with Him. He also appeared to the Blessed Virgin and Mary Magdalene. The Gospels tell us that each one of them was manifested in a different way according to the ability that each had to see it. Many of these early eyewitnesses died manifesting this truth. The reality of the resurrection was so great that the apostles themselves, after receiving the grace of the Holy Spirit, took to the streets preaching to the whole world that Christ lives. Today, after twenty centuries, the Resurrection of the Lord continues to be the most spectacular and true news in the world.

In the Second Reading, we hear how Saint Paul said to the Colossians (In his Letter to the Colossians, Saint Paul tells them): *"You have been raised with Christ."* He advises them to seek the goods of heaven that Christ obtained by his death. This tip is for us too. The words of the apostle should make us reflect on not becoming so obsessed with vanity, with power, with money. Really, what we have to think about is gaining, as Saint Paul tells us, the goods from above. The things that the world offers, if we allow ourselves to be obsessed with them and only think about acquiring them, they will be negative for our goal, which is to get to Heaven.

We too have to announce this wonderful event to the whole world as the apostles did. The Resurrection of Christ is a call to be missionaries, to be a light for others, to proclaim with courage that Jesus Christ is risen, as the martyrs and the saints did. But before we begin the task of preaching, we must ask ourselves: What is Jesus saying to us today? His resurrection brought us our liberation. Do we live as women and men freed from sin? Or are we still oppressed, enslaved and without hope? The Christian Easter should be for every believer the initiation of a truly Christian life.

The Mass of the Easter Vigil that we are celebrating (that we celebrated last night) is (was) full of symbolism. During Mass we have seen (we saw) how the Church was left in darkness and how the Paschal Candle was lit while the "Light of Christ" was proclaimed. All this allows us to see symbolically that humanity was in darkness and confused before the Lord arrived. Christ is the light that illuminates our life. Christ is the light that destroys darkness. Christ is the fire that burns without being quenched. He is the God-with-us who guides us on the path of our liberation.

Sisters and brothers, at each Mass we celebrate the presence among us of the Risen Christ. Many times we come to Mass with doubts, with anguish, with little hope. However, today we must show our joy. Christ has risen! Hallelujah! And the Church also continues to live as Our Lord Jesus Christ. And it will continue to live until Our Lord returns in all her majesty and glory.

May the paschal mystery of the death and resurrection of Christ become aware in our lives and become a reality. Let us proclaim what we know to be true: that Jesus is risen. Death in Him did not conquer. By dying he destroyed death and rising he restored life.

Segundo Domingo de Pascua
Ciclo B Tomo 3
Lecturas: (L1) Hechos 4, 32-35 (L2) 1 Juan 5, 1-6 (Ev) Juan 20, 19-31

Hoy, además de celebrar el Segundo Domingo de Pascua, estamos celebrando el Domingo de la Divina Misericordia. El Evangelio nos ofrece dos apariciones de Jesús que se realizaron en domingo. Las dos son muy importantes para los cristianos pero la segunda es la que nos muestra la misericordia de Señor.

A través de veinte siglos que han transcurrido desde este acontecimiento se han hecho muchos comentarios sobre la "incredulidad", la falta de fe, de Santo Tomás. "Ver para creer" ha entrado en nuestra idioma como un modismo que describe una persona que no quiere creer lo que los otros le dicen sobre un hecho. Pero la realidad de la situación de Tomás durante esos primeros días después de la muerte de Nuestro Señor es otra completamente distinta. Entre los discípulos Tomás fue uno de los que más creía y quería a Jesucristo. Cuando Nuestro Señor se enteró de la muerte de Lázaro y decidió ir a Judea a resucitarlo, todos los apóstoles, menos Tomás, trataron de disuadirle porque era demasiado peligroso para él y para ellos. Solo Tomás, con gran decisión, dijo, *"Vamos también nosotros y moriremos con él"*. (Jn 11:16) Y cuando El Señor les dijo que algún día iría a la casa de su Padre para prepararles un lugar, fue Tomás quien dijo, casi con desesperación, *"Señor, no sabemos a dónde vas, ¿cómo vamos a conocer el camino?"* (Jn 14:5 Tomás deseaba ardientemente seguir a Jesús. Pero ver al Señor detenido, juzgado, y crucificado fue demasiado para él. Todas sus esperanzas y todo su amor murieron en la Cruz el día de Viernes Santo. Y claro, cuando los otros apóstoles le dijeron, *"hemos visto al Señor"*, Tomás no pudo creerlo. En realidad, la angustia que sentía no dejaba sitio para la esperanza de ver vivo al Señor de nuevo. La muerte de Jesús estaba demasiado cerca como para poder creer en un hecho tan insólito como la Resurrección.

Esta reacción de Santo Tomás es muy humana. Cuando dos personas están muy unidas y a una de ellas le llama el Señor, a menudo la otra persona, en unos días o meses, también se va con el Señor. La angustia de la separación que trae la muerte es demasiado. A veces nosotros también hemos sentido ese mismo desasosiego cuando hemos tenido un revés en nuestra vida o en la vida de algún familiar. En estos casos solo a través de la fe podremos superar las angustias como las que sintió Santo Tomás. La alegría de este apóstol fue tan inmensa al ver otra vez al Señor que dijo espontáneamente: *"Señor mío y Dios mío"*.

Nosotros, los miembros de esta comunidad de fe, a veces hemos pasado momentos de tristeza y hasta de angustia. Nuestro Señor, lo mismo que hizo a Tomás, nos ofrece su Cuerpo y su Sangre como la mejor prueba del amor que tiene por nosotros. Y nos invita a palpar su divina misericordia en nuestras vidas. Nos dice que mora aquí, en este templo, entre nosotros, para mostrarnos su amor y para fortalecer nuestra fe débil y vacilante. Nos pide que le traigamos todas nuestras penas y angustias. Nos dice que si acudamos a Él, nos perdonará todos nuestros pecados y nos ayudará a cargar con todos los problemas de la vida. Solo quiere que nos acerquemos a Él, que creamos en Él, que tengamos fe en Él.

La Resurrección de Cristo, sus apariciones en el Cenáculo, y su presencia entre ellos durante cuarenta días antes de su Ascensión al Cielo - todo esto encajaba con los planes que Él tenía para los apóstoles. Los había estado preparando desde tiempo atrás. Con su presencia nuevamente les estaba dando ánimo y fortaleza, como lo había hecho en anteriores ocasiones durante su vida terrena.

Después de escoger Jesús a los apóstoles, había empezado a prepararlos para la gran misión que tendrían que realizar en lo sucesivo. Tendrían que continuar la obra de edificar la iglesia que Cristo fundó. Iban a proclamar a todas las naciones la Buena Nueva. Pero antes de poder realizar esta misión, tendrían que recibir la gracia y los dones del Espíritu Santo que los fortalecería.

Los discípulos y los primeros cristianos vivieron intensamente su fe. Gracias al testimonio que dieron, los cristianos hoy en día seguimos creyendo en la gloriosa Resurrección del Señor. Y sentimos la misma paz y alegría que sintieron ellos, sabiendo que Cristo Resucitado está siempre entre nosotros.

Second Sunday of Easter
Cycle B Book 3
Readings: (R1) Acts 4:32-35 (R2) 1 John 5:1-6 (Gos) John 20:19-31

Today, in addition to celebrating the Second Sunday of Easter, we are celebrating Divine Mercy Sunday. The Gospel offers us two appearances of Jesus that took place on Sunday. Both are very important for Christians but the second is the one that shows us the mercy of the Lord.

Throughout the twenty centuries that have elapsed since this event, many comments have been made about the "disbelief", the lack of faith, of St. Thomas. "Seeing is believing" has entered our language as an idiom that describes a person who does not want to believe what others tell him about a fact. But the reality of the situation of Thomas during those first days after the death of Our Lord is completely different. Among the disciples Thomas was one of those who believed and loved Jesus Christ the most. When Our Lord learned of Lazarus' death and decided to go to Judea to resurrect him, all the apostles, except Thomas, tried to dissuade him because he was too dangerous for him and for them. Only Thomas, with great decision, said, *"Let us also go, that we may die with him."* (Jn 11:16) And when the Lord told them that one day he would go to his Father's house to prepare a place for them, it was Thomas who said, almost desperately, *"Lord, we don't know where you are going, so how can we know the way?"* (Jn 14:5) Thomas ardently wanted to follow Jesus. But seeing the Lord arrested, tried, and crucified was too much for him. All his hopes and all his love died on the Cross on Good Friday. And of course, when the other apostles told him, *"We have seen the Lord,"* Thomas could not believe it. In reality, the anguish I felt left no room for hope of seeing the Lord alive again. The death of Jesus was too close to believe in such an unusual event as the Resurrection.

This reaction of Saint Thomas is very human. When two people are very close and one of them is called by the Lord, often the other person, in a few days or months, also goes with the Lord. The anguish of separation that death brings is too much. Sometimes we have also felt that same uneasiness when we have had a setback in our life or in the life of a family member. In these cases, only through faith will we be able to overcome anguish like those that Saint Thomas felt. The joy of this apostle was so immense when he saw the Lord again that he spontaneously said: *"My Lord and my God."*

We, the members of this community of faith, have sometimes experienced moments of sadness and even anguish. Our Lord, as he did to Thomas, offers us his Body and Blood as the best proof of the love he has for us. And he invites us to feel his divine mercy in our lives. He tells us that he dwells here, in this temple, among us, to show us his love and to strengthen our weak and wavering faith. He asks us to bring him all our sorrows and anguish. He tells us to go to Him; He will forgive us all our sins and help us to carry all the problems of life. He only asks us to get closer to Him, to believe in Him, to have faith in Him.

Christ's Resurrection, His Cenacle appearances, and His presence among them for forty days prior to His Ascension into Heaven - all of this dovetailed with His plans for the apostles. He had been preparing them for a long time. With his presence he was giving them courage and strength again, as he had done on previous occasions during his earthly life.

After Jesus chose the apostles, he had begun to prepare them for the great mission that they would have to carry out in the future. They would have to continue the work of building the church that Christ founded. They were going to proclaim the Good News to all nations. But before they could carry out this mission, they would have to receive the grace and gifts of the Holy Spirit who would strengthen them.

The disciples and early Christians lived their faith intensely. Thanks to the testimony they gave, Christians today continue to believe in the glorious Resurrection of the Lord. And we feel the same peace and joy that they felt, knowing that the Risen Christ is always among us.

Tercer Domingo de Pascua
Ciclo B Tomo 3
Lecturas: (L1) Hechos 3, 13-15. 17-19 (L2) 1 Juan 2, 1-5 (Ev) Lucas 24, 35-48

Los seguidores de Jesucristo no se portaron exactamente con valentía durante las largas horas de la pasión y muerte de su Maestro. Completamente abatidos, se escondían lejos de las autoridades judías y romanas buscando anonimidad entre el bullicio del día a día. No se pensaban en la resurrección de Jesús. La posibilidad de ver y hablar con El no ocupaba ningún lugar en su imaginación o en su recuerdo. Lo único que pensaban es que el Maestro había fracasado. A pesar de haber escuchado sus palabras alentadoras diciéndoles que resucitaría, no daban crédito a lo que había dicho.

Abatidos, solo pensaban en su "fracaso" y probablemente comenzaron a pensar en el futuro – una vuelta a su pasado, a la vida que habían experimentado antes de conocer al Señor. A pesar de los años pasados con Jesús, aún necesitaban convertirse, volver al camino trazado por Jesús por ellos. Necesitaban ver otra vez a su Maestro ya que El siempre les había escuchado y animado a seguir adelante. Pero no, Jesús había muerto y a su pensar no había nadie que podía echarles una mano, presentarles alguna solución a sus problemas, decirles lo que debían hacer.

Ante tan abrumadoras muestras de amor y de condescendencia por parte de Jesús durante su vida, se había comenzado a realizar en el alma de los discípulos el proceso de conversión y Jesús les abrió la inteligencia para que comprendieran las Escrituras. La conversión de los discípulos no partió de una iniciativa suya, sino de la acción de Cristo resucitado en sus mentes y en su corazón.

De repente llegan dos de los discípulos que habían caminado hacia el pueblo cercano de Emaús y comenzaron a contarles el acontecimiento increíble que habían experimentado en el camino. Decían que el Señor les había aparecido en carne y hueso. Además, había hablado con ellos. Habían caminado con ellos. De pronto no lo habían conocido pero repentinamente y sin pensarlo lo reconocieron cuando se sentaron a cenar con El y partió el pan. Probablemente se quedaron atónitos al escuchar las palabras de los dos discípulos. Nunca durante el tiempo que habían convivido con Jesús le habían hecho suficiente caso cuando les dijo que resucitaría. En el fondo no eran capaces de creer que alguien, incluso su Maestro, podía morir y resucitar. Todos estaban hablando de estas cosas cuando de improviso se presento en medio de ellos Jesús y les dijo: *Shalom aleijem,* o sea, *"la paz sea con ustedes"*. Con este modo común y corriente de saludarse los judíos, Jesús les mostraba que todo estaba bien. No tenían que temer. Había sido fiel a su promesa. Había resucitado.

Durante toda la historia de la humanidad Dios ha mostrado su fidelidad para con su pueblo. Cumple sus promesas, aunque su pueblo no cumpla con lo prometido. Nos prometió mandarnos un Mesías que nos salvaría de nuestros pecados y cumplió con su promesa en la persona de su único Hijo, Jesucristo. Muchas veces, en las relaciones que tenemos con Dios, no mostramos el amor auténtico que Nuestro Señor nos pide. Nos cuesta seguir sus mandatos. Nos cuesta reconocer a Jesucristo en nuestros familiares o en el hermano o la hermana que nos ha ofendido o que no supo corresponder a la confianza que le dimos.

Tenemos la costumbre de probar a nuestros prójimos, e incluso a Dios mismo, exigiéndoles constantemente que nos demuestren con hechos extraordinarios que son dignos de nuestro amor. Sin embargo, la lección que las lecturas de este domingo nos dan es que a pesar de la milagrosa Resurrección de Nuestro Señor, es a través de las cosas comunes y corrientes que tenemos que descubrir a Cristo Resucitado en nuestras vidas. Debemos recordar siempre que la Resurrección de Nuestro Señor no cambia la vida cotidiana, en sí, sino que nos enseña a verla de una manera distinta, a vivirla en la fe y con fe.

En cada Santa Misa, cosas sencillas, como el pan y el vino, nos hacen descubrir la presencia de Cristo Resucitado entre nosotros. A pesar de todas nuestras infidelidades, Nuestro Señor nos dice que está aquí presente con nosotros en la Sagrada Eucaristía, que solo confía en nosotros, sino que confía en nuestro amor, y, también, que confía en nuestra fe.

Third Sunday of Easter
Cycle B Book 3
Readings: (R1) Acts 3:13-15, 17-19 (R2) 1 John 2:1-5 (Gos) Luke 24:35-48

The followers of Jesus Christ did not exactly behave with courage during the long hours of their Master's passion and death. Totally crestfallen, they hid from the Jewish and Roman authorities, seeking anonymity amid the bustle of day to day life. They did not think about the resurrection of Jesus. The possibility of seeing and talking to Him had no place in their imagination or in their memory. The only thing they thought was that the Master had failed. Despite having heard his encouraging words telling them that he had risen from the dead, they did not believe what he had said.

Dejected, they only thought about their "failure" and probably began to think about the future - a return to their past, to the life they had experienced before meeting the Lord. In spite of having lived with Jesus several years, they still needed to be converted, to return to the path that Jesus traced for them. They needed to see their Master again since He had always listened to them and encouraged them to move on. But no, Jesus had died and in their minds there was no one who could give them a hand, present a solution to their problems, and tell them what to do.

Faced with such overwhelming displays of love and condescension on the part of Jesus when he was alive the conversion process had begun to take place in the disciples' souls and Jesus had opened their minds to understanding the Scriptures. The conversion of the disciples did not start from their initiative, but from the action of the risen Christ in their minds and in their hearts.

Suddenly two of the disciples who had walked to the nearby town of Emmaus arrived and began to tell them about the incredible event they had experienced on the way. They said that the Lord had appeared to them in flesh and blood. He had spoken with them. He had walked with them. At first they weren't away of who he was but suddenly and without thinking they recognized him when they sat down to dinner with him and he broke bread. They were probably stunned when they heard the words of the two disciples. Never during the time that they had lived together with Jesus had they paid enough attention to him when he told them that he would rise again. Deep down they were unable to believe that someone, even their Master, could die and be resurrected. They were all talking about these things when suddenly Jesus appeared in their midst and said: *Shalom Aleichem*, that is, *"Peace be with you."* With this common and ordinary Jewish greeting, Jesus showed them that all was well. They did not have to fear. He had been true to his promise. He had risen.

Throughout the history of humanity God has shown his fidelity to his people. He keeps his promises, even if his people do not. He promised to send us a Messiah who would save us from our sins and fulfilled his promise in the person of his only Son, Jesus Christ. Many times, in the relationships we have with God, we do not show Our Lord the authentic love that He asks of us. We find it difficult to obey his commandments. We find it hard to recognize Jesus Christ in our family members or in the brother or sister who has offended us or who did not know how to correspond to the trust we gave him or her.

We have a habit of testing our neighbors, and even God himself, constantly demanding that they show us with extraordinary deeds that they are worthy of our love. However, the lesson that the readings for this Sunday give us is that despite the miraculous Resurrection of Our Lord, it is through ordinary things that we have to discover the Risen Christ in our lives. We must always remember that the Resurrection of Our Lord does not change daily life, in itself, but rather teaches us to see it in a different way, to live it in faith and with faith.

In each Holy Mass, simple things, such as bread and wine, make us discover the presence of the Risen Christ among us. Despite all our infidelities, Our Lord tells us that he is here present with us in the Holy Eucharist that he not only trusts us, but he also trusts in our love, and he also trusts in our faith.

Cuarto Domingo de Pascua
Ciclo B Tomo 3
Lecturas: (L1) Hechos 4, 8-12 (L2) 1 Juan 3, 1-2 (Ev) Juan 10, 11-18

Durante su vida pública, Nuestro Señor siempre usaba ejemplos de la vida cotidiana de sus tiempos para explicar cómo era el Reino de Dios. En el Evangelio que hemos escuchado, Jesús nos dice que Él es como un pastor que protege a sus ovejas y no las abandona nunca. Cada uno de nosotros forma parte de ese rebaño que Cristo mismo pastorea. Y podríamos decir que la Iglesia es el redil que nos protege de Satanás, el lobo voraz, que anda por el mundo tratando de entrar para atacar al rebaño

La Iglesia es el redil cuya única puerta es Cristo. Y nosotros, los miembros de la Iglesia, somos el rebaño cuyo pastor es Jesús, como Él mismo nos lo anunció. Aunque en la Iglesia tenemos pastores humanos que nos dirigen, debemos tener en cuenta que en realidad Cristo es el Buen Pastor, el que guía a nuestros pastores y, por mediación de ellos, a nosotros. Pero cada persona debe llegar, por sí misma, a conocer a Jesús. Cada persona tiene que decidir por sí misma si seguirá al Señor o no. Porque, aunque nuestros pastores, y las mismas escrituras, nos enseñan todo lo que necesitamos saber para seguir a Cristo, sólo uno mismo puede descubrir quién es el Señor.

Debemos recordar que desde los primeros siglos de la Iglesia, la figura del Buen Pastor también ha sido identificada con el Papa. Él es el Vicario de Cristo, el defensor de la fe y el pastor de las almas que cuida a las ovejas del rebaño, que es la Iglesia. Además del Papa, también tenemos otros pastores, los obispos y sacerdotes, quienes comparten la responsabilidad de guiar el rebaño. Pero tengamos en cuenta que en realidad Cristo mismo, el único Buen Pastor, es el que guía a nuestros pastores y, por mediación de ellos, a nosotros. Nuestro Señor es el que escogió a los apóstoles y es el que escoge a sus sucesores. Por lo tanto, nosotros, como los primeros cristianos, no solo debemos seguir a Jesucristo, el Buen Pastor, sino tenemos la obligación de seguir y respetar a los pastores que el mismo Cristo ha designado, y sigue designando, para guiar su Iglesia.

Hoy es un día de oración, pidiendo a Dios, en el nombre de Nuestro Señor, Jesucristo, más vocaciones al sacerdocio. Muchas veces hay jóvenes que escuchan la llamada del Señor pero en la familia, en el entorno, incluso en la propia iglesia, no encuentran suficiente apoyo para que esa llamada fructifique. Y andan un poco desorientados sin saber a dónde acudir. Tenemos que darles nuestro apoyo y enseñarles que no hay nada más grande que, al escuchar la llamada del Señor, renunciar al mundo y dejar todo por Él. Tendrán que ser muy fuertes para ir retirando obstáculos y evitando zancadillas.

Hermanas y hermanos, tengamos cuidado. No permitamos que nadie nos engañe tratando de sembrar entre nosotros la confusión y la desunión. El cristiano que toma en serio su fe es el que sabe que está comprometido a seguir las enseñanzas del Señor, a hacer todo lo que pueda para unir el rebaño. Sabe que ningún otro puede salvarnos, pues, como dice la Primera Lectura, "en la tierra no existe ninguna otra persona a quien Dios haya constituido como salvador nuestro".

La misión del Papa es mantener una Iglesia unida. Y un buen cristiano también actuará de tal manera que muestre que toda la Iglesia, y especialmente su comunidad, estén unidas en obediencia al Buen Pastor. El cristiano que lleva su fe con seriedad sabe que tiene el compromiso de seguir a Cristo. Seguir a Cristo es hacer todo lo que esté a nuestro alcance para mantener el rebaño unido.

Recordemos, durante el día de hoy, lo que Jesús nos ha enseñado en el evangelio que hemos escuchado. Él no solamente se compara con un buen pastor, sino que lo es. Él mantiene con nosotros, que somos sus ovejas, una relación de amor. Cristo es el único mediador entre Dios y la humanidad. Él es el Buen Pastor.

Fourth Sunday of Easter
Cycle B Book 3
Readings: (R1) Acts 4:8-12 (R2) 1 John 3:1-2 (Gos) John 10:11-18

During his public life, Our Lord always used examples from the daily life of his times to explain what the Kingdom of God was like. In the Gospel that we have heard, Jesus tells us that He is like a shepherd who protects his sheep and never abandons them. Each of us is part of that flock that Christ himself shepherds. And we could say that the Church is the fold that protects us from Satan, the voracious wolf, who goes around the world trying to enter to attack the flock

The Church is the fold whose only door is Christ. And we, the members of the Church, are the flock whose shepherd is Jesus, as he himself announced to us. Although in the Church we have human shepherds who direct us, we must bear in mind that in reality Christ is the Good Shepherd, the one who guides our shepherds and, through them, us. But each person must come, by himself, to know Jesus. Each person has to decide for himself whether to follow the Lord or not. Because, although our pastors, and the scriptures themselves, teach us everything we need to know to follow Christ, only one can discover who the Lord is.

We must remember that from the first centuries of the Church, the figure of the Good Shepherd has also been identified with the Pope. He is the Vicar of Christ, the defender of the faith and the shepherd of souls who takes care of the sheep of the flock, which is the Church. In addition to the Pope, we also have other pastors, bishops and priests, who share the responsibility of leading the flock. But let us bear in mind that in reality Christ himself, the only Good Shepherd, is the one who guides our shepherds and, through them, us. Our Lord is the one who chose the apostles and he is the one who chooses their successors. Therefore, we, as the first Christians, must not only follow Jesus Christ, the Good Shepherd, but we have an obligation to follow and respect the shepherds that Christ himself has appointed, and continues to designate, to guide his Church.

Today is a day of prayer, asking God, in the name of Our Lord, Jesus Christ, for more vocations to the priesthood. Many times there are young people who listen to the Lord's call but in the family, in the environment, even in the church itself, they do not find enough support for that call to bear fruit. And they are a bit disoriented without knowing where to turn. We have to give them our support and teach them that there is nothing greater than, by listening to the Lord's call, renouncing the world and leaving everything for Him. They will have to be very strong to remove obstacles and avoid trips.

Sisters and brothers, let's be careful. Let us not allow anyone to deceive us by trying to sow confusion and disunity among us. The Christian who takes his faith seriously is the one who knows that he is committed to following the Lord's teachings; to doing all he can to unite the flock. He knows that no one else can save us, because, as the First Reading says, "on earth there is no other person whom God has made our Savior."

The mission of the Pope is to maintain a united Church. And a good Christian will also act in such a way as to show that the whole Church, and especially its community, is united in obedience to the Good Shepherd. The Christian who takes his faith seriously knows that he is committed to following Christ. Following Christ is doing everything in our power to keep the flock together.

Let us remember, today, what Jesus has taught us in the gospel that we have heard. He not only compares himself to a good shepherd, but he is. He maintains with us, who are his sheep, a relationship of love. Christ is the only mediator between God and humanity. He is the Good Shepherd.

Quinto Domingo de Pascua
Ciclo B Tomo 3
Lecturas: (L1) Hechos 9, 26-31 (L2) 1 Juan 3, 18-24 (Ev) Juan 15, 1-8

El domingo pasado escuchamos las palabras del Señor que el evangelista San Juan cita en su Evangelio: Yo soy el buen pastor. Los cuatro evangelistas usaban palabras del mismo Jesús para describir como debe ser la relación que los cristianos tengan con Nuestro Señor, Dios y Salvador, Jesucristo. En el Evangelio de hoy, el Maestro tiene con sus seguidores.

Hoy, en el nuestro Evangelio, hemos escuchado a Jesús decirle a sus seguidores que Él es la vid y nosotros, sus seguidores, que hoy en día nos autodenominamos cristianos, somos los sarmientos quienes recibimos de Él la savia (o sea, su sangre) que nos nutre y nos sostiene. Cristo mismo, en la Sagrada Eucaristía y en la gracia que emana de ella, nos da su propia vida para que podamos seguir creciendo en la fe. Al comer su Cuerpo y beber su Sangre somos introducidos a la plenitud de la nueva vida a la que fuimos injertados por el bautismo. El pueblo elegido del Señor, el pueblo de Israel, con frecuencia fue comparado en la Sagrada Escritura a la viña de Dios. Dios era la cepa y los israelitas eran los sarmientos. Cuando Jesús uso este mismo ejemplo para describir la relación que tiene El con sus seguidores, los judíos sabían exactamente lo que estaba diciendo – que él era Dios y sus seguidores el nuevo Pueblo Escogido.

Como todos los domingos desde el Domingo de Pascua, la Primera Lectura es del libro de los Hechos de los apóstoles. En ella hemos escuchado como Saulo, quien posteriormente cambiaria su nombre a Pablo, se unió a la comunidad cristiana de Jerusalén formando parte de ella. Como había sido uno de los perseguidores los cristianos más feroces tuvo que explicarles como había sucedido la conversión milagrosa que había experimentado cuando iba camino de Damasco. Cabalgaba con sus seguidores hacia esa ciudad para apresar todos los cristianos apresados por las autoridades judías, y trasladarlos a Jerusalén que allí fuesen ejecutados. En el viaje sucedió que, al acercarse a Damasco, una luz del cielo le deslumbró y cayó al suelo. Y oyó una voz que le decía: *"Saulo, Saulo, ¿por qué me persigues?"* Y cuando Saulo preguntó: *"¿Quién eres, Señor?"* La voz contestó: *"Yo soy Jesús, a quien tú persigues"*. (Hechos 9, 4-5) Es entonces cuando Saulo empezó el proceso de conversión que le llevaría a plasmar en su mente el concepto de que los cristianos forman parte del cuerpo Cristo. Ésta solo es una de las comparaciones que encontramos en el Nuevo Testamento que tratan de explicar el vínculo estrecho que existe entre Dios y su pueblo.

La comparación entre la vid y los sarmientos que hace el Señor en el Evangelio de hoy nos muestra que lo que el Señor nos quiere inculcar es que ya no nos hace falta seguir las viejas leyes elaboradas por seres humanos del Antiguo Testamento. Al vivir entre nosotros, al morir por nosotros en la Cruz, Jesús nos ha hecho conocer al Padre y nos ha mostrado el gran amor que nos tiene. La relación que tiene nuestro Señor, Dios y Salvador con nosotros es tan estrecha como la que tiene la cepa con los sarmientos que brotan de ella. Y como los sarmientos, si se corta esa relación, moriremos espiritualmente.

En la segunda lectura, San Juan nos dice que hay un nuevo mandamiento doble: que creemos en la persona de Jesucristo y que nos amemos unos a otros. Al ser bautizados, al decir que creemos en Cristo, no solo decimos de palabra que somos hijos e hijas de Dios Padre, lo decimos con seguridad ya que Cristo nos lo ha dicho. Cuando nos bautizamos, los cristianos adquirimos el derecho y el poder de ser parte de la viña del Señor. Y es a través de la fe, la oración, el culto y la palabra que encontramos nueva vida y nos unimos más estrechamente a Cristo en su Iglesia.

Para que la vid se fortalezca, es necesario podar las ramas viejas que ya no son fértiles y que deben ser cortadas para que la planta produzca más fruta. San Cirilo de Alejandría dice: *"De Cristo y en Cristo, hemos renacido por el Espíritu para llevar fruto de vida; no el fruto de nuestra vieja vida pecaminosa, sino el fruto de una nueva vida fundada en nuestra fe en él y nuestro amor por él. Como ramas que crecen de una vid, ahora sacamos nuestra vida de Cristo, y nos aferramos a su santo mandamiento para preservar esta vida"*. (De un comentario sobre el evangelio de San Juan de San Cirilo de Alejandría)

Fifth Sunday of Easter
Cycle B Book 3
Readings: (R1) Acts 9:26-31 (R2) 1 John 3:18-24 (Gos) John 15:1-8

Last Sunday we heard the words of the Lord that the evangelist Saint John quotes in his Gospel: I am the good shepherd. The four evangelists used words from Jesus himself to describe how the relationship that Christians should have with Our Lord, God and Savior, Jesus Christ. In today's Gospel, the Master has with his followers.

Today, in our Gospel, we have heard Jesus tell his followers that he is the vine and we, his followers, who today call ourselves Christians, are the branches who receive from him the sap, in other words his blood" that nourishes and sustains us. Christ himself, in the Holy Eucharist and in the grace that emanates from it, gives us his own life so that we can continue to grow in faith. By eating his Body and drinking his Blood we are introduced to the fullness of the new life to which we were grafted by baptism. The Lord's chosen people, the people of Israel, were often compared in Holy Scripture to God's vineyard. God was the vine and the Israelites were the branches. When Jesus used this same example to describe His relationship with His followers, the Jews knew exactly what He was saying - that He was God and His followers the new Chosen People.

Like every Sunday since Easter Sunday, the First Reading is from the book of Acts of the Apostles. In it we have heard how Saul, who later changed his name to Paul, joined the Christian community in Jerusalem as part of it. As he had been one of the persecutors, the most ferocious Christians had to explain to them how the miraculous conversion that he had experienced when he was on the road to Damascus had happened. He rode with his followers to that city to apprehend all the Christians captured by the Jewish authorities, and transfer them to Jerusalem to be executed there. On the journey it happened that, as he approached Damascus, a light from heaven dazzled him and he fell to the ground. And he heard a voice say to him: *"Saul, Saul, why are you persecuting me?"* And when Saul asked, *"Who are you, Lord?"* The voice replied: *"I am Jesus, whom you are persecuting."* (Acts 9, 4-5) It is then that Saul began the conversion process that would lead him to capture in his mind the concept that Christians are part of the body of Christ. This is just one of the comparisons that we find in the New Testament that try to explain the close bond that exists between God and his people.

The comparison between the vine and the branches that the Lord makes in today's Gospel shows us that what the Lord wants to instill in us is that we no longer need to follow the old laws made by human beings from the Old Testament. By living among us, by dying for us on the Cross, Jesus has made us know the Father and has shown us the great love he has for us. The relationship that our Lord, God and Savior has with us is as close as that between the vine and the branches that sprout from it. And like the branches, if that relationship is cut, we will die spiritually.

In the second reading, Saint John tells us that there is a new double commandment: that we believe in the person of Jesus Christ and that we love one another. When we are baptized, when we say that we believe in Christ, we not only say by word that we are sons and daughters of God the Father, we say it with security since Christ has told us so. When we are baptized, we Christians acquire the right and the power to be part of the Lord's vineyard. And it is through faith, prayer, worship, and the word that we find new life and become more closely united to Christ in his Church.

For the vine to become stronger, it is necessary to prune old branches that are no longer fertile and that must be cut so that the plant produces more fruit. Saint Cyril of Alexandria says: *"Of Christ and in Christ, we have been reborn by the Spirit to bear the fruit of life; not the fruit of our old sinful life, but the fruit of a new life founded on our faith in him and our love for him. Like branches growing from a vine, we now draw our life from Christ, and hold on to his holy commandment to preserve this life."* (From a commentary on the Gospel of Saint John by Saint Cyril of Alexandria)

Sexto Domingo de Pascua
Ciclo B Tomo 3
Lecturas: (L1) Hechos 10, 25-26. 34-35. 44-48 (L2) 1 Juan 4, 7-10 (Ev) Juan 15, 9-17

Cuando Nuestro Señor vivía aquí en la tierra, ya había mucha especulación sobre quién era el verdadero Dios y como era. La mayoría de los pueblos y naciones paganos tenían un gran número de dioses. Eran fieles imágenes de los mismos seres humanos que los crearon y, por lo tanto, algunos eran relativamente buenos y otros sangrientos y vengativos. Sin embargo, había que tener mucho cuidado, tanto con los dioses buenos como con los malos, porque eran volubles y podían volverse en contra de cualquier persona ó pueblo a su antojo. Buscaban sus propios intereses menospreciando a los seres menos poderosos. Para ellos, la humanidad existía para ser explotada y dominada a su antojo. Muchos de los dioses eran oriundos de la tierra donde vivían sus súbditos. Aunque pertenecían al pueblo que les adoraba, si ese pueblo se mudaba a otro sitio, los dioses se quedaban atrás, abandonando su pueblo para seguir viviendo en un lugar geográfico especifico.

Para los judíos, en cambio, solo había un Dios y no era un Dios malévolo. Era un Dios que amaba a su pueblo tanto que había hecho un acuerdo, o sea un convenio o testamento, con ellos. Para el pueblo judío Yahvé no solo era el único Dios sino que era *"soberano de todos los dioses"*. (Salmo 94:3) Era un Dios diferente a todos los otros. El convenio que hizo con su pueblo era, a la vez, una promesa mutua, sencilla y profundamente conmovedora. A través de la larga historia del pueblo judío, Dios seguía repitiendo su promesa: *"Ustedes serán mi pueblo y yo seré su Dios"*. (Éxodo 6:7) Dios prometía amar y ser fiel a su pueblo. Prometía protegerlos. A cambio, su pueblo prometía amarle y serle fiel. También prometía obedecer sus mandamientos. Estas son las bases de la relación con Dios: amor, fidelidad y obediencia. Era una relación estable y segura que seguía estando en vigor durante toda la historia del pueblo judío-cristiano

Después de la Resurrección del Señor la gran noticia que los apóstoles proclamaban era sencilla. Como dice San Pedro en la Primera Lectura, *"Dios no hace distinciones; acepta al que lo teme y practica la justicia, sea de la nación que sea"*. Jesucristo, Dios mismo nacido entre nosotros, amplió la promesa que hizo al pueblo Judío. Desde ese momento en adelante todos los pueblos de la tierra compartirían esa misma promesa. Nuestro Señor nos promete que si seamos fieles a Él, si sigamos sus enseñanzas durante nuestra vida, y si le amemos, Él será fiel a nosotros, nos protegerá y nos amará. Y, además, será fiel a todos sus seguidores sea cual sea su nacionalidad o su ubicación geográfica. Desde la Muerte y Resurrección de Jesucristo, Emanuel, Dios-con-Nosotros, mora en todos los sitios donde hay personas que le alaban. El Templo en Jerusalén ya no es el único sitio donde se encuentra Dios. En cualquier sitio donde se reúne su pueblo a adorarle, allí está Dios. Nuestro Dios no solo nos es fiel, sino que siempre desea estar cerca de todos y cada uno de nosotros. Lo único que nos pide es que le sigamos y que seamos su pueblo devoto.

San Juan nos dice en la Primera Lectura: *"En esto consiste el amor: no en que nosotros hayamos amado a Dios, sino en que Él nos amó"*. A través de la historia el ser humano se ha preguntado: ¿cómo puede ser que Dios nos ame siendo tan inconstantes como somos? En el Evangelio hoy hemos escuchado a Jesús decirles a sus seguidores: *"No son ustedes los que me han elegido, soy yo quien los ha elegido"*. El que Dios nos ha escogido a ser su pueblo y que siga amándonos, a pesar de nuestras vidas anteriores pecaminosas, a pesar de las veces que le hemos vuelto la espalda, y a pesar de que le mostremos nuestro desprecio cuando pecamos, es un gran misterio e increíblemente inexplicable, bajo el punto de vista humano. A pesar de nuestra falta de fidelidad, Dios nos sigue haciendo una promesa de amistad y entrega total que sobrepasa todos los límites de nuestro entendimiento. Jesucristo, Nuestro Señor, y Dios verdadero, libremente aceptó su muerte en la Cruz *"como victima de propiciación por nuestros pecados"* (1 Juan 4:10). No lo hizo por algún mérito que tenemos nosotros sino sencillamente porque nos ama. Este es el Evangelio, la Buena Noticia, que la Iglesia anuncia al mundo entero.

Sixth Sunday of Easter
Cycle B Book 3
Readings: (R1) Acts 10:25-26, 34-35, 44-48 (R2) 1 John 4:7-10 (Gos) John 15:9-17

When Our Lord lived here on earth, there was already much speculation about who the true God was and what He was like. Most of the pagan peoples and nations had a large number of gods. They were faithful images of the very human beings who created them and thus some were relatively good and some were bloody and vengeful. However, you had to be very careful, both with the good and the bad gods, because they were fickle and could turn against any person or people at will. They pursued their own interests, belittling the less powerful beings. For them, humanity existed to be exploited and dominated at will. Many of the gods were native to the land where their subjects lived. Although they belonged to the people who worshiped them, if that people moved to another place, the gods stayed behind, abandoning their people to continue living in a specific geographical place.

For the Jews, on the other hand, there was only one God and he was not an evil God. He was a God who loved his people so much that he had made an agreement, in other words a covenant or testament, with them. For the Jewish people Yahweh was not only the only God but he was *"sovereign of all gods."* (Psalm 94: 3) He was a God different from all others. The covenant he made with his people was both a mutual promise, simple and deeply moving. Throughout the long history of the Jewish people, God kept repeating his promise: *"You will be my people and I will be your God."* (Exodus 6: 7) God promised to love and be faithful to his people. He promised to protect them. In return, his people promised to love him and be faithful to him. He also promised to obey his commandments. These are the bases of the relationship with God: love, fidelity and obedience. It was a stable and secure relationship that continued to be in force throughout the history of the Jewish-Christian people.

After the Resurrection of the Lord the great news that the apostles proclaimed was simple. As Saint Peter says in the First Reading, *"God does not make distinctions; he accepts the one who fears him and practices justice, regardless of nationality"*. Jesus Christ, God Himself born among us, expanded on the promise He made to the Jewish people. From that moment on, all the peoples of the earth would share that same promise. Our Lord promises us that if we are faithful to Him, if we follow His teachings during our lives, and if we love Him, He will be faithful to us, protect us, and love us. And, in addition, he will be faithful to all his followers whatever their nationality or geographical location. Since the Death and Resurrection of Jesus Christ, Immanuel, God-with-Us, dwells in all the places where there are people who praise him. The Temple in Jerusalem is no longer the only place where God is. Wherever his people gather to worship him, God is there. Our God is not only faithful to us, but He always wants to be close to each and every one of us. The only thing that he asks of us is that we follow him and be his devoted people.

Saint John tells us in the First Reading: *"In this is love, not that we loved God but that he loved us as we are."* In the Gospel today we have heard Jesus say to his followers: "It is not you who have chosen me, it is I who have chosen you." That God has chosen us to be his people and that he continues to love us, despite our previous sinful lives, despite the times we have turned our backs on him, and despite the fact that we show our contempt for him when we sin, is a great mystery and incredibly inexplicable, from a human point of view. Despite our lack of fidelity, God continues to make us a promise of friendship and total dedication that exceeds all the limits of our understanding. Jesus Christ, our Lord, and true God, freely accepted his death on the Cross *"as a victim of propitiation for our sins"* (1 John 4:10). He did not do it because we deserved it but simply because he loves us. This is the Gospel, the Good News, which the Church announces to the whole world.

Séptimo Domingo de Pascua
Ciclo B Tomo 3
Lecturas: (L1) Hechos 1, 15-17. 20a. 20c-26 (L2) 1 Juan 4, 11-16 (Ev) Juan 17, 11b-19

Este domingo la Iglesia nos recuerda los primeros días de la comunidad cristiana. Después de presenciar la ascensión de Jesús al cielo, los apóstoles y la Virgen María se reunieron con los otros discípulos del Señor. Por nueve días, los seguidores de Cristo se mantuvieron unidos en oración mientras esperaban la llegada anunciada por Nuestro Señor del Espíritu Santo. De allí viene la costumbre piadosa de rezar novenas. Recordando estos hechos, a través de las lecturas de la Santa Misa, la Iglesia nos invita a meditar sobre la necesidad que tenemos nosotros de orar por la unidad de la comunidad cristiana.

Es obvio que el Señor desea ardientemente que la humanidad llegue a la unidad en la Santa Iglesia que Él fundó. Prometió a los apóstoles que su Iglesia permanecería en el mundo hasta el fin de los tiempos. Y nos pide a nosotros que su Iglesia sea signo de unidad en este mundo tan desunido.

La unidad es un don de Dios que está estrechamente unida a la oración. En el Evangelio, San Juan recoge la bella oración que nuestro Señor hizo al Padre durante la Última Cena. *"Padre santo, cuida en tu nombre a los que me has dado, para que sean uno, como nosotros"*. Así oró Jesús levantando los ojos al cielo. Oró especialmente por la unidad de sus seguidores ya que sabía que después de la Ascensión se quedarían solos en el mundo hasta el Domingo de Pentecostés cuando el Espíritu Santo derramaría sobre ellos su gracia.

El Señor pidió al Padre que les diera a los apóstoles la fuerza necesaria para mantenerse fieles a Él, para que se mantuvieran unidos en la fe y en la verdad. Rogando a su Padre por sus seguidores, Jesús dijo: *"Padre santo, guárdalos en tu nombre, a los que me has dado, para que sean uno, como nosotros"*. El Señor fundó una sola comunidad cristiana porque quiso que existiera una sola Iglesia. Y en esta oración para sus discípulos hizo hincapié en su unidad. Sabía que durante los siglos siguientes iba haber muchas veces cuando Satanás atacaría la Iglesia instando a sus fieles a pecar contra la unión de la Iglesia, incluso sugiriendo que la cisma fuese la única solución a los problemas de falta de acuerdo entre las varias comunidades eclesiales que forman la Iglesia Católica. Por eso, oraba ardientemente el Señor para que sus seguidores pudieran comprender la necesidad de resolver sus diferencias como hermanas y hermanos en Cristo, manteniendo la unidad y mostrando a todo el mundo que solo haya una sola Iglesia.

El deseo de mantenernos unidos debe ser también el nuestro: que haya una sola Iglesia y que se mantenga unida, que seamos uno como nuestro Señor es uno con el Padre. Sabemos lo difícil que es mantener la unidad, incluso dentro de una familia. Algunos piensan que esto es debido a que entre los cristianos hay gran diversidad de culturas, lenguas, y caracteres nacionales. Pero en los tiempos de los apóstoles, a pesar de que la comunidad era mucho más pequeña, no faltaron los que rechazaban la fe como la enseñaban los apóstoles. Algunos, mostrando su soberbia, decían que ellos conocían, mejor que los propios apóstoles, lo que Jesucristo quería para su Iglesia. Y debido a esa intransigencia y a ese rechazo varios grupos acabaron separándose de la Iglesia que Cristo fundó. Más que nada, la soberbia y la falta de amor y de comprensión han sido la causa de la desunión en la comunidad cristiana. Aún tenemos en nuestra Iglesia dificultades con la unidad. Muchos cristianos aún no están de acuerdo sobre cómo debemos seguir a Cristo. Ignoran, o quizás no quieren escuchar, el mensaje de amor y unidad que Cristo nos ha dado.

La unidad en la Iglesia se palpa cuando las obras de la comunidad provienen de un mismo espíritu. Y se muestra en la unión visible de sus miembros. Nunca un miembro de la comunidad cristiana debe sentirse solo o ignorado. Recordemos que es importante que hagamos un esfuerzo especial para mantener la fraternidad cristiana. Nuestra meta debe ser la unidad Cristiana. Tenemos que hacer todo lo humanamente posible para que nuestra Iglesia se mantenga unida. Hay muchas maneras de tratar de conseguir este sueño tan deseado. Pero la manera más eficaz, ante Nuestro Señor, es nuestra ferviente oración para que haya unidad entre los cristianos.

Seventh Sunday of Easter

Cycle B Book 3

Readings: (R1) Acts 1:15-17, 20a, 20c-26 (R2) 1 John 4:11-16 (Gos) John 17:11b-19

This Sunday the Church reminds us of the first days of the Christian community. After witnessing the ascension of Jesus to heaven, the apostles and the Virgin Mary met with the other disciples of the Lord. For nine days, the followers of Christ remained united in prayer as they awaited the arrival announced by Our Lord of the Holy Spirit. This is where the pious custom of praying novenas comes from. Remembering these events, through the readings of the Holy Mass, the Church invites us to meditate on the need we have to pray for the unity of the Christian community.

It is obvious that the Lord ardently desires humanity to come to unity in the Holy Church that he founded. He promised the apostles that his Church would remain in the world until the end of time. And he asks us that his Church be a sign of unity in this world so disunited.

Unity is a gift from God that is closely linked to prayer. In the Gospel, Saint John collects the beautiful prayer that our Lord made to the Father during the Last Supper. *"Holy Father, take care in your name of those you have given me, so that they may be one, like us."* So Jesus prayed raising his eyes to heaven. He especially prayed for the unity of his followers since he knew that after the Ascension they would remain alone in the world until Pentecost Sunday when the Holy Spirit would pour out his grace on them.

The Lord asked the Father to give the apostles the necessary strength to remain faithful to Him, to remain united in faith and in truth. Praying to his Father for his followers, Jesus said: *"Holy Father, keep them in your name, those whom you have given me, so that they may be one, like us."* The Lord founded only one Christian community because He wanted there to be only one Church. And in this prayer for his disciples he emphasized their unity. He knew that during the following centuries there would be many times when Satan would attack the Church urging his faithful to sin against the union of the Church, even suggesting that the schism was the only solution to the problems of lack of agreement among the various ecclesial communities that they form the Catholic Church. Therefore, the Lord prayed ardently that his followers could understand the need to resolve their differences as sisters and brothers in Christ, maintaining unity and showing everyone that there is only one Church.

The desire to keep us united must also be ours: that there is only one Church and that it remains united, that we are one as our Lord is one with the Father. We know how difficult it is to maintain unity, even within a family. Some think that this is due to the great diversity of cultures, languages, and national characters among Christians. But in the days of the apostles, even though the community was much smaller, there was no shortage of those who rejected the faith as the apostles taught it. Some, showing their pride, said that they knew, better than the apostles themselves, what Jesus Christ wanted for his Church. And due to this intransigence and this rejection, several groups ended up separating from the Church that Christ founded. More than anything, pride and lack of love and understanding have been the cause of disunity in the Christian community. We still have difficulties with unity in our Church. Many Christians still disagree on how we should follow Christ. They ignore, or perhaps do not want to hear, the message of love and unity that Christ has given us.

Unity in the Church is palpable when the works of the community come from the same spirit. And it is shown in the visible union of its members. Never a member of the Christian community should feel alone or ignored. Let us remember that it is important that we make a special effort to maintain Christian fraternity. Our goal must be Christian unity. We have to do everything humanly possible to keep our Church united. There are many ways to try to achieve this much desired dream. But the most effective way, before Our Lord, is our fervent prayer for unity among Christians.

Domingo de Pentecostés
Ciclo B Tomo 3
Esta homilía se puede usar en cualquier Misa del Domingo de Pentecostés

Hoy, Domingo de Pentecostés, celebramos un hecho que es, a la vez, milagroso y maravilloso. Es un día de gran gozo para todos los católicos. El amor de Dios ha sido derramado en nuestros corazones y nos ha llenado del Espíritu Santo que habita en nosotros.

Hoy conmemoramos el día que el Espíritu Santo derramó su gracia sobre el Pueblo de Dios. Además, hoy celebramos el último Domingo de la Temporada Pascual. La Iglesia celebra este día con gran solemnidad porque es una fiesta grande. Los próximos siete días son considerados como parte de esta fiesta y forman la octava de la solemnidad. Todas las fiestas mayores de nuestra Iglesia, tales como la Navidad y el Domingo de Resurrección se celebran de esta forma.

Desde la Ascensión de Jesús al cielo hasta el Día de Pentecostés transcurrieron nueve días. Este hecho es el precursor de la práctica piadosa que hoy llamamos una novena. Estando todos los Apóstoles y la Virgen María juntos en el Cenáculo repentinamente escucharon un ruido fuerte como cuando sopla un viento fuerte. De esta manera el Espíritu Santo manifestó su presencia entre ellos. Los que presenciaron este hecho sabían que Dios estaba entre ellos. Desde los tiempos del Antiguo Testamento Dios siempre se había manifestado a través de los elementos naturales tales como el viento y el fuego. Nadie sabe de cuantas formas puede presentarse el Espíritu Santo. Pero lo que sí sabemos es que puede surgir entre nosotros cuando nadie lo espera. La Iglesia experimenta constantemente la presencia del Espíritu Santo. Él es el que la conserva, la santifica y la fortalece. Ha mantenido a la Iglesia triunfante en medio de las persecuciones y calumnias que han surgido durante todos los siglos de su historia.

El Domingo de Pentecostés, cincuenta días después de Pascua era una de las principales fiestas judías. Y muchos judíos que vivían fuera de Tierra Santa venían en peregrinación y se reunían todos en Jerusalén. Ese es el día que se formó nuestra Iglesia. El día de Pentecostés ocurrieron acontecimientos únicos y maravillosos. El Espíritu Santo derramó sobre los Apóstoles su gracia dándoles la valentía y sabiduría que necesitaban para empezar a predicar y explicar la gran noticia de la Resurrección. Pedro y los otros apóstoles son los que tenían la responsabilidad de salvaguardar la Palabra de Dios para que fuera predicada fielmente. Con el tiempo, trasmitieron esta responsabilidad a sus sucesores, nuestros obispos y sacerdotes.

Ya sabemos que nuestra Iglesia siempre se envejece y siempre se rejuvenece. Es a través los sacramentos del bautismo y la confirmación que el Espíritu Santo nos infunde la misma gracia santificante que recibieron los Apóstoles y que se prolonga en todos nosotros. Nuestra Iglesia, a raves de los sacramentos, el evangelio, y los dones del Espíritu Santo, nos reúne y nos convierte en una sola familia con creencias básicas universales y fundamentales. No es menester crear un nuevo Cristo a nuestra manera o a nuestra conveniencia cada vez que no estamos de acuerdo con las enseñanzas cristianas que ya existen. Para ser cristianos de verdad habrá que hacer nuestra la misma fe de los apóstoles y sus sucesores tal y como lo enseñaron.

La Iglesia, fortalecida por el espíritu de unidad, crea entre todos los pueblos y todas las razas una comunidad de hermanas y hermanos en Cristo. Si miramos nuestra Iglesia con fe descubriremos que el Espíritu Santo sigue morando en ella y que constantemente está derramando sobre ella la semilla de gracia que la muerte y resurrección de Nuestro Señor Jesucristo sembró.

Así pues, como cristianos tengamos una visión cristiana de nuestra Iglesia y aprendamos a defenderla de cada ataque no merecido, pequeño o grande, que surge contra ella. Pidamos al Espíritu Santo que lo que Cristo sembró llegue a su plenitud. Nuestra Iglesia es obra del Espíritu Santo y se reconoce por sus frutos. Notaremos la presencia del Espíritu Santo cuando en la Iglesia, entre nosotros, veamos frutos de amor, paz, bondad, lealtad y, sobre todo, humildad.

Pentecost Sunday

Cycle B Book 3

This Homily may be used for any Mass on Pentecost Sunday

Today, Pentecost Sunday, we celebrate an event that is both miraculous and wonderful. It is a day of great joy for all Catholics. God's love has been poured into our hearts and has filled us with the indwelling Holy Spirit.

Today we commemorate the day that the Holy Spirit poured out his grace on the People of God. Also, today we celebrate the last Sunday of the Easter Season. The Church celebrates this day with great solemnity because it is a great feast. The next seven days are considered part of this feast and form the octave of the solemnity. All the major holidays of our Church, such as Christmas and Easter Sunday, are celebrated in this way.

From the Ascension of Jesus into heaven until the Day of Pentecost, nine days elapsed. This fact is the precursor of the pious practice that today we call a novena. While all the Apostles and the Virgin Mary were together in the Upper Room, they suddenly heard a loud noise like when a strong wind blows. In this way the Holy Spirit manifested his presence among them. Those who witnessed this event knew that God was among them. Since Old Testament times, God had always manifested himself through natural elements such as wind and fire. No one knows in how many ways the Holy Spirit can appear. But what we do know is that it can arise among us when no one expects it. The Church constantly experiences the presence of the Holy Spirit. He is the one who preserves it, sanctifies it and strengthens it. It has kept the Church triumphant amid the persecutions and calumnies that have arisen throughout the centuries of its history.

Pentecost Sunday, fifty days after Passover, was one of the main Jewish holidays. And many Jews who lived outside the Holy Land came on pilgrimage and they all gathered in Jerusalem. That is the day our Church was formed. On the day of Pentecost unique and wonderful events occurred. The Holy Spirit poured out his grace on the Apostles, giving them the courage and wisdom they needed to begin preaching and explaining the great news of the Resurrection. Peter and the other apostles were the ones who had the responsibility to safeguard the Word of God so that it would be faithfully preached. Over time, they passed this responsibility on to their successors, our bishops and priests.

We already know that our Church is always getting old and always rejuvenated. It is through the sacraments of baptism and confirmation that the Holy Spirit infuses us with the same sanctifying grace that the Apostles received and that continues in all of us. Our Church, through the sacraments, the gospel, and the gifts of the Holy Spirit, brings us together and makes us one family with basic universal and fundamental beliefs. It is not necessary to create a new Christ in our own way or at our convenience every time we do not agree with the Christian teachings that already exist. To be truly Christians we will have to make our own the same faith of the apostles and their successors as they taught.

The Church, strengthened by the spirit of unity, creates among all peoples and all races a community of sisters and brothers in Christ. If we look at our Church with faith we will discover that the Holy Spirit continues to dwell in her and that he is constantly pouring on her the seed of grace that the death and resurrection of Our Lord Jesus Christ sowed.

So, as Christians, let us have a Christian vision of our Church and learn to defend it from every undeserved attack, small or large, that arises against it. Let us ask the Holy Spirit that what Christ sowed reach its fullness. Our Church is the work of the Holy Spirit and is recognized by its fruits. We will notice the presence of the Holy Spirit when in the Church, among us; we see fruits of love, peace, goodness, loyalty and, above all, humility.

La Solemnidad de la Santísima Trinidad

Ciclo B Tomo 3

Lecturas: (L1) Deuteronomio 4, 32-34. 39-40 (L2) Romanos 8, 14-17 (Ev) Mateo 28, 16-20

Por siglos la Iglesia lleva enseñando que tratar de descifrar el misterio de Tres Personas en un solo Dios no es aconsejable, especialmente si se pone demasiado ahínco en querer entenderlo completamente. Hay personas que tratando de descifrar este gran misterio, buscan en la Biblia, hacen preguntas, investigan y, al final, aburridos porque les es difícil entender este misterio dejan de ser cristianos, y andan vagando por el mundo sin el único timón que habían tenido para guiarles en sus vidas.

Este domingo estamos celebrando una de las grandes fiestas del año litúrgico, la Fiesta de la Santísima Trinidad, el misterio fundamental, el más importante de todas las creencias, de nuestra fe Católica Cristiana. Si no creemos en este gran misterio, no podemos llamarnos cristianos de verdad. Esta celebración es, en esencia, la fiesta de Dios, la Santísima Trinidad, Padre, Hijo y Espíritu Santo. Es un misterio profundo y difícil de penetrar. Por eso la Iglesia siempre ha dicho que solamente podremos profundizar en él a través de la fe. La mente humana, por muy privilegiada que sea, es demasiado pequeña para comprenderlo.

La Santísima Trinidad la invocamos continuamente durante la Santa Misa. Desde el comienzo de la liturgia cuando nos santiguamos diciendo, "En el nombre del Padre, y del Hijo y del Espíritu Santo", hasta la bendición trinitaria final, no solo mostramos que creemos en la Santísima Trinidad también afirmamos que sabemos Dios siempre escucha todas nuestras oraciones y peticiones y que nos bendice. Las oraciones que rezamos en la misa son dirigidas continuamente a Dios Padre, por mediación de Jesucristo, en unidad con el Espíritu Santo. Y es en la Santa Misa donde los cristianos logramos conocer, más claramente, un poco más las obras de la Santísima Trinidad.

Durante la Santa Misa, el sacerdote ofrece al Padre el pan y el vino para que sean transformados, por obra del Espíritu Santo, al Cuerpo y la Sangre de Jesucristo nuestro Salvador. La invocación del Espíritu Santo durante las oraciones eucarísticas en cada Santa Misa asegura que el sacrificio puro y santo de Nuestro Señor sea aceptado por Dios Padre. Siempre decimos que recibimos la gracia divina por acción del Espíritu Santo pero en realidad, es la presencia de la Santísima Trinidad, en todos los sacramentos, lo que asegura que estos sean fuentes de gracia divina. En cada sacramento, en un movimiento constante, ascienden nuestras oraciones y súplicas a un solo Dios Trinitario y desciende hacia nosotros su gracia divina.

Con gran esfuerzo y fe solo podremos empezar a penetrar en el misterio de la Santísima Trinidad. Sin fe resultará imposible. Algunas personas piensan que no merece la pena complicarse la vida. Dicen que Dios debe ser menos complicado. Y, en vez de creer en Dios como es, tratan de crear, por sí mismos, un Dios a su imagen, un Dios que dicen que es más sencillo y más asequible. A estas personas, solo les podemos decir que Dios es como es. Cuando, Moisés le pidió a Dios por su nombre, Dios le dijo a Moisés: *"Yo soy El que soy"*. (Éxodo 3, 14). A través de los siglos Dios fue revelando a los seres humanos la existencia de la Santísima Trinidad: Tres Personas en un solo Dios. Aunque la humanidad no lo sabía, esa siempre fue la naturaleza de Dios desde siempre. Como Dios mismo, su esencia es una verdad que es inmutable. Dios es Trino. Dios es eterno. Existe fuera del tiempo. No cambia. Desear que sea de otra manera es inútil.

Un cristiano comienza su vida recibiendo el sacramento del Bautismo en el nombre, del Padre y del Hijo y del Espíritu Santo. Recibimos todos los sacramentos de esta misma manera. Y en este mismo nombre nos despedimos de este mundo. Y al pasar de esta tierra, si hemos procurado acercarnos al Dios Uno y Trino en vida, encontraremos en el cielo al Padre, al Hijo y al Espíritu Santo y moraremos en su presencia.

Una oración de Santa Teresa de Ávila reza: *"Nada te turbe, nada te espante, todo se pasa, Dios no se muda"*. En un mundo de cambios vertiginosos, es confortante saber que alguien no cambia. Aunque pase a la nada todo lo que existe, el amor que tiene Dios por nosotros nunca pasará.

The Solemnity of the Most Holy Trinity
Cycle B Book 3
Readings: (R1) Deuteronomy 4:32-34, 39-40 (R2) Romans 8:14-17 (Gos) Matthew 28:16-20

For centuries the Church has taught that trying to decipher the mystery of Three Persons in one God is not advisable, especially if you put too much effort into wanting to fully understand it. There are people who trying to decipher this great mystery, search the Bible, ask questions, investigate and, in the end, bored because it is difficult for them to understand this mystery, they stop being Christians, and they wander the world without the only rudder they had ever had to guide them in their lives.

This Sunday we are celebrating one of the great feasts of the liturgical year, the Feast of the Holy Trinity, the fundamental mystery, the most important of all beliefs, of our Christian Catholic faith. If we do not believe in this great mystery, we cannot truly call ourselves Christians. This celebration is, in essence, the feast of God, the Holy Trinity, Father, Son and Holy Spirit. It is a deep mystery and difficult to penetrate. That is why the Church has always said that we can only delve into it through faith. The human mind, however privileged, is too small to understand it.

The Holy Trinity is continually invoked during the Holy Mass. From the beginning of the liturgy when we make the Sign of the Cross saying "In the name of the Father, and of the Son and of the Holy Spirit," until the final Trinitarian blessing, we not only show that we believe in the Holy Trinity we also affirm that we know that God always hears all of our prayers and requests and that he blesses us. The prayers that we say at Mass are continually directed to God the Father, through Jesus Christ, in unity with the Holy Spirit. And it is in the Holy Mass that Christians get to know, more clearly, a little about the works of the Most Holy Trinity.

During the Holy Mass, the priest offers to the Father the bread and wine to be transformed, by the power of the Holy Spirit, into the Body and Blood of Jesus Christ our Savior. The invocation of the Holy Spirit during the Eucharistic prayers at each Holy Mass ensures that the pure and holy sacrifice of Our Lord is accepted by God the Father. We always say that we receive divine grace through the action of the Holy Spirit, but in reality, it is the presence of the Most Holy Trinity, in all the sacraments, which ensures that these are sources of divine grace. In each sacrament, in a constant movement, our prayers and supplications ascend to a single Trinitarian God and his divine grace descends towards us.

With great effort and faith we can only begin to penetrate the mystery of the Holy Trinity. Without faith it is impossible to even reach that point. Some people think that it should not be that complicated. They say that God should be simpler to understand. And, instead of believing in God as He is, they try to create, for themselves, a God in their image, a God that they say is simpler and more accessible. To these people, we can only say that God is as He is. When Moses asked God for His name, God said to Moses: *"I am who am."* (Exodus 3, 14) Through the centuries God revealed to human beings the existence of the Holy Trinity: Three Persons in one God. Although humanity did not know it, that always was the nature of God. Like God himself, his essence is a truth that is immutable. God is Triune. God is eternal. He exists outside of time. He does not change. Wishing it were otherwise is useless.

A Christian begins his life by receiving the sacrament of Baptism in the name of the Father and of the Son and of the Holy Spirit. We receive all the sacraments in this same way. And in this same name we say goodbye to this world. And as we pass from this earth, if we have tried to approach the Triune God in life, we will find in heaven the Father, the Son and the Holy Spirit and we will dwell in his presence.

A prayer of Saint Teresa of Avila reads: *"Let nothing disturb you, Let nothing frighten you, Everything passes, God does not change."* In a world of rapid change, it is comforting to know that someone remains the same. Even if everything that exists passes to nothing, the love that God has for us will never pass.

La Solemnidad del Cuerpo y la Sangre de Cristo
Ciclo B Tomo 3
Lecturas: (L1) Éxodo 24, 3-8 (L2) Hebreos 9, 11-15 (Ev) Marcos 14, 12-16. 22-26

Hoy celebramos la Solemnidad del Cuerpo y la Sangre de Cristo conocida popularmente como el día de "Corpus Christi." En esta Santa Misa debemos dar gracias a Dios de una manera especial por haberse quedado en el Santísimo Sacramento por nosotros. No fueron los grandes teólogos quienes decidieron celebrar esta festividad. Surgió espontáneamente de la piedad popular. En el Siglo XIII, el Papa Urbano IV oficialmente instituyó esta gran solemnidad en toda la Iglesia Católica.

Desde los comienzos de la Iglesia la gente humilde siempre ha mostrado su fe en la presencia real de Cristo. De esta fe brotó la devoción a Jesús en el Santísimo Sacramento no solamente en la Misa sino también fuera de ella. Nuestros antepasados cristianos siempre creyeron que nuestro Dios y Señor se encontraba en el sagrario y nosotros también lo creemos. Allí está Cristo. Y es allí donde debe hacerse presente nuestra adoración y amor.

El Obispo Fulton Sheen era un gran orador y catequista. Contó una vez que había oído decir un famoso predicador Protestante que los católicos realmente no creían en la Sagrada Eucaristía. Porque, a diferencia de los católicos que conocía, si él realmente creía que el pan y el vino se convertían en el Cuerpo y la Sangre de Cristo, se quedaría horas postrado ante el Santísimo Sacramento en adoración. Los católicos sabemos que Jesús en la Última Cena con sus apóstoles, tomó el pan y dijo, *"Esto es mi cuerpo"* y tomó la copa de vino y dijo *"Esta es mi sangre"*. Desde ese día, en cada Santa Misa que se celebra en cualquier sitio, el Señor se hace verdaderamente presente, Dios y hombre, entero e íntegro, en la Sagrada Eucaristía. Desde entonces, cuando se celebra la Santa Misa, el pan y el vino se convierten, por obra del Espíritu Santo, en el Cuerpo y la Sangre de Nuestro Señor. La persona que no cree esto, no puede llamarse católica.

Alguna vez escuchamos a personas cristianas ajenas a nuestra fe preguntarnos, "¿Y como saben que el pan y el vino son el cuerpo y la sangre de Cristo? ¿En qué parte de la Biblia nos dice esto?" La respuesta de esta pregunta es sencilla. Después de que el Señor había dado de comer a más de cinco mil personas con cinco panes y dos pescados, se marcho al otro lado del lago y allí encontró a muchas personas esperándole. Trató de explicarles que debían buscar más el pan bajado del cielo que el pan que podían comer cualquier día aquí en la tierra. Y les dijo: *"El que come mi carne y bebe mi sangre tiene vida eterna, y yo lo resucitaré en el día final. Porque mi carne es verdadera comida y mi sangre es verdadera bebida. El que come mi carne y bebe mi sangre, permanece en mí y yo en él"*. (Juan 6: 54-56) Cuando muchos de los que le oyeron se marcharon porque no podían creerle, Jesús no se echó atrás ni se rectificó. Solo les pregunto a los apóstoles; *"Y ustedes van a marcharse también"*. Y Pedro le dijo: *"Señor, ¿a quién iremos? Tú tienes palabras de vida eterna. Y nosotros hemos creído, y sabemos que tú eres el Santo de Dios"* (Juan6, 68)

La Biblia nos puede ayudar un poco a comprender el gran misterio que estamos celebrando. Nos dice que Cristo mismo dijo que el pan y el vino se convierten en su cuerpo y sangre. Pero no puede hacer que apreciamos con los ojos físicos la transformación radical que acontece cuando ocurre este milagro. Solo podremos creer en esta presencia de Dios en la figura del pan y el vino por mediación de la fe. Lamentablemente, la devoción y el respeto que debemos tener todos los Católicos hacia la Sagrada Eucaristía ha disminuido notablemente durante las últimas décadas. Y esto, creo yo, es el origen verdadero de la crisis de fe que existe en este país y, por desgracia, en el resto del mundo.

Hoy, Solemnidad del Cuerpo y la Sangre de Cristo, nos encontramos reunidos aquí en familia bajo la mirada de Nuestro Padre Celestial. Que nuestra actitud al recibir la Sagrada Eucaristía muestre a todo el mundo que realmente creemos, ahora y siempre, que Cristo Jesús es el Señor para alabanza y gloria de Dios Padre. Y que está presente aquí, entre nosotros, en el Santísimo Sacramento del Altar.

Solemnity of the Body and Blood of Christ
Cycle B Book 3
Readings: (R1) Exodus 24:3-8 (R2) Hebrews 9:11-15 (Gos) Mark 14:12-16, 22-26

Today we celebrate the Solemnity of the Body and Blood of Christ popularly known as "Corpus Christi" day. In this Holy Mass we must give thanks to God in a special way for having stayed in the Blessed Sacrament for us. It was not the great theologians who decided to celebrate this holiday. It arose spontaneously from popular piety. In the 13th century, Pope Urban IV officially instituted this great solemnity throughout the Catholic Church.

Since the early days of the Church humble people have adored Jesus in the Blessed Sacrament not only at Mass but also outside of it. Our Christian ancestors always believed that our Lord and God were in the tabernacle and we do too. There is Christ. And it is to there that our adoration and love must be directed.

Bishop Fulton Sheen was a great speaker and catechist. He once recounted that he had heard a famous Protestant preacher say that Catholics did not really believe in the Holy Eucharist. Because, unlike the Catholics he knew, if he really believed that the bread and wine became the Body and Blood of Christ, he would stay for hours prostrated before the Blessed Sacrament in adoration. We Catholics know that Jesus at the Last Supper with his apostles, took the bread and said, *"This is my body"* and took the cup of wine and said, *"This is my blood."* From that day on, in each Holy Mass that is celebrated anywhere, the Lord becomes truly present, God and man, completely and totally, in the Holy Eucharist. Since then, when Holy Mass is celebrated, the bread and wine become, through the work of the Holy Spirit, the Body and Blood of Our Lord. The person who does not believe this cannot be called Catholic.

At times we hear Christians who do not share our faith ask us, "And how do you know that the bread and wine are the body and blood of Christ? Where in the Bible does it tell us this?" The answer to this question is simple. After the Lord had fed more than five thousand people with five loaves and two fish, he went to the other side of the lake and there he found many people waiting for him. He tried to explain to them that they should look more for the bread that came down from heaven than for the bread that they could eat any day here on earth. And he said to them: *"Whoever eats my flesh and drinks my blood has eternal life, and I will raise him up on the last day. Because my flesh is real food and my blood is real drink. Whoever eats my flesh and drinks my blood abides in me and I in him"*. (John 6: 54-56) When many of those who heard him left because they could not believe him, Jesus did not back down or rectify his words. He only asked the apostles; *"Are you going to leave too."* And Peter said to him: *"Lord, to whom shall we go? You have words of eternal life. And we have believed, and we know that you are the Holy One of God"* (John 6:68)

The Bible can help us a little to understand the great mystery we are celebrating. It tells us that Christ himself said that the bread and wine become his body and blood. But it cannot make us appreciate with our physical eyes the radical transformation that takes place when this miracle occurs. We can only believe in this presence of God in the figure of bread and wine through faith. Unfortunately, the devotion and respect that all Catholics should have towards the Holy Eucharist has noticeably diminished during the last decades. And this, I believe, is the true origin of the crisis of faith that exists in this country and, unfortunately, in the rest of the world.

Today, Solemnity of the Body and Blood of Christ, we find ourselves gathered here as a family under the gaze of Our Heavenly Father. May our attitude in receiving the Holy Eucharist show to the entire community that we really believe, now and always, that Jesus Christ is Lord to the praise and glory of God the Father. And that he is present here, among us, in the Blessed Sacrament of the Altar.

Décimo Domingo del Tiempo Ordinario
Ciclo B Tomo 3
Lecturas: (L1) Génesis 3, 9-15 (L2) 2 Corintios 4, 13 – 5, 1 (Ev) Marcos 3, 20-35

En el Evangelio de hoy encontramos dos diferentes relatos de los acontecimientos que ocurrieron un día en la vida de Nuestro Señor. Primero, cuenta el problema de los parientes de Jesús. Es comprensible que pensemos en la vida del Señor en su naturaleza divino. En realidad sería preocupante si no pensaríamos en ese aspecto de su vida. Sin embargo, debemos recordar que Jesús ni era solamente divino ni tampoco era solamente humano. Era, y sigue siendo, la Segunda Persona de la Santísima Trinidad y, por lo tanto, era, y sigue siendo Dios. Las personas de la Santísima Trinidad no existen completamente aisladas una de la otra. Están completamente y permanentemente vinculados entre sí. Donde está uno está el otro, lo que hace uno lo hace el otro, etc. La Segunda Persona, que nosotros llamamos el Hijo, vino a la tierra y sin abandonar su naturaleza divina tomo una naturaleza humana. Fue concebido en el seno de la Virgen María por obra y gracia del Espíritu Santo. Y se hizo hombre. Por eso podemos decir que Nuestro Señor Jesucristo es Dios y hombre verdadero. Y como humano, formaba parte de una familia humana, con todos los beneficios y problemas que esto incurre.

Según el evangelio, la familia del Señor, no pudo o no quería entender lo que estaba haciendo predicando al pueblo, curando a los lisiados y, como si no fuera suficiente, diciendo que perdonaba pecados. Les parecía extraño su comportamiento y, por lo tanto, trataron de convencerle que debía desistir, o sea, frenar su actividad y volver al seno de la familia donde todos los otros miembros de la familia se encontraban cómodos y seguros. El asunto era en serio. A tal punto que, como dice San Marcos, varios miembros de su familia vinieron a llevárselo, porque decían que no estaba en sus cabales. Probablemente pensaban que si seguía haciendo lo que estaba haciendo, sería apresado o por las autoridades judías o por los romanos. O sea, pensaban que sería mejor frenarle mientras podían. Seguramente esto a algunos de nosotros nos parecerá familiar, en todos los sentidos de la palabra. A pesar de los intentos de su familia de frenar su cometido, Jesús se mantuvo firme. No faltó respeto a su propia madre y sus parientes. Más bien les dio a ellos, y a nosotros también, una lección importante. Todo el mundo que cree en Cristo Jesús es miembro de una gran familia. A través de la fe y la obediencia a la voluntad de Dios, todos nos convertimos en verdaderos hijos e hijas de Dios, hermanos y hermanas de Cristo.

También nos dice San Marcos que había un grupo de escribas que habían bajado de Jerusalén, probablemente querían ver este Jesús de quien todo el mundo estaba hablando. Y cuando vieron que estaba predicando, curando enfermos y expulsando demonios se consternaron. No podían dejar que un simple rabino campesino mostrara más poder que ellos. Así que trataron de desestimarle diciendo que el Señor: *"Tiene dentro a Belcebú y expulsa a los demonios con el poder del jefe de los demonios"*. Sabían que era una mentira clara y absurda pero era suficiente como para detenerlo con cargos falsos. A pesar de los intentos de los escribas de mostrar su culpabilidad de alguna infracción de la ley judía, el Señor se mantuvo enfocado en su misión salvífica y dio una contestación lógica y convincente. Los escribas atribuyeron intencionalmente la obra del Espíritu Santo que Jesús estaba haciendo al diablo. Sabían que no podía ser verdad porque, como decía Jesús, Satanás no puede luchar contra Satanás. Es por eso que Jesús declaró que la ceguera voluntaria de los escribas no se podía perdonar. Atribuir al demonio cualquier obra que obviamente es obra de Dios, es imperdonable. Es como decir que no se cree que Dios pueda hacer algo así que lo hecho tiene que ser obra de Satanás. No creer que Dios nos pueda perdonar algún pecado que hemos cometido, es también blasfemar contra el Espíritu Santo.

Estamos constantemente luchando contra las tentaciones del demonio. Quiere engañarnos y hacer que caigamos en el pecado. Después quiere convencernos que el pecado que hemos cometido es tan horrible, tan espantoso que Dios no puede perdonarnos. La realidad es sencillamente que Dios es compasivo y quiere perdonarnos nuestros pecados sea cual sean pero no puede hacerlo si no tomamos el primer paso y le pedimos perdón. Confesémonos en el confesionario. Nos está esperando Dios para perdonarnos.

Tenth Sunday of Ordinary Time
Cycle B Book 3
Readings: (R1) Genesis 3:9-15 (R2) 2 Corinthians 4:13 – 5:1 (Gos) Mark 3:20-35

In today's Gospel we find two different accounts of the events that occurred one day in the life of Our Lord. First he tells us about the problem of his relatives. It is understandable that we think of the life of the Lord in his divine nature. It would actually be worrying if we didn't think about that aspect of his life. However, we must remember that Jesus was neither solely divine nor solely human. He was, and still is, the Second Person of the Holy Trinity, and therefore was, and still is God. The persons of the Holy Trinity do not exist completely in isolation from each other. They are completely and permanently linked to each other. Where one is, the other is; what one does, the other does, etc. The Second Person, whom we call the Son, came to earth and without abandoning his divine nature took on a human nature. He was conceived in the womb of the Virgin Mary by the work and grace of the Holy Spirit. And he became a man. That is why we can say that Our Lord Jesus Christ is true God and true man. And as a human, he was part of a human family, with all the benefits and problems that this incurs.

According to the gospel, the Lord's family could not or did not want to understand what he was doing by preaching to the people, healing the crippled and, as if it were not enough, saying that he forgives sins. His behavior seemed strange to them and, therefore, they tried to convince him that he should give up, that is, stop his activity and return to the bosom of the family where all the other members of the family were comfortable and safe. The matter was serious. To such an extent that, as San Marcos says, several members of his family came to take him away, because they said he was not in his right mind. They probably thought that if he kept doing what he was doing, he would be caught either by the Jewish authorities or by the Romans. I mean, they thought it would be better to stop him while they could. Surely this will sound familiar to some of us, in every sense of the word. Despite his family's attempts to stop him, Jesus stood firm. He did not lack respect for his own mother and his relatives. Rather, he gave them, and us, an important lesson. Everyone who believes in Jesus Christ is a member of a great family. Through faith and obedience to God's will, we all become true sons and daughters of God, brothers and sisters of Christ.

Saint Mark also tells us that there was a group of scribes who had come down from Jerusalem; they probably wanted to see this Jesus that everyone was talking about. And when they saw that he was preaching, curing the sick and casting out demons, they were dismayed. They couldn't let a simple peasant rabbi show he had more power than they had. So they tried to dismiss him saying of the Lord: *"He has Beelzebub inside and expels the demons with the power of the chief of the demons."* They knew that it was a clear and absurd lie but they thought it was enough arrest him on bogus charges. Despite the attempts of the scribes to show his guilt for some violation of Jewish law, the Lord remained focused on his saving mission and gave a logical and convincing answer. The scribes intentionally attributed the work of the Holy Spirit that Jesus was doing to the devil. They knew it couldn't be true because, as Jesus said, Satan cannot fight Satan. That is why Jesus declared that the willful blindness of the scribes could not be forgiven. Attributing to the devil any work that is obviously God's work is unforgivable. It is like saying that we do not believe that God can do something so what has been done has to be by the work of Satan. Not believing that God can forgive us for any sin that we have committed is also blaspheming against the Holy Spirit.

We are constantly fighting against the temptations of the devil. He wants to deceive us and cause us to fall into sin. Then he wants to convince us that the sin we have committed is so terrible, so horrible that God cannot forgive us. The reality is simply that God is compassionate and wants to forgive us of our sins whatever they may be but cannot do so if we don't take that first step and ask for forgiveness. Let's go to confession in the confessional. God is waiting for us to forgive us.

Undécimo Domingo del Tiempo Ordinario
Ciclo B Tomo 3
Lecturas: (L1) Ezequiel 17,22-24 (L2) 2 Corintios 5, 6-10 (Ev) Marcos 4, 26-34

En el Evangelio hemos observado que Jesús usa dos pequeñas parábolas para explicar a qué se parece el reino de Dios. Es probable que Jesús utilizara estas parábolas porque Galilea y sus alrededores era un lugar donde había muchos campesinos. Con frecuencia Jesús acoplaba las parábolas que usaba a la manera de hablar y de vivir de la localidad donde se hospedaba y a la mentalidad de la gente que venían a escucharle. Con estas parábolas, el Señor hizo varias comparaciones para que aquellas personas pudieran asimilar mejor la enseñanza. Esta manera de enseñar es muy eficaz. Precisamente en aquellos tiempos muchos maestros de la Ley utilizaban comparaciones similares para que sus alumnos entendieran mejor la lección que se les estaba enseñando. .

San Marcos es el único de los cuatro evangelistas que menciona una de las dos parábolas, la primera. En ella, Jesús explica cómo una semilla echada en la tierra crece y germina con independencia, sin importarle si la persona que la ha sembrado vele por ella ó duerma. Jesús fue el que sembró la semilla de la Palabra de Dios. Germinó y creció, primeramente en los apóstoles y después se fue extendiendo, generación tras generación, por doquier.

Nuestros antepasados católicos comprobaron cómo la fe iba creciendo. Y nosotros comprobamos que en nuestros días también sigue creciendo y creciendo. Está más que comprobado que en nuestra Iglesia Católica el número de creyentes aumenta de año en año. Y aunque hubo y sigue habiendo épocas muy difíciles en la historia de nuestra Iglesia, nunca ha dejado de crecer. Cristo prometió que su Iglesia seguiría creciendo y se mantendría fiel hasta el final de los tiempos, cuando Él regrese a recoger la cosecha. El problema que tenemos no es que nos faltan feligreses. Lo que nos faltan son vocaciones al sacerdocio y a la vida religiosa. Por eso en nuestras oraciones de cada día debemos pedir al Señor que mande a su Iglesia buenos ministros que puedan guiar al Pueblo de Dios a un amor incondicional al Padre. El Señor nos llama a cada persona a una vocación específica y nos dice que debemos seguir esa llamada... También nos pide que como los primeros discípulos que escogió seamos buenos obreros en su viña haciendo lo que podamos para que la cosecha siga siendo abundante.

En la segunda parábola, Jesús habla de una de las más pequeñas de las semillas, del grano de mostaza. Al sembrarla, brota y lentamente va creciendo hasta ser un arbusto tan grande que hasta los pájaros pueden anidar en él. Los cristianos sabemos muy bien que nuestra fe se asimila a ese grano de mostaza. Cuando somos bautizados, el Espíritu Santo pone la semilla de la fe en nosotros. Para que crezca y se fortalezca necesita tiempo. No debemos ser impacientes. Si encontramos un obstáculo en nuestra vida espiritual debemos recordar que Dios mismo, que es el sembrador de la fe, siempre está dispuesto a escucharnos y a ayudarnos.

En la Segunda Lectura, San Pablo les dice a los Corintios que siempre deben tener confianza. Debemos escuchar ese consejo y ponerlo en práctica en nuestra vida. Nuestra meta, como cristianos, debe ser esforzarnos en hacer llegar, lo antes posible, el día en que el Reino de Dios llegue a su plenitud en este mundo. Sabemos que aún estamos lejos de ese día. Pero debemos insistir en nuestro empeño para hacer que llegue pronto. Nuestra Iglesia Católica, la fuente de nuestra fe, es fuerte y segura, por muy débiles e inseguros que seamos nosotros. Aunque era pequeña y endeble cuando Cristo la sembró hace casi dos mil años, ha crecido a ser un arbusto grande. Y en ella se cobija gran parte de la humanidad.

Hermanas y hermanos, tengamos en cuenta que es Dios quien ha esparcido la semilla de nuestra fe católica. Si encuentra en nosotros buena tierra, germinará y dará fruto. Todos hemos recibido la gracia para recibir bien la semilla. Si se marchita y muere, no es culpa del sembrador, ni de la semilla, sino de cómo la recibimos.

Eleventh Sunday of Ordinary Time
Cycle B Book 3
Readings: (R1) Ezekiel 17:22-24 (R2) 2 Corinthians 5: 6-10 (Gos) Mark 4:26-34

In the Gospel we have observed that Jesus uses two short parables to explain what the kingdom of God is like. It is likely that Jesus used these parables because Galilee and its surroundings was an area where there were many peasants. Jesus frequently coupled the parables he used to the way of speaking and living of the locality where he was staying and to the mentality of the people who came to listen to him. With these parables, the Lord made several comparisons so that those people could better assimilate the teaching. This way of teaching is very effective. Precisely in those days, many teachers of the Law used similar comparisons to help their students better understand the lesson that was being taught. .

Saint Mark is the only one of the four evangelists who mentions one of the two parables, the first. In it, Jesus explains how a seed thrown in the ground grows and germinates independently, regardless of whether the person who has sown it watches over it or sleeps. Jesus was the one who sowed the seed of the Word of God. It germinated and grew, first in the apostles and then it spread, generation after generation, everywhere.

Our Catholic ancestors saw how faith was growing. And we see that in our days it also continues to grow and grow. It is more than proven that in our Catholic Church the number of believers increases from year to year. And although there were and still are very difficult times in the history of our Church, it has never stopped growing. Christ promised that His Church would continue to grow and remain faithful until the end of time, when He returns to reap the harvest. The problem we have is not that we lack parishioners. We lack vocations to the priesthood and religious life. For this reason, in our daily prayers we must ask the Lord to send good ministers to his Church who can guide the People of God to an unconditional love for the Father. The Lord calls each person to a specific vocation and tells us that we must follow that call. He also asks us like the first disciples he chose we be good workers in his vineyard doing what we can so that the harvest continues to be abundant.

In the second parable, Jesus speaks of one of the smallest of the seeds, the mustard seed. When sown, it sprouts and slowly grows into a bush so large that even birds can nest in it. Christians know very well that our faith is like that mustard seed. When we are baptized, the Holy Spirit puts the seed of faith in us. It takes time for it to grow and become stronger. We must not be impatient. If we encounter an obstacle in our spiritual life we should remember that God himself, who is the sower of faith, is always ready to listen and help us.

In the Second Reading, Saint Paul tells the Corinthians that they must always be confident. We must listen to that advice and put it into practice in our lives. Our goal, as Christians, should be to strive to bring about, as soon as possible, the day when the Kingdom of God reaches its fullness in this world. We know that we are still far from that day. But we must insist on our efforts to make it arrive soon. Our Catholic Church, the source of our faith, is strong and secure, however weak and insecure we may be. Although it was small and flimsy when Christ planted it nearly two thousand years ago, it has grown into a large bush. And in it a large part of humanity is sheltered.

Sisters and brothers let us bear in mind that it is God who has spread the seed of our Catholic faith. If it finds good soil in us, it will germinate and bear fruit. We have all received the grace to receive the seed well. If it withers and dies, it is not the fault of the sower, nor of the seed, but of how we receive it.

Duodécimo Domingo del Tiempo Ordinario
Ciclo B Tomo 3
Lecturas: (L1) Job 38, 1. 8-11 (L2) 2 Corintios 5, 14-17 (Ev) Marcos 4, 35-41

Cuando San Marcos escribió su Evangelio, la comunidad cristiana estaba pasando por una época de gran persecución. No solamente fueron las autoridades judías y romanas que les amenazaban sino también sus familiares, amigos y compañeros de trabajo los perseguían simplemente por ser fieles a lo que Cristo les había enseñado. Muchos ya habían sufrido el martirio. Otros tuvieron miedo y abandonaron su fe.

Hoy, el Evangelio nos relata lo que Nuestro Señor les dijo a los Apóstoles cuando navegaban juntos con Él por el Mar de Galilea. La travesía no era muy larga y solía ser tranquila pero de repente se levantó un temporal con fuertes vientos y mucho oleaje. Empezó a entrar agua en la barca y aunque los discípulos luchaban contra el viento huracanado y las olas no podían achicar la gran cantidad de agua en la barca. Pasaron momentos de verdadero pánico. Mientras todo esto ocurría, el Señor dormía plácidamente. Así que los discípulos, llenos de miedo, decidieron despertarle, diciendo: *"¿Maestro, no te importa que nos hundamos?"*. Al ser despertado, el Señor vio inmediatamente el peligro. Se puso en pie y, con autoridad, dijo al mar, *"Silencio, cállate."* Y, al instante, todo se calmó. Entonces les increpó, diciéndoles, *"¿Por qué son ustedes tan cobardes? ¿Aún no tienen fe?"*. Los discípulos, completamente confundidos, comentaban entre ellos, "¿Pero quién es este que hasta el viento y las aguas le obedecen?".

No sé si Jesús se sorprendió cuando vio la poca fe que aún tenían sus discípulos. Ya había pasado algún tiempo caminando con ellos, muchas veces a pie, de una parte de lo que hoy llamamos Tierra Santa a la otra. Supongo que conocía a sus apóstoles bien, por no decir a fondo. Así que puede ser que su reacción cuando se despertó no era sorpresa sino frustración con la poca fe y valentía de sus seguidores. Los evangelios, en sí, eran una nueva forma de relatar la vida de las personas famosas. Los relatos paganos semejantes anteriores eran más bien lo que llamaríamos hoy en día "propaganda." Describían a las virtudes y puntos buenos de las personas sin mencionar sus vicios y puntos malos. San Marcos, en su Evangelio, no tiene reparo en describir a los apóstoles y demás discípulos tal y como eran, sin tratar de ocultar los muchos defectos que obviamente tenían.

Después de recibir el Espíritu Santo el Domingo de Pentecostés, estos mismos discípulos fueron enviados a predicar la Palabra. Fueron los primeros misioneros cristianos. Cristo les envió a proclamar la llegada inminente del Reino de Dios que los judíos tanto habían esperado. Este mensaje era alentador que debía haber sido recibido con alegría pero Jesús ya sabía que mandaba a sus fieles seguidores como corderos entre lobos. Fue por eso que, antes de enviarlos, les advirtió que serían perseguidos por predicar la Palabra de Dios que muchos no aceptarían. Pero aunque sintieron en su propia carne el rechazo de los que oyeron su predicación, se fortalecieron en su fe y siguieron predicando. Antepusieron el valor al miedo y siguieron adelante aunque sabían que iban a ser sometidos a grandes presiones para que dejaran de predicar.

La mejor aportación que podemos dar al mundo los cristianos, es anunciar y proclamar, sin miedo, la palabra verdadera tal y como la enseñó Cristo. Sabemos que el mundo está pasando por una crisis aguda de fe. Hoy en día hay mucha confusión sobre la verdadera doctrina de Cristo. Dadas estas circunstancias, muchos cristianos no están reaccionando positivamente. No defienden su fe con valentía.

Al igual que los Apóstoles, nosotros estamos expuestos a ser despreciados, ridiculizados y, en ocasiones, hasta perseguidos por defender nuestra fe. A veces tenemos que escuchar las mismas palabras que Jesús dirigió a sus Apóstoles: *"¿Por qué son tan cobardes? ¿Aún no tienen fe?"*. Siempre debemos recordar que si Él ve que le estamos defendiendo, nos dará confianza y valentía para pregonar libremente su palabra. Y con su ayuda venceremos las dificultades adversas. Lo único que un cristiano debe temer es vivir en pecado y más aún, vivir en pecado sin querer arrepentirse. Por el pecado volvemos la espalda a Dios y sin Dios no somos nada. Y sin su ayuda, ¿a dónde iremos?

Twelfth Sunday of Ordinary Time
Cycle B Book 3
Readings: (R1) Job 38:1, 8-11 (R2) 2 Corinthians 5:14-17 (Gos) Mark 4:35-41

When Saint Mark wrote his Gospel, the Christian community was going through a time of great persecution. It was not only the Jewish and Roman authorities who threatened them, but also their family, friends, and coworkers persecuted them simply for being faithful to what Christ had taught them. Many had already suffered martyrdom. Others were afraid and abandoned their faith.

Today, the Gospel tells us what Our Lord said to the Apostles when they were sailing together with Him on the Sea of Galilee. The crossing was not very long and it was usually calm but suddenly a storm arose with strong winds and f waves. Water began to enter the boat and although the disciples were fighting against the hurricane wind and the waves, they could not bail out the large amount of water in the boat. Moments of true panic passed. While all this was happening, the Lord was sleeping peacefully. So the disciples, full of fear, decided to wake him up, saying: *"Master, don't you mind if we sink?"* Upon being awakened, the Lord immediately saw the danger. He stood up and, with authority, said to the sea, *"Hush, shut up."* And instantly, everything calmed down. Then he rebuked them, saying, "Why are you so cowardly? Don't you have faith yet? The disciples, completely confused, commented among themselves, *"But who is this that even the wind and the waters obey him?"*

I don't know if Jesus was surprised when he saw how little faith his disciples had. He had already spent some time walking with them, many times on foot, from one part of what we now call the Holy Land to the other. I suppose he knew his apostles well, if not thoroughly. So it may be that his reaction when he woke up was not surprise but frustration with the little faith and courage of his followers. The gospels themselves were a new way of recounting the lives of famous people. Earlier similar pagan accounts were rather what we would call today "propaganda." They described the strengths and good points of people without mentioning their vices and bad points. Saint Mark, in his Gospel, has no qualms about describing the apostles and other disciples as they were, without trying to hide the many defects that they obviously had.

After receiving the Holy Spirit on Pentecost Sunday, these same disciples were sent out to preach the Word. They were the first Christian missionaries. Christ sent them to proclaim the imminent arrival of the Kingdom of God that the Jews had long awaited. This message was encouraging and should have been received with joy, but Jesus already knew that he sent his faithful followers like lambs among wolves. That was why, before sending them out, he warned them that they would be persecuted for preaching the Word of God that many would not accept. But although they felt in their own flesh the rejection of those who heard their preaching, they grew strong in their faith and continued to preach. They put courage over fear and kept going even though they knew they were going to be put under great pressure to stop preaching.

The best contribution that we Christians can give to the world is to announce and proclaim, without fear, the true word as Christ taught it. We know that the world is going through an acute crisis of faith. Today there is much confusion about the true doctrine of Christ. Given these circumstances, many Christians are not reacting positively. They do not defend their faith with courage.

Like the Apostles, we are exposed to being despised, ridiculed and, at times, even persecuted for defending our faith. Sometimes we have to listen to the same words that Jesus addressed to his Apostles: *"Why are you so cowardly? Don't you have faith yet?"* We must always remember that if Jesus sees that we are defending Him, He will give us confidence and courage to freely proclaim His word. And with His help we will overcome adverse difficulties. The only thing a Christian has to fear is living in sin and even more, living in sin without wanting to repent. Through sin we turn our backs on God and without God we are nothing. And without His help, to whom can we turn?

Decimotercer Domingo del Tiempo Ordinario
Ciclo B Tomo 3
Lecturas: (L1) Sabiduría 1, 13-15; 2, 23-24 (L2) 2 Corintios 8, 7-9. 13-15 (Ev) Marcos 5, 21-43

El domingo pasado escuchamos lo que hicieron los discípulos de Jesús mientras cruzaban el Lago de Galilea en una barca pequeña con Él. Habían pasado mucho tiempo escuchando las enseñanzas de Jesús sin, aparentemente, adquirir suficiente fe en Él como para confiar en su ayuda durante una tormenta. Cristo tuvo que mostrarles su poder total sobre la naturaleza, calmando la tormenta. Este domingo el Evangelio nos muestra que ni la enfermedad, ni la muerte pueden vencer el poder de Nuestro Señor.

Creo que están ustedes de acuerdo conmigo cuando digo que la enfermedad y la muerte son hechos devastadoras en la vida de cualquier ser humano. La pandemia reciente nos ha mostrado a todos que, a pesar de los adelantos en la medicina, aún no hemos vencido las enfermedades y la muerte. La vida, desde que nacemos hasta que morimos es un camino, largo o corto, que todos tenemos que pasar. Y en el camino sigue habiendo enfermedades que no se pueden curar. Y al final de la vida nos enfrentamos con la muerte. Y como no sabemos lo que existe después de la muerte, su poder es misterioso e inquietante. Nos preocupa y nos angustia pensar que algún día nosotros y nuestros seres amados vamos a tener que pasar de esta vida terrenal a otra desconocida. La muerte nos roba nuestros seres amados de una manera final y después nos quita la vida a nosotros también. Hay muchos que en seguida culpan a Dios de la muerte de algún familiar o amigo. Pero debemos recordar que la muerte no tiene su origen en Dios sino en la entrada en el mundo de la maldad causada por Satanás. El duelo por la pérdida de algún ser amado es natural. Pero la carga de angustia y desesperación que trae simplemente pensar en la muerte viene directamente del demonio, el enemigo de Dios y del ser humano. Es una de las muchas maneras que tiene Satanás de hacernos perder nuestra fe en un Dios misericordioso que no quita la vida sino que la da.

En el evangelio hoy San Marcos nos describe dos ocurrencias que muestran la insuficiencia humana ante la enfermedad y la muerte. También nos relata la fuerza tan grande que tiene la fe. Nos dice que se le acercó a Jesús una mujer que padecía flujos de sangre desde hacía doce años. Esta enfermedad no solo le causaba dolores físicos sino que también era la causa de su esterilidad. Había ido a muchos médicos pero todos habían fracasado en el intento de curarla. La mujer estaba desesperada pero aún le quedaba la fe en Jesucristo y el poder de curación del Maestro. Estaba segura de que lo que no podían hace los médicos lo podía realizar Jesús. Se acerco a Él, le toco el manto con fe y quedó curada. Y Jesús le dijo, *"Hija, tu fe te ha curado. Vete en paz y con salud"*.

Al jefe de la sinagoga, Jairo, le ocurrió lo mismo que a la mujer. Sentía el mismo sentido de incapacidad. Su hija había muerto. Los médicos no podían hacer más para curarla. En realidad, ya no había nada que podía hacer nadie para luchar contra la enfermedad que causó la muerte de su hija. El hombre sabía que no hay ser humano que puede luchar contra la muerte. Así que cuando se enteró que Jesús estaba en el pueblo, se le acercó a Jesús y con la convicción que la fe es más fuerte que la enfermedad, le dijo que su hija estaba enferma y le pidió al Señor que fuese a curarla. No sabemos si conocía Jesús o si alguien le había dicho algo sobre el joven rabino. Lo importante es que tenía fe en Él.

Hoy sigue habiendo milagros, y milagros frecuentes, en gente que tiene una fe inmensa en el poder de Dios y en la intercesión de la Virgen Santísima o de algún santo. Sigue habiendo gente que cree en la curación milagrosa del cuerpo y del alma. Cada año son reconocidos milagros por la Congregación de los Santos durante el proceso de canonización de algún santo. Estos milagros, cada año, suman varias decenas. Además estoy seguro que hay miles de pequeños milagros que ocurren cada año y que no son publicados. Pero los interesados saben que son obra del poder de Dios.

Hermanas y hermanos, si creemos y afirmamos que Dios es poderoso y que lo puede todo, si sabemos que Dios sigue haciendo milagros, si decimos que somos fieles seguidores de Cristo ¿por qué somos tan reacios a la hora de pedir en oración un milagro de Dios? ¿Por qué seguimos teniendo tan poca fe?

Thirteenth Sunday of Ordinary Time

Cycle B Book 3

Readings: (R1) Wisdom 1:13-15; 2:23-24 (R2) 2 Corinthians 8:7-9, 13-15 (Gos) Mark 5:21-43

Last Sunday we heard what Jesus' disciples did as they crossed the Lake of Galilee in a small boat with Him. They had spent a long time listening to Jesus' teachings without seemingly gaining enough faith in Him to rely on His help during a storm. Christ had to show them his full power over nature, calming the storm. This Sunday the Gospel shows us that neither sickness nor death can overcome the power of Our Lord.

I think you agree with me when I say that illness and death are devastating events in the life of any human being. The recent pandemic has shown us all that despite advances in medicine, we have not yet conquered disease and death. Life, from the moment we are born until we die, is a long or short journey that we all have to go through. And on the way there are still diseases that cannot be cured. And at the end of life we are faced with death. And since we don't know what exists after death, its power is mysterious and unsettling. It worries and distresses us to think that one day we and our loved ones are going to have to pass from this earthly life to another unfamiliar one. Death robs us of our loved ones in a final way and then takes our lives as well. There are many who immediately blame God for the death of a family member or friend. But we must remember that death does not have its origin in God but in the entry into the world of evil caused by Satan. Grief over the loss of a loved one is natural. But the burden of anguish and despair brought about by simply thinking about death comes directly from the devil, the enemy of God and man. It is one of the many ways Satan has to make us lose our faith in a merciful God who does not take life but gives it.

In today's Gospel, Saint Mark describes two occurrences that show human insufficiency in the face of illness and death. It also tells us about the great strength that faith has. He tells us that Jesus was approached by a woman who had suffered from flows of blood for twelve years. This disease not only caused her physical pain but was also the cause of her sterility. She had been to many doctors but they had all failed to cure her. The woman was desperate but she still had faith in Jesus Christ and the healing power of the Master. She was sure that what the doctors could not do, Jesus could do. She approached Him, touched His cloak with faith and was healed. And Jesus said to her, *"Daughter, your faith has healed you. Go in peace and in good health"*.

To the head of the synagogue, Jairus, the same thing happened. He felt the same sense of helplessness. His daughter had died. The doctors couldn't do more to cure her. In reality, there was no longer anything anyone could do to fight the disease that caused his daughter's death. The man knew that there is no human being who can fight death. So when he found out that Jesus was in town, he approached Jesus and with the conviction that faith is stronger than illness, he told him that his daughter was sick and asked the Lord to go and heal her. We don't know if he knew Jesus or if someone had told him something about the young rabbi. The important thing is that he had faith in Him.

Today there are still miracles, and frequent miracles, in people who have immense faith in the power of God and in the intercession of the Blessed Virgin or some saint. There are still people who believe in the miraculous of healing the body and soul. Every year miracles are recognized by the Congregation of Saints during the canonization process of a saint. These miracles, each year, number several dozen. Furthermore, I am sure that there are thousands of little miracles that happen every year that are not published. But those concerned know that they are the work of the power of God.

Sisters and brothers, if we believe and affirm that God is powerful and can do everything, if we know that God continues to perform miracles, if we say that we are faithful followers of Christ, why are we so reluctant to pray for a miracle of God? Why do we still have so little faith?

Decimocuarto Domingo del Tiempo Ordinario
Ciclo B Tomo 3
Lecturas: (L1) Ezequiel 2, 2-5 (L2) 2 Corintios 12, 7-10 (Ev) Marcos 6, 1-6

Llevamos varias semanas escuchando lecturas en la Santa Misa que nos hablan de la fe: la poca fe de los apóstoles y la fe fuerte de una mujer enferma y de un hombre al que le había muerto su hija. Hoy nos relatan otro aspecto de la fe. ¿Qué hacemos cuando no podemos o no queremos aceptar que Dios puede entrar en la vida cotidiana del ser humano? Vemos que algo milagroso está pasando pero no podemos creer que sea porque Dios quiera que pase. Tener fe es aceptar que la humanidad, con toda su industria y todo su conocimiento, no es quien manda en el universo; no es la humanidad la que mueve todas las piezas del tablero de la vida. Tener fe es aceptar el riesgo de que haya un ser divino más poderoso que la raza humana que nos puede indicar el camino que no vemos con nuestros propios ojos.

Al profeta Ezequiel le fue encomendado una tarea casi imposible de cumplir: predicar al pueblo de Israel justamente cuando este pueblo se había rebelado contra Dios. Era un cometido difícil porque este pueblo se había convertido testarudo y obstinado. A Ezequiel le fue encomendada la misión de comunicar la palabra de Dios sin cambios y sin rodeos. Así lo hizo, aunque el pueblo no quería escuchar. Los israelitas del siglo VI antes de Cristo tuvieron que experimentar en su propia carne la conquista de, la ciudad santa, Jerusalén por los babilonios. Posteriormente fueron deportados la mayoría de los jefes y terratenientes a Babilonia dejando solo los pobres y necesitados atrás. Mientras iban de camino a su destierro y después de llegar allí los israelitas se preguntaban, ¿Cómo pudo Dios permitir que esto sucediera? ¿Dónde estaba la fidelidad que Dios nos había prometido? ¿Por qué Dios nos ha abandonado? En vez orar a Dios pidiéndole perdón por los pecados que habían cometido contra El, en su dureza de corazón y obstinación, se rebelaron contra Dios. Se aferran a sus dudas y culparon a Dios de todo lo que les había sucedido. Su dureza de corazón no les permitía escuchar la voz de Dios que les llegó por el profeta Ezequiel. No pueden ver que Dios está esperando que se conviertan y vuelvan a Él. Su fe no les puede salvar porque la han perdido.

Lo mismo ocurre con los Nazaretanos, los habitantes de Nazaret. Cuando ven que en los pueblos de su alrededor Jesús ha hecho milagros, no pueden creer que el hijo de María y José, un hombre corriente y vecino suyo, pueda lograr hacer esas cosas tan maravillosas. Se dicen a sí mismos que no puede ser. Se habrían dado cuenta antes. No saben lo que ha pasado pero están seguros que Jesús solo es un carpintero común, como su padre, y esos milagros de los cuales están hablando todo el mundo no han sido logrados por Él. Su fe no les puede salvar porque no tienen fe.

La Segunda Lectura nos muestra una actitud muy diferente. San Pablo ha tenido una experiencia milagrosa cuando camino de Damasco de repente fue arrojado al suelo cayéndose de su caballo. Es entonces cuando escuchó la voz de Jesús instándole a cambiar su vida y seguirle. Desde ese día su vida fue marcada para siempre. Antes era un hombre duro y seguro en su fe. Después de conocer al Señor, reconoce su debilidad y su falta de conocimiento. Sabe que es solo un hombre débil que necesita acudir a Dios en busca de fuerza y apoyo. Ha sido insultado, apaleado, y encarcelado por ser seguidor de Cristo. Pero no culpa a Dios por ser perseguido. Presume de sus debilidades, porque sabe que cuando es débil tiene que apoyarse en la fuerza de Cristo. Por eso, vive contento en medio de las privaciones, las persecuciones y las dificultades que sufre por el Señor. Y dice: *"Porque, cuando soy débil, entonces soy fuerte"*.

Jesús tuvo, igual que tenemos nosotros, fracasos y decepciones pero no se dejó vencer. Siguió, con entereza, enseñando y haciendo milagros, aunque no en Nazaret. Los cristianos decimos que seguimos a Cristo fielmente y que estamos dispuestos a seguir sus enseñanzas con fidelidad. Pero ¿Cómo actuamos cuando surgen dificultades en nuestra vida? ¿Las afrontamos con fe y valentía o culpamos a Dios por haber permitido que sucedieran? ¿Qué actitud tomamos? ¿La actitud de los nazaretanos y de los israelitas o la de San Pablo?

Fourteenth Sunday of Ordinary Time
Cycle B Book 3
Readings: (R1) Ezekiel 2:2-5 (R2) 2 Corinthians 12:7-10 (Gos) Mark 6:1-6

We have been listening to readings at Holy Mass for several weeks that speak to us of faith: the little faith of the apostles and the strong faith of a sick woman and a man whose daughter had died. Today they tell us of another aspect of faith. What do we do when we cannot or do not want to accept that God can enter the daily life of human beings? We see that something miraculous is happening but we cannot believe that it is because God wants it to happen. To have faith is to accept that humanity, with all its industry and all its knowledge, is not the boss in the universe; it is not humanity that moves all the pieces on the board of life. Having faith is accepting the risk that there is a divine being more powerful than the human race who can show us the way that we do not see with our own eyes.

The prophet Ezekiel was entrusted with an almost impossible task to fulfill: to preach to the people of Israel just when this people had rebelled against God. It was a difficult task because this people had become stubborn and inflexible. Ezekiel was given the mission of communicating the word of God without change and without deviation. He did so, although the people did not want to listen. The Israelites of the 6th century BC had to experience in their own flesh the conquest of their holy city, Jerusalem, by the Babylonians. Subsequently most of the chieftains and landowners were deported to Babylon, leaving only the poor and needy behind. As they were on their way to their exile and after arriving there the Israelites wondered: how could God allow this to happen? Where was the faithfulness that God had promised us? Why has God abandoned us? Instead of praying to God for forgiveness for the sins they had committed against Him, in their hardness of heart and stubbornness, they rebelled against God. They clung to their doubts and blamed God for everything that had happened to them. Their hardness of heart did not allow them to hear the voice of God that came to them through the prophet Ezekiel. They could not see that God was waiting for them to return to Him. Their faith cannot save them because they have lost it.

The same occurs with the Nazarenes, the inhabitants of Nazareth. When they see that in the towns around them Jesus has performed miracles, they cannot believe that the son of Mary and Joseph, an ordinary man and a neighbor of theirs, can do such wonderful things. They tell themselves that it can't be. They would have noticed before. They do not know what happened but they are sure that Jesus is just a common carpenter, like his father, and those miracles that everyone is talking about have not been achieved by him. Their faith cannot save them because they do not have faith.

The Second Reading shows us a very different attitude. Saint Paul has had a miraculous experience when on the road to Damascus he was suddenly thrown to the ground, falling from his horse. It is then that he heard the voice of Jesus urging him to change his life and follow him. From that day on, his life was marked forever. Before this he was a tough man and sure in his faith. After meeting the Lord, he recognized his weakness and his lack of knowledge. He knew that he was just a weak man who needed to turn to God for strength and support. He has been insulted, beaten, and imprisoned for being a follower of Christ. But he doesn't blame God for being persecuted. He boasts of his weaknesses, because he knows that when he is weak he has to lean on the strength of Christ. For this reason, he lives happily in the midst of the deprivations, persecutions and difficulties that he suffers for the Lord. And he says: *"Because, when I am weak, then I am strong."*

Jesus had failures and disappointments but he did not allow himself to be overcome. He continued with integrity teaching and performing miracles, although not in Nazareth. We Christians say that we follow Christ faithfully and that we are willing to follow his teachings faithfully. But how do we act when difficulties arise in our life? Do we face them with faith and courage or do we blame God for allowing them to happen? What attitude do we take: the attitude of the Nazarenes and the Israelites or that of Saint Paul?

Decimoquinto Domingo del Tiempo Ordinario
Ciclo B Tomo 3
Lecturas: (L1) Amós 7, 12-15 (L2) Efesios 1, 3-14 (Ev) Marcos 6, 7-13

Los evangelistas nos dejaron, en los Evangelios, relatos de la vida, muerte y resurrección de Nuestro Señor. Muchos teólogos bíblicos creen que San Marcos fue el primero en escribir en su Evangelio los detalles de la vida pública, la muerte y resurrección de Jesús en un libro. San Marcos nos dice que Nuestro Señor comenzó su ministerio público en Galilea después de la detención de San Juan Bautista. Es allí, en su tierra natal, donde inició el proceso de elección de los doce que serían sus colaboradores y compañeros. Y ahí es donde empezaron a predicar.

Los apóstoles pasaron varios meses con el Señor, presenciando sus milagros y escuchándolo predicar. Entre las dos cosas, sus milagros y su predicación, tuvieron la oportunidad de aprender de él. Solo después de convivir con El y observar cual era si mensaje, decidieron seguirle. Por su parte, después de observar a sus seguidores más cercanos, escuchar sus comentarios y responder a sus preguntas, Jesús pensó que había llegado el momento de enviarlos a comenzar la misión para la que los había preparado. Los envía de dos en dos por las tierras de Galilea, les da poder sobre los espíritus inmundos y les recomienda que vivan con sencillez. Y, sobre todo, les da los dos consejos más importantes, que, por supuesto, siguen siendo válidos para quienes quieren difundir la Buena Nueva del Reino de Dios en el mundo: que sean valientes y que no se desanimen si donde predican la palabra no es bien recibida.

El Papa San Juan Pablo II dijo que *"La misión de la Iglesia está todavía en sus inicios"* (*Juan Pablo II, Redemptoris Missio 1*). La misión que Nuestro Señor encomendó a los apóstoles es la misma misión que confió a su Iglesia. Predicar, convertir, curar, echar fuera demonios. Lo que quiso decir San Juan Pablo II es que la misión de la Iglesia no ha terminado y nunca terminará. El Evangelio debe ser predicado siempre a todo el mundo, en todo momento, en su totalidad y sin cambios. De hecho, siendo el Evangelio para todos, mientras sigan naciendo niños en este planeta y siga habiendo seres humanos que no han escuchado le Buena Nueva, debemos continuar la obra de evangelización.

También hay que recordar que los creyentes en Cristo, después de dos mil años de cristianismo, somos aproximadamente una cuarta parte de la población mundial. Y aunque nos alegra ver que tantos hermanos y hermanas se han hecho creyentes en el Señor, este dato también significa que todavía hay un 75% de la población que no es cristiana y a la que debemos intentar transmitir la alegría que hemos sentido al conocer el Evangelio de Jesucristo. Predicar el Evangelio no es una misión auto-encomendada. Es el Espíritu Santo quien nos impulsa a anunciar las grandes obras de Dios. El Apóstol San Pablo, en su Primera Carta a los Corintios, trata de explicarles el motivo de su apostolado: *"La predicación del Evangelio no es motivo de gloria para mí; es más bien un deber que me incumbe: ¡ay de mí si no predicara el Evangelio!* "(1 Co 9,16). San Juan Pablo II decía que todo cristiano debe vivir "en un estado de misión". San Francisco de Asís dijo: *"Prediquen el evangelio en todo tiempo y de ser necesario usen palabras"*, o sea, hay que estar siempre predicando con nuestros hechos. Desde el inicio de su pontificado, San Juan Pablo II, decidió viajar a todos los países posibles para difundir la Palabra de Dios, de la manera más amplia posible. Pensaba que era la misión más importante que tenía no solo como Pontífice, sino como cristiano.

Sabemos que no todo el mundo tiene el tiempo ni los medios para viajar por todo el mundo predicando constantemente. Pero todos podemos aportar nuestro granito de arena para avanzar la misión salvífica de la Iglesia. Los padres deben ser "misioneros" para sus hijos; los profesores de sus alumnos; los médicos y enfermeras de sus pacientes; los voluntarios de aquellos a quienes asisten; los párrocos y sus asistentes y colaboradores de los fieles de su parroquia. Lo único que no deberíamos hacer es quedarnos de brazos cruzados sin hacer nada. ¡Ay de nosotros si no predicamos el Evangelio! - al menos con nuestro buen ejemplo.

Fifteenth Sunday of Ordinary Time
Cycle B Book 3
Readings: (R1) Amos 7:12-15 (R2) Ephesians 1:3-14 (Gos) Mark 6:7-13

The evangelists left us, in the Gospels, accounts of the life, death and resurrection of Our Lord. Many biblical theologians believe that Saint Mark was the first to write in his Gospel the details of the public life, death and resurrection of Jesus in a book. Saint Mark tells us that Our Lord began his public ministry in Galilee after the arrest of Saint John the Baptist. It is there, in his homeland, where he began the process of choosing the twelve who would be his collaborators and companions. And that's where they started preaching.

The apostles spent several months with the Lord, witnessing his miracles and listening to him preach. Between the two things, his miracles and his preaching, they had the opportunity to learn from him. Only after living with him and observing what his message was, did they decide to follow him. For his part, after observing his closest followers, listening to their comments, and answering their questions, Jesus thought that the time had come to send them to begin the mission for which he had prepared them. He sends them two by two through the lands of Galilee, gives them power over the unclean spirits and recommends that they live simply. And, above all, he gives you the two most important tips, which, of course, remain valid for those who want to spread the Good News of the Kingdom of God in the world: that they be brave and that they do not get discouraged if where they preach the word not it is well received.

Pope Saint John Paul II said that *"The mission of the Church is still in its infancy" (John Paul II, Redemptoris Missio 1)*. The mission that Our Lord entrusted to the apostles is the same mission that he entrusted to his Church: preaching, converting, healing, and casting out demons. What Saint John Paul II meant is that the mission of the Church has not ended and will never end. The Gospel must always be preached to the whole world, at all times, in its entirety and without change. In fact, being the Gospel for all, as long as children continue to be born on this planet and there are still human beings who have not heard the Good News, we must continue the work of evangelization.

It must also be remembered that believers in Christ, after two thousand years of Christianity, are approximately a quarter of the world's population. And although we are glad to see that so many brothers and sisters have become believers in the Lord, this data also means that there is still 75% of the population that is not Christian and to whom we must try to convey the joy we have felt when knowing the Gospel of Jesus Christ. Preaching the Gospel is not a self-appointed mission. It is the Holy Spirit who prompts us to announce the great works of God. The Apostle Saint Paul, in his First Letter to the Corinthians, tries to explain to them the reason for his apostolate: *"The preaching of the Gospel is not a cause of glory for me; It is rather a duty incumbent upon me: woe is me if I did not preach the Gospel! "(1 Cor 9:16)*. Saint John Paul II said that every Christian must live" in a state of mission. "Saint Francis of Assisi said: *"Preach the gospel at all times and use words if necessary,"* in other words, we must always be preaching with our actions. From the beginning of his pontificate, Saint John Paul II decided to travel to all possible countries to spread the Word of God, in the widest possible way. He thought it was the most important mission that he had not only as a Pontiff, but as a Christian.

We know that not everyone has the time or the means to travel the world constantly preaching. But we can all contribute our grain of sand to advance the salvific mission of the Church. Parents must be "missionaries" to their children; the teachers of her students; your patients' doctors and nurses; the volunteers of those they assist; the parish priests and their assistants and collaborators of the faithful of their parish. The only thing we shouldn't do is sit idly by doing nothing. Woe to us if we do not preach the Gospel! - at least with our good example.

Decimosexto Domingo del Tiempo Ordinario

Ciclo B Tomo 3

Lecturas: (L1) Jeremías 23, 1-6 (L2) Efesios 2, 13-18 (Ev) Marcos 6, 30-34

Jesús comenzó su ministerio público dándose a conocer, predicando por las regiones más cercanas a Galilea. La gente le escuchaba y le seguía. El Señor vio en aquellas personas tanta necesidad de sustento físico y espiritual que se compadeció de ellas. Estaban decaídas y se sentían abandonadas como ovejas que no tienen pastor.

Jesús vino a este mundo con una misión: salvar a la humanidad del pecado. Sabía que necesitaba ayuda para cumplir con esta misión y, también sabía que iba morir así que eligió a los doce Apóstoles que serían los que tendrían que continuar la obra de salvación que Él estaba iniciando. Ellos serían, después de la muerte y ascensión al cielo de Nuestro Señor, sus enviados. El domingo pasado escuchamos como Jesús les dio poder para expulsar espíritus inmundos y curar todas las enfermedades y dolencias. Para los Apóstoles esta fue su iniciación en la misión que tendrían que realizar: reunir el rebano dispersado, protegerlo y guiarlo hacia la salvación.

El Señor envió a los apóstoles primeramente al pueblo judío que Dios había escogido siglos antes a ser su pueblo. Cristo quiso comenzar su obra de reconciliación enviando a los Apóstoles a la comunidad judía donde habían nacido y se habían formado. De esta manera el Señor nos enseña que no podremos evangelizar si antes no hemos sido nosotros evangelizados y bien formados en nuestra fe. Así fue cómo Jesús reunió a los Apóstoles al empezar su tarea evangelizadora, iniciándolos en el plan divino de salvación. Dios Padre envió a su Hijo, Jesucristo al mundo para salvar a la humanidad. Jesús escogió a los apóstoles y luego los envió a que formaran la Iglesia. Ellos transmitieron sus enseñanzas fielmente, sin cambios y sin desviaciones, continuando la obra salvífica inaugurada por Él.

Durante todo su ministerio público, el Señor siempre se compadecía de los débiles. En aquel tiempo, curó a muchos de sus padecimientos. Sabía que en el mundo siempre habría enfermedades físicas y espirituales. Nos conoce demasiado bien. Y sabe que muchas de nuestras dolencias vienen precisamente del pecado. Podríamos vencer muchas de las penurias de la vida, no solo en nosotros sino también en nuestras familias, solamente siguiendo sus enseñanzas, empezando por dejar el pecado. Todos pecamos. Eso es más que sabido. Fue por esa razón que además de darles poderes sobre enfermedades físicas, Cristo les dio a los Apóstoles el poder de perdonar los pecados en su nombre. Y ellos trasmitieron ese poder a sus sucesores, los obispos y sacerdotes, que están esperándonos en los confesionarios para sanarnos y limpiarnos de nuestros pecados.

Además de mandarles a curar enfermedades, Jesús les pidió a los Apóstoles que oraran al Padre para que enviara trabajadores a su mies. Jesús y los Apóstoles sabían que no iban a vivir para siempre. También sabían que, si querían que siguiera su obra evangelizadora después de su muerte, había que escoger, entrenar y enviar discípulos a todos los rincones del mundo para que su mensaje alentadora de esperanza y paz pudiera ser difundida por doquier. Cada uno de nosotros ha recibido esa misma vocación. Cristo no solo nos pide que le sigamos con perseverancia, quiere que nos pongamos al servicio de Dios y de la humanidad. La Iglesia necesita buenos cristianos para que pueda continuar transmitiendo la Buena Nueva.

El trabajo de la Iglesia debe ser atraer, con empeño, no solo a los justos sino más bien a los alejados, a los pecadores, para que la obra salvífica de Dios siga realizándose. En la comunidad cristiana todos somos iguales. Somos hermanas y hermanos en Cristo. Todos tenemos diferentes vocaciones pero ninguno es más importante que el otro. Si en la comunidad colaboramos todos, no solo se notará en ella nuestra fraternidad, sino también la presencia de Dios entre nosotros. Debemos recordar siempre que Jesús es el centro de nuestra Iglesia. Nosotros solo somos obreros trabajando para Él

Cada miembro de esta comunidad tiene que dar testimonio valiente de Cristo, como los apóstoles, en un mundo cada vez más incrédulo y hostil.

Sixteenth Sunday of Ordinary Time
Cycle B Book 3
Readings: (R1) Jeremiah 23:1-6 (R2) Ephesians 2:13-18 (Gos) Mark 6:30-34

Jesus began his public ministry by making himself known, preaching in the regions closest to Galilee. People listened to him and followed him. The Lord saw in these people such a need for physical and spiritual sustenance that He felt compassion for them. They were downcast and felt abandoned like sheep without a shepherd.

Jesus came to this world with a mission: to save humanity from sin. He knew that he needed help to fulfill this mission and, he also knew that he was going to die, so he chose the twelve Apostles who would be the ones who would have to continue the work of salvation that He was beginning. They would be, after the death and ascension to heaven of Our Lord, his envoys. Last Sunday we heard how Jesus gave them power to cast out unclean spirits and heal all diseases and ailments. For the Apostles this was their initiation into the mission they would have to carry out: to gather the scattered flock, protect it and guide it towards salvation.

The Lord sent the apostles first to the Jewish people that God had chosen centuries before to be his people. Christ wanted to begin his work of reconciliation by sending the Apostles to the Jewish community where they were born and formed. In this way the Lord teaches us that we will not be able to evangelize if we have not previously been evangelized and well formed in our faith. This is how Jesus gathered the Apostles to begin his evangelizing task, initiating them into the divine plan of salvation. God the Father sent his Son, Jesus Christ, into the world to save humanity. Jesus chose the apostles and then sent them to form the Church. They transmitted his teachings faithfully, without changes and without deviations, continuing the salvific work inaugurated by him.

Throughout his public ministry, the Lord always had compassion on the weak. At that time, he cured many of their ailments. He knew that there would always be physical and spiritual illnesses in the world. He knows us too well. And he knows that many of our ailments come precisely from sin. We could overcome many of the hardships of life, not only in ourselves but also in our families, only by following his teachings, starting with leaving sin behind. We all sin. That is more than known. It was for that reason that in addition to giving them powers over physical illnesses, Christ gave the Apostles the power to forgive sins in his name. And they transmitted that power to their successors, the bishops and priests, who are waiting for us in the confessionals to heal and cleanse us of our sins.

In addition to sending them to cure diseases, Jesus asked the Apostles to pray to the Father to send workers into his harvest. Jesus and the Apostles knew they were not going to live forever. They also knew that if they wanted him to continue his evangelizing work after his death, disciples had to be chosen, trained and sent to all corners of the world so that his encouraging message of hope and peace could be spread everywhere. Each of us has received that same vocation. Christ not only asks us to follow him with perseverance, he wants us to put ourselves at the service of God and humanity. The Church needs good Christians so that it can continue to spread the Good News.

The work of the Church must be to attract, with determination, not only the just but rather the far away, the sinners, so that the saving work of God continues to be carried out. In the Christian community we are all the same. We are sisters and brothers in Christ. We all have different vocations but none is more important than the other. If we all collaborate in the community, not only will our fraternity be felt in it, but also the presence of God among us. We must always remember that Jesus is the center of our Church. We are just workers working for Him.

Each member of this community has to bear courageous witness to Christ, like the apostles, in an increasingly unbelieving and hostile world.

Decimoséptimo Domingo del Tiempo Ordinario
Ciclo B Tomo 3
Lecturas: (L1) 2 Reyes 4, 42-44 (L2) Efesios 4, 1-6 (Ev) Juan 6, 1-15

Uno de los atributos del Dios cristiano que más sorprendía y, a la vez, atraía a los paganos cuando escuchaban las predicaciones de los apóstoles es el derroche de amor del Ser Supremo cristiano para con sus seguidores. Los dioses paganos eran seres vengativos, celosos y violentos. No podía ser de otra manera ya que fueron creados a la imagen del ser humano. La "sobreabundancia" de amor que el Dios cristiano tiene para con los seres humanos sigue siendo un misterio para muchas personas. Seguimos preguntándonos: ¿Sabiendo como somos, como es que Dios nos sigue amando tanto? ¿Cómo es que nos sigue perdonando vez tras vez? ¿Cómo es que sigue enamorado de toda la raza humana cuando le tratamos tan mal?

Hoy, las lecturas de nuestra misa nos hablan de esa "sobreabundancia" de amor. En la primera lectura, Eliseo vio que la gente necesitaba comer pero no tenían comida. Así que cuando le trajeron el pan de las primicias, pan que era para ofrecer a Dios, le dijo al criado que lo había traído, "Dáselos a la gente, que coman." Y solo con veinte panes, alimentó a cien hombres. En el evangelio, Jesús, viendo la necesitada de las personas que le habían seguido para escucharle predicar, con solo cinco panes y dos peces, alimento a más de 5000 personas de tal manera que después de estar completamente saciados los comensales, aún quedaron doce canastos llenos de trozos de pan y de lo que había sobrado del pescado. Y en la segunda lectura, San Pablo describe a la comunidad cristiana de Efesio como debe ser la unidad de la comunidad cristiana ideal. Debe haber una sobreabundancia de amor, respeto mutuo, amabilidad y comprensión entre los miembros de la comunidad. La unidad y comprensión es fruto de la Sagrada Eucarística que todos los cristianos pueden recibir en cualquier sitio donde estén sea cual sea su origen o nacionalidad.

En su carta a los Romanos, San Pablo dice "… *allí donde abundó el pecado, sobreabundó la gracia, a fin de que, así como reinó el pecado en la muerte, reine también la gracia*". (Romanos 5, 20-21) Si estudiamos la historia humana encontramos que más que nada es una crónica de pecado tras pecado. La raza humana tenemos la tendencia de seguir los caminos que nos parecen más fáciles hacia la felicidad. Satanás lo sabe y muchas veces nos ofrece lo que parece ser, a primera vista, una manera más cómoda y placentera para llegar al paraíso. Pero en cuanto personas o naciones comienzan a alejarse del camino estrecho que conduce a Dios, empiezan a surgir los problemas sociales y espirituales que llegan a su caída. De pronto la inmoralidad y el libertinaje progresan y se van desarrollando rápidamente y de tal manera que todo el mundo ve como normales las obscenidades e indecencias que poco antes habrían sido repugnantes para ellos. Y sigue empeorando la situación hasta que caen bajo el peso de sus pecados.

Dios nos da oportunidad tras oportunidad para enmendar nuestra trayectoria pecaminosa pero, muchas veces, preferimos seguir adelante siguiendo el camino que nos parece más cómodo hacia la condenación como si no necesitábamos la ayuda de Dios, como si Dios no existiera. Sin embargo, la historia de la sobreabundancia de la gracia divina nos enseña que Dios es increíblemente misericordioso. Dios desparrama su misericordia sobre el género humano como un sembrador dispersa la semilla. Donde haya tierra fértil, donde haya personas que están dispuestos recibirla, la semilla no solo echa raíces, sino brota y se transforma en una fe inquebrantable en Dios. El Todopoderoso mostró su misericordia con Noé cuando el diluvio, con Abraham y el pueblo de Israel, con el Rey David y los israelitas, y con la humanidad entera en Jesucristo, nuestro Señor, Dios y Salvador. Y sigue ofreciendo a la humanidad esa misma compasión que ha ofrecido continuamente a nuestros antepasados.

Debemos recordar siempre que la sobreabundancia divina de amor, como el pan y los peces mencionados en el evangelio, está destinada a todo el mundo. No solo es para algunos cuantos elegidos. Es para todos. Nadie está excluido del "pan" que ofrece Dios, fruto de su amor divino. Sin embargo, sólo quien lo acepta puede recibirlo. Los que ya se sienten saciados por otros "panes" que el mundo ofrece, no podrán compartir ese pan divino que es el Pan de Vida que vivifica a quien lo recibe.

Seventeenth Sunday of Ordinary Time
Cycle B Book 3
Readings: (R1) 2 Kings 4:42-44 (R2) Ephesians 4:1-6 (Gos) John 6:1-15

One of the attributes of the Christian God that most surprised and, at the same time, attracted the pagans when they listened to the preaching of the apostles is the outpouring of love of the Christian Supreme Being for his followers. The pagan gods were vengeful, jealous and violent beings. It could not be otherwise since they were created in the image of human beings. The "overabundance" of love that the Christian God has for human beings remains a mystery to many people. We keep asking ourselves: Knowing how we are how is it that God continues to love us so much? How is it that he keeps forgiving us time after time? How is he still in love with the entire human race when we treat him so badly?

Today, the readings of our Mass speak to us of that "overabundance" of love. In the first reading, Elisha saw that the people needed to eat but had no food. So when they brought him the bread of the first fruits, bread that was meant to be offered to God, he said to the servant who had brought it, "Give it to the people, and let them eat." And with only twenty loaves, he fed a hundred men. In the gospel, Jesus, seeing the need of the people who had followed him to hear him preach, with only five loaves and two fish, fed more than 5000 people in such a way that after they were completely satiated, there were still twelve baskets full of bits of bread and leftover fish. And in the second reading, Saint Paul describes to the Christian community of Ephesus what the unity of the ideal Christian community should be like. There should be an overabundance of love, mutual respect, kindness, and understanding among members of the community. Unity and understanding are the fruit of the Holy Eucharist that all Christians can receive wherever they are, whatever their origin or nationality.

In his letter to the Romans, Saint Paul says *"... where sin abounded, grace abounded all the more, so that, just as sin reigned in death, grace also reigned." (Romans 5, 20-21)* If we study human history we find that more than anything else it is a chronicle of sin after sin. The human race tends to follow the easiest paths to happiness. Satan knows this and many times offers us what seems, at first glance, to be a more comfortable and pleasant way to get to paradise. But as soon as people or nations begin to move away from the narrow path that leads to God, social and spiritual problems begin to arise that lead to their downfall. Suddenly immorality and debauchery progress and develop rapidly and in such a way that everyone sees as normal the obscenities and indecencies that just before would have been disgusting to them. And it keeps making the situation worse until they collapse under the weight of their sins.

God gives us opportunity after opportunity to make amends for our sinful ways but, many times, we prefer to continue following the path that seems most comfortable to us toward condemnation as if we did not need God's help, as if God did not exist. However, the history of the superabundance of divine grace teaches us that God is incredibly merciful. God scatters his mercy on mankind as a sower scatters seed. Where there is fertile soil, where there are people who are willing to receive it, the seed not only takes root, but sprouts and is transformed into an unshakable faith in God. The Almighty showed his mercy to Noah at the flood, to Abraham and the people of Israel, to King David and the Israelites, and to all of humanity in Jesus Christ, our Lord, God, and Savior. And he continues to offer humanity that same compassion that he has continually offered to our ancestors.

We must always remember that divine overabundance of love, like the bread and fish mentioned in the gospel, is intended for everyone. It is not only for a select few. It is for everyone. No one is excluded from the "bread" that God offers, the fruit of his divine love. However, only those who accept it can receive it. Those who already feel satisfied by other "loaves" that the world offers, will not be able to share that divine bread that is the Bread of Life that gives life to those who receive it.

Decimoctavo Domingo del Tiempo Ordinario
Ciclo B Tomo 3
Lecturas: (L1) Éxodo 16, 2-4. 12-15 (L2) Efesios 4, 17, 20-24 (Ev) Juan 6, 24-35

En las clases de RICA – el Rito de Iniciación Cristiano para Adultos – muchas veces entre los que están tomando la clase se nota cierta nerviosidad al explicarles como es la Misa Católica. El temor que tienen algunos de los presentes en la clase es que no van a poder recordar todas las partes de la misa: los rezos, los gestos, y cuando sentarse, arrodillarse o ponerse de pie, etc. En tal caso, se les asegura que no tienen que recordar todas y cada una de las palabras y gestos desde el principio. Con el tiempo y la práctica, no tendrán problemas. Habrá muchas personas amables que les ayudarán y les apoyarán. Además, nuestra fe no se basa ni se muestra simplemente por los gestos y las palabras que usamos en nuestra liturgia sino en nuestras creencias y nuestra fe en Jesucristo, nuestro Señor, Dios y Salvador.

Los creyentes cristianos somos personas de memoria. Este no es un fenómeno moderno. Se remonta a los tiempos de Abrahán, el patriarca de la fe Judea-cristiana a quien Dios prometió proteger y guiar siempre que tuviera fe. Nosotros, los descendientes espirituales de Abrahán recordamos esa promesa divina. Leemos y meditamos sobre los hechos de nuestra historia espiritual, especialmente el papel de Abrahán y el pueblo judío, nuestros antepasados espirituales. En la Biblia recordamos los acontecimientos que rodearon la salida del Pueblo Escogido de Egipto. Nuestra primera lectura es precisamente del libro de Éxodo donde se nos cuenta como ocurrió la salida victoriosa de los israelitas de Egipto. Al dejar atrás el país donde habían pasado generaciones trabajando por los egipcios, los israelitas comenzaron a caminar por el desierto. En poco tiempo, se encontraron fatigados y desalentados. Mostrando su poca fe y falta de memoria, los israelitas se quejaron diciéndole a Moisés y Aarón: *"Nos han sacado a este desierto para matar de hambre a toda esta comunidad". Pero aunque mostraron su poca fe en Dios, no les había abandonado. Además de libertad, les proporcionó* comida y agua. De lo que se estaban quejando, en realidad, es que Dios no estaba haciendo lo que ellos querían que hiciera cuando querían que lo hiciera. Mostraron su egoísmo, exigiendo de Dios una transición fácil de la esclavitud a la libertad y una vida cómoda con abundancia de comida y bebida. Cuando esto no se les fue proporcionado inmediatamente, se volvieron inquietos y rebeldes.

El Evangelio de nuestra misa hoy nos muestra, otra vez, la ingratitud de algunas personas ante Dios. La semana pasada escuchamos en el evangelio como Jesús repitió el mismo gesto generoso de Dios, su Padre, en el desierto. Ante una multitud que se debilitaba más y más tras seguir a Nuestro Señor día tras día, multiplicó los panes y los peces y les dio de comer. Hoy vemos cómo las personas que habían participado en esa comida vieron que Jesús había dejado ese lado del lago y lo cruzó en una barca. Así que rodearon la orilla y lo encontraron al otro lado. Es allí donde Jesús les dijo que no le siguieron porque querían escuchar su predicación, sino porque querían más comida. Lo que quería decirles es que el pan, el sustento físico, aunque necesario, no es suficiente para el bienestar del ser humano. Tiene que ir acompañado por la fe. Dios no es un supermercado del cual se pide todo lo necesario para vivir. Dios es Dios. Es nuestro creador. Tampoco podemos ver a Jesús simplemente como un hombre que da buenos consejos, predica bien y que nos da todo lo que pedimos cuando se lo pedimos. Nuestro Señor es el Mesías., es la Segunda Persona de la Santísima Trinidad, es el Hijo de Dios. Dios es santo y merece nuestra gratitud y adoración.

Claro está, hay una dimensión social de nuestra fe. Siempre debemos tratar de socorrer a nuestro prójimo en todos los sitios, sea quien sea. Pero esa dimensión social que nos impulsa a socorrer al prójimo debe nacer de nuestra fe en Jesucristo. Si separamos la dimensión social del cristianismo de nuestra fe, corremos el riesgo de convertirnos simplemente en otra de las muchas agencias de beneficencia social. Y que consta que no estoy diciendo que las agencias sociales no son muy importantes porque los son. Pero es obvio que no pueden ni deben ser consideradas como substitutos para nuestra fe. Es el Pan de Vida que nos da fuerza para mostrar, por nuestras obras, que vivimos el amor con que Cristo nos ama.

Eighteenth Sunday of Ordinary Time
Cycle B Book 3
Readings: (R1) Exodus 16:2-4, 12-15 (R2) Ephesians 4:17, 20-24 (Gos) John 6:24-35

In RCIA classes - the Rite of Christian Initiation for Adults - many times among those who are taking the class there is certain nervousness when explaining what the Catholic Mass is like. The fear that some of those present in the class have is that they will not be able to remember all the parts of the Mass: the prayers, the gestures, and when to sit, kneel or stand, etc. In such a case, they are assured that they do not have to remember each and every word and gesture from the beginning. With time and practice, they will have no problems. Also, there will be many kind people who will help and support you. Furthermore, our faith is not based simply on the gestures and words we use in our liturgy but on our beliefs and our faith in Jesus Christ, our Lord, God and Savior.

Christian believers are people who remember. This is not a modern phenomenon. It dates back to the time of Abraham, the patriarch of the Judean-Christian faith whom God promised to protect and guide if he had faith. We, the spiritual descendants of Abraham, remember that divine promise. We read and meditate on the facts of our spiritual history, especially the role of Abraham and the Jewish people, our spiritual ancestors. In the Bible we remember the events surrounding the departure of the Chosen People from Egypt. Our first reading is precisely from the book of Exodus where we are told how the victorious exit of the Israelites from Egypt occurred. Leaving behind the country where generations had spent working for the Egyptians, the Israelites began to walk through the desert. Before long, they found themselves fatigued and discouraged. Showing their little faith and forgetfulness, the Israelites complained saying of Moses and Aaron: *"They have taken us out to this desert to starve this entire community."* But although they showed little faith in God, he had not abandoned them. In addition to freedom, he provided them with food and water. What they were really complaining about was that God wasn't doing what they wanted him to do when they wanted him to do it. They showed their selfishness, demanding from God an easy transition from slavery to freedom and a comfortable life with plenty of food and drink. When this was not provided immediately, they became restless and rebellious.

The Gospel of our Mass today shows us, once again, the ingratitude of some people before God. Last week we heard in the gospel how Jesus repeated the same generous gesture of God, his Father, in the desert. Before a crowd that grew weaker and weaker after following Our Lord day after day, he multiplied the loaves and fishes and fed them. Today we see how the people who had participated in that meal saw that Jesus had left that side of the lake and crossed it in a boat. So they rounded the shore and found him on the other side. It is there that Jesus told them that they did not follow him because they wanted to hear his preaching, but because they wanted more food. What he wanted to tell them is that bread, physical sustenance, although necessary, is not enough for the well-being of the human being. It has to be accompanied by faith. God is not a supermarket from which you ask for everything you need to live. God is God. He is our creator. Nor can we see Jesus simply as a man who gives good advice, preaches well, and gives us everything we ask for when we ask for it. Our Lord is the Messiah, he is the Second Person of the Holy Trinity, and he is the Son of God. God is holy and deserves our gratitude and worship.

Of course, there is a social dimension to our faith. We must always try to help our neighbor in all places, whoever she or he is. But that social dimension that prompts us to help others must come from our faith in Jesus Christ. If we separate the social dimension of Christianity from our faith, we run the risk of becoming simply another of the many welfare agencies. And it is clear that I am not saying that social agencies are not very important because they are. But it is obvious that they cannot and should not be considered as substitutes for our faith. It is the Bread of Life that gives us strength to show, through our works, that we live the love with which Christ loves us.

Decimonoveno Domingo del Tiempo Ordinario
Ciclo B Tomo 3
Lecturas: (L1) 1 Reyes 19, 4-8 (L2) Efesios 4, 30 – 5, 2 (Ev) Juan 6, 41-51

Hoy en el Evangelio, escuchamos las palabras que Jesús pronunció en sobre su Cuerpo y su Sangre. San Juan es el que dejó escritas estas palabras de Jesús que forman la base de la creencia de nuestra Iglesia sobre la presencia verdadera y real del Señor en el Sacramento de la Sagrada Eucaristía.

Hace dos semanas escuchamos en el evangelio que Jesús, ante una multitud que se debilitaba más y más tras seguirle día tras día, multiplicó los panes y los peces y les dio de comer. Muchas de esas mismas personas al ver que Jesús había dejado ese lado del lago y lo cruzó en una barca, rodearon la orilla y lo encontraron al otro lado. Es allí donde Jesús les dijo que no le siguieron porque querían escuchar su predicación, sino porque querían más comida. Lo que quería decirles es que el pan, el sustento físico, *aunque necesario, no es lo que debían haber estado buscando. Es entonces cuando Jesús mismo les dice, "Yo soy el pan vivo bajado del cielo; el que coma de este pan vivirá para siempre. Y el pan que yo les voy a dar es mi carne, para que el mundo tenga vida".* Al oír estas palabras tan asombrosas del Señor los judíos comenzaron a murmurar y a discutir entre ellos. Unos decían con desprecio *"¿Cómo puede éste darnos a comer su carne?"* Otros decían, *"¿No es éste Jesús, el hijo de José? ¿No conocemos a su padre y a su madre?"* ¿Cómo dice ahora que ha bajado del cielo?" Sin embargo, Nuestro Señor les dijo *"Mi carne es verdadera comida y mi sangre es verdadera bebida. El que come mi carne y bebe mi sangre permanece en mí, y yo en él".*

Escuchando estas palabras del Evangelio, nos debemos preguntar: Si estamos comiendo la Carne y bebiendo la Sangre de Jesucristo, ¿cómo es que seguimos tan débiles espiritualmente? Y esta pregunta nos invita a una seria reflexión personal. Cuando recibo la Comunión en la Santa Misa, ¿creo firmemente que recibo el "pan vivo bajado del cielo?" ¿Ó solamente lo recibo como un símbolo? Nuestro Señor nos asegura que en la Santa Misa, mediante la consagración, el pan y el vino realmente se convierten en su Carne y en su Sangre. Recibirle nos fortalece, nos da fuerza espiritual y nos da la fe para ir conociéndole más en este sacramento. Sin embargo, hay católicos, y me temo que no son pocos, que reciben la Sagrada pero no les dice nada. Y ¿cómo puede uno aumentar su fe ó ir conociendo más al Señor, si no cree en este sacramento?

Cristo nos pide que tengamos fe y que creamos todo lo que nos dice Él en las Sagradas Escrituras. Nos da pena decir que se está dejando de creer en las palabras que el mismo Señor nos dice en el Evangelio de hoy, *"mi carne es verdadera comida y mi sangre es verdadera bebida."* Si no tenemos fe para creer estas palabras pronunciadas por Cristo no podremos ser alimentados por este sacramento que nos da vida. El problema de algunos cristianos es que no quieren creer estas palabras de Cristo sobre la Sagrada Eucaristía porque piensan que esta doctrina es muy difícil de creer. Prefieren ver la Santa Comunión como algo meramente simbólico. Por eso vemos a tantas personas que comulgan con tan poca fe y sin confesarse.

También resulta difícil creer que algunos católicos, que no rechazarían una invitación a un banquete de alguien importante, sean capaces de menospreciar la invitación que Cristo les hace al convite de su Cuerpo y su Sangre. No ven la necesidad tan enorme que tienen de recibir éste sacramento. En realidad, no acudir al banquete que les ofrece el mismo Señor es una gran equivocación que más tarde lamentarán.

En la Primera Lectura hoy hemos escuchado como Elías caminaba por el desierto. Llego a tal punto su cansancio que se sentó bajo una retama y dijo *"¡Basta, Señor! ¡Quítame la vida, que yo no valgo más que mis padres!"* Y se durmió. De pronto un ángel lo tocó y le dijo: ¡Levántate, come!, que el camino es superior a tus fuerzas". Y al terminar de comer, tuvo suficiente fuerza para seguir caminando.

Hermanas y hermanos, seamos humildes y tengamos fe para que podamos creer que el Cuerpo, Sangre, Alma y Divinidad de Nuestro Señor Jesucristo está presente en la Sagrada Eucaristía. Solo este manjar nos puede dar el alimento que necesitamos para seguir por el camino de la vida.

Nineteenth Sunday of Ordinary Time

Cycle B Book 3

Readings: (R1) 1 Kings 19:4-8 (R2) Ephesians 4:30 5:2 (Gos) John 6:41-51

Today in the Gospel, we hear the words that Jesus spoke about his Body and Blood. Saint John is the one who wrote these words of Jesus that form the basis of the belief of our Church about the true and real presence of the Lord in the Sacrament of the Holy Eucharist.

Two weeks ago we heard in the gospel that Jesus, before a crowd that grew weaker and weaker after following him day after day, multiplied the loaves and fishes and fed them. Many of those same people, seeing that Jesus had left that side of the lake and crossed it in a boat, circled the shore and found him on the other side. It is there that Jesus told them that they did not follow him because they wanted to hear his preaching, but because they wanted more food. What he wanted to tell them is that bread, physical sustenance, though necessary, is not what they should have been looking for. It is then that Jesus himself tells them, *"I am the living bread that came down from heaven; whoever eats this bread will live forever. And the bread that I am going to give you is my flesh, so that the world may have* life." Hearing these amazing words from the Lord the Jews began to murmur and argue among themselves. Some scornfully said *"How can he give us his flesh to eat?"* Others said, *"Is this not Jesus, the son of Joseph? Do we not know father and mother? How does he say now that he has come down from heaven?"* However, Our Lord told them *"My flesh is real food and my blood is real drink. Whoever eats my flesh and drinks my blood remains in me, and I in him."*"

Listening to these words of the Gospel, we must ask ourselves: If we are eating the Flesh and drinking the Blood of Jesus Christ, how is it that we remain so spiritually weak? And this question invites us to serious personal reflection. When I receive Communion at Holy Mass, do I firmly believe that I receive the "living bread come down from heaven?" Or do I only receive him symbolically? Our Lord assures us that in Holy Mass, through consecration, the bread and wine really become his Flesh and Blood. Receiving him strengthens us, gives us spiritual strength and gives us the faith to get to know him more in this sacrament. However, there are Catholics, and I am afraid they are many, who receive the Sacred but it does not mean anything to them. And how can one increase their faith or get to know the Lord more, if they do not believe in this sacrament?

Christ asks us to have faith and to believe everything He tells us in the Holy Scriptures. We are sad to say that people are ceasing to believe in the words that the Lord himself tells us in today's Gospel, *"my flesh is true food and my blood is true drink."* If we do not have the faith to believe these words spoken by Christ, we cannot be fed by this sacrament that gives us life. The problem for some Christians is that they do not want to believe these words of Christ about the Holy Eucharist because they think that this doctrine is very difficult to believe. They prefer to see Holy Communion as something merely symbolic. That is why we see so many people who commune with so little faith and without confession.

It is also difficult to believe that some Catholics, who would not refuse an invitation to a banquet from someone important, are capable of disparaging the invitation that Christ makes to the feast of his Body and Blood. They do not see the enormous need they have to receive this sacrament. In reality, not going to the banquet offered by the Lord himself is a great mistake that they will later regret.

In the First Reading today we heard how Elias walked through the desert. His tiredness reached such a point that he sat under a broom and said *"Enough, Lord! Take my life, I'm not worth more than my parents!"* And he fell asleep. Suddenly an angel touched him and said: Get up, eat! The path is greater than your strength." And when he finished eating, he had enough strength to keep walking.

Sisters and brothers, let us be humble and have faith so that we can believe that the Body, Blood, Soul and Divinity of Our Lord Jesus Christ is present in the Holy Eucharist. Only this delicacy can give us the food we need to continue on the path of life.

Vigésimo Domingo del Tiempo Ordinario
Ciclo B Tomo 3
Lecturas: (L1) Proverbios 9, 1-6 (L2) Efesios 5, 15-20 (Ev) Juan 6, 51-58

Hoy hemos escuchado en el evangelio las palabras que Jesús pronunció sobre la Sagrada Eucaristía, su Cuerpo y su Sangre. La Sagrada Eucaristía es un don de Dios. Y uno se pregunta, ¿cómo es que el Señor se pudo quedar en los sagrarios por nosotros? Este hecho nos demuestra que el Señor tiene verdadero amor por la humanidad; nos demuestra su afán y su deseo de ayudar a cada uno de nosotros, en cada momento, según nuestras necesidades. Nos espera a todos: al tibio para enfervorizarlo y al fervoroso para reafirmarlo. Al pecador lo espera para perdonarle sus pecados y darle la fuerza que necesita para luchar contra las tentaciones de Satanás, arrepentirse y volver a Él.

Si creemos en el Santísimo Sacramento del Altar debemos decirle constantemente a Jesús Sacramentado, "Gracias por haberte quedado por nosotros en la Sagrada Eucaristía". Nunca podemos darle suficientes gracias. A pesar de eso, comprobamos, con mucha pena, muchos católicos que creen que no es necesario creer en la Presencia Real en la Sagrada Eucaristía para ser católicos. En los Estados Unidos, las encuestas a nivel nacional revelan que solo el 31% de los católicos creen en la Presencia Real. Los que no creen muchas veces comienzan su camino hacia la incredulidad teniendo un poco vergüenza de ser católicos porque tenemos creencias que van en contra de las ideas que expone la sociedad en que vivimos como la eutanasia y el aborto. Piensan que no tienen que creer todo lo que creemos los católicos para ser católicos. Y tarde o temprano comienzan a creen en el Santísimo Sacramento como una creencia pasada de moda que solamente la creen unos pocos fanáticos. Y terminan diciendo y creyendo que el Señor no está presente en la Sagrada Eucaristía y solo la reciben porque todo el mundo lo está recibiendo. Y la Sagrada Eucaristía termina siendo ignorada y, en algunas parroquias, hasta arrinconada y olvidada.

En realidad, cada católico tiene que creer firmemente en Jesús Sacramentado y tiene la obligación de darle a conocer, esforzándose primeramente para educar a su propia familia sobre la importancia de Sagrada Eucaristía y después a sus amigos y conocidos. Si creemos que Jesús está en la Sagrada Eucaristía, nos será imposible no comportarnos de esta forma. Si no creemos, no somos católicos. Es una de las varias creencias que tenemos que nos diferencia de otras comunidades cristianas occidentales.

La Eucaristía es el centro de todo el culto litúrgico, el centro de la vida sacramental de la Iglesia. Sin embargo, basta con acudir a cualquier Iglesia los domingos y festivos o asistir a una boda, una Misa de Entierro, o una Primera Comunión, para ver qué sucede algo chocante. Comulgan la mayoría de los presentes cuando los confesionarios casi siempre están prácticamente vacíos. Muchos cristianos manifiestan, sin recato y sin disimulos, que no reciben el Sacramento de la Reconciliación, o sea que no se confiesan, durante largas temporadas. Algunos incluso en años. Muchos ni siquiera van a Misa los domingos. Pero cuando van para una celebración, o, como algunos católicos que solo van durante las Navidades o la Semana Santa, estas personas sí comulgan.

San Francisco de Asís, expresando su gran fe y amor a Jesucristo en el Sacramento de la Reconciliación y en el Santísimo Sacramento de la Eucaristía, dijo, *"contritos y confesados, de este modo recibamos con gran humildad y veneración el Cuerpo y Sangre de Nuestro Señor."* Y San Francisco de Asís continua diciendo, "Recordemos que el Señor nos dijo: 'Quien coma mi carne y beba mi sangre tiene vida eterna".

Desde los primeros años de su existencia, nuestra Iglesia ha enseñado que la Sabiduría es la personificación de Nuestro Señor, Jesucristo, en el Antiguo Testamento. Debido a eso, las palabras que hemos escuchado en la Primera Lectura son tan importantes. La Sabiduría dice, *"Venid a comer de mi pan y a beber el vino que he mezclado. Dejad la inexperiencia y viviréis, seguid el camino de la prudencia"*. La Sabiduría nos pide que busquemos el camino de la prudencia, que comamos su pan y bebamos su vino. Y Cristo nos dice "Mi carne es verdadera comida, y mi sangre es verdadera bebida. El que come mi carne y bebe mi sangre habita en mí y yo en él."

Twentieth Sunday of Ordinary Time
Cycle B Book 3
Readings: (R1) Proverbs 9:1-6 (R2) Ephesians 5:15-20 (Gos) John 6:51-58

Today we have heard in the Gospel the words that Jesus spoke about the Holy Eucharist, his Body and his Blood. The Holy Eucharist is a gift from God. And one wonders, how is it that the Lord could stay in the tabernacles for us? This fact shows us that the Lord has true love for humanity; He shows us his eagerness and his desire to help each one of us, at all times, according to our needs. It awaits us all: the lukewarm to enliven it and the fervent to reaffirm it. He waits for the sinner to forgive his sins and give him the strength he needs to fight against Satan's temptations, repent and return to Him.

If we believe in the Blessed Sacrament of the Altar we must constantly say to the Blessed Jesus, "Thank you for staying with us in the Holy Eucharist. We can never thank you enough." Despite this, we find, with great regret, many Catholics who believe that it is not necessary to believe in the Real Presence in the Holy Eucharist to be Catholic. In the United States, nationwide surveys reveal that only 31% of Catholics believe in the Real Presence. Those who do not believe many times start their path to unbelief being a little ashamed of being Catholic because we have beliefs that go against the ideas that the society in which we live proposes such as euthanasia and abortion. They think they don't have to believe everything we Catholics believe to be Catholic. And sooner or later they begin to believe in the Blessed Sacrament as an old-fashioned belief that only a few fanatics believe. And they end up saying and believing that the Lord is not present in the Holy Eucharist and they only receive it because everyone is receiving it. And the Holy Eucharist ends up being ignored and, in some parishes, even cornered and forgotten.

In reality, every Catholic has to firmly believe in Jesus in the Sacrament and has the obligation to make him known, striving first to educate his own family about the importance of the Holy Eucharist and then his friends and acquaintances. If we believe that Jesus is in the Holy Eucharist, it will be impossible for us not to behave in this way. If we don't believe, we are not Catholic. It is one of various beliefs that we hold that differentiate us from other Western Christian communities.

The Eucharist is the center of all liturgical worship, the center of the sacramental life of the Church. However, it is enough to go to any Church on Sundays and holidays or attend a wedding, a Burial Mass, or a First Communion, to see what something shocking happens. The majority of those present take communion when the confessionals are almost always practically empty. Many Christians manifest, without modesty and without dissimulation that they do not receive the Sacrament of Reconciliation, that is, that they do not go to confession, for long periods of time, for some even in years. Many don't even go to Mass on Sundays. But when they go for a celebration, or, like some Catholics who only go during Christmas or Holy Week, these people do take communion.

Saint Francis of Assisi, expressing his great faith and love for Jesus Christ in the Sacrament of Reconciliation and in the Blessed Sacrament of the Eucharist, said, *"Contrite and confessed, in this way we receive with great humility and veneration the Body and Blood of Our Sir."* And Saint Francis of Assisi continues saying, "Let us remember that the Lord told us: 'Whoever eats my flesh and drinks my blood has eternal life.'"

From the earliest years of its existence, our Church has taught that Wisdom is the personification of Our Lord, Jesus Christ, in the Old Testament. Because of that, the words we have heard in the First Reading are so important. Wisdom says, *"Come eat my bread and drink the wine I have mixed. Leave inexperience and you will live, follow the path of prudence."* Wisdom asks us to seek the path of prudence, to eat its bread and drink its wine. And Christ tells us "My flesh is true food, and my blood is true drink. He who eats my flesh and drinks my blood lives in me and I in him."

Vigésimo Primer Domingo del Tiempo Ordinario
Ciclo B Tomo 3
Lecturas: (L1) Josué 24, 1-2. 15-17. 18b (L2) Efesios 5, 21-32 (Ev) Juan 6, 60-69

Durante el curso de nuestra vida muchas veces tomamos decisiones precipitadamente. Esto ocurre especialmente cuando las decisiones cotidianas no son muy importantes ni implican consecuencias significativas. Por ejemplo, el menú que elegimos para la cena, que vamos a comprar en el supermercado, o a qué hora vamos a salir de compras. Son decisiones normales y corrientes que hacemos cada día. Sin embargo, hay otras decisiones muy importantes que hay que pensar mucho porque afectan el rumbo de nuestra vida. Por ejemplo, casarse o no, cambiar de religión, o escoger la carrera o trabajo que queremos ejercer cuando llega la hora de elegir. Estas son decisiones que no se deben tomar a la ligera.

En la Primera Lectura, escuchamos las palabras que pronuncio Josué, el líder de los israelitas, cuando estos llegaron a la Tierra Prometida. Estaban a punto de entrar en el territorio que Dios les había prometido. Más de cuarenta años habían pasado en el desierto desde que salieron de Egipto. Durante ese tiempo habían encontrado muchas tribus que adoraban una gran variedad de dioses. Los israelitas no siempre habían mostrado que eran fieles seguidores de su Dios. A veces se habían extraviado no solo en el camino que habían trazado por el desierto sino también en como seguían los mandamientos de Dios. Ahora, Josué les recuerda que tienen que hacer una decisión de máxima importancia para la vida de todo el pueblo israelita. Así que Josué convocó a los ancianos de Israel, a los cabezas de familia, a los jueces y alguaciles del pueblo y les dijo, *"Si no les parece bien servir al Señor, escojan hoy a quién quieren servir: a los dioses que sirvieron los antepasados de ustedes al este del Éufrates o a los dioses de los amorreos en cuyo país habitan ahora."* Y para hacer claro cuál era la decisión que él había tomado, dijo: *"Yo y mi casa serviremos al Señor"*. Y todo el pueblo unido respondió, *"¡Lejos de nosotros abandonar al Señor para servir a dioses extranjeros! ... También nosotros serviremos al Señor: ¡es nuestro Dios!"*.

En la Segunda Lectura hemos escuchado los consejos que da San Pablo a los cristianos de Éfeso. El problema que tenemos cuando leemos e interpretamos las cartas de San Pablo es que solo contienen las respuestas a preguntas hechas por las comunidades cristianas que él había fundado o visitado. No sabemos exactamente cuál era la pregunta. Pero parece ser que había algún problema grave que correspondía a las relaciones entre marido y mujer en los matrimonios. Y es probable que los comentarios del Apóstol fueran dirigidos directamente a las mujeres y hombres casados de Éfeso porque quería zanjar el problema de una manera tajante. También es probable que el problema fuera la falta de respeto y comunicación entre marido y mujer que, desde luego, ha existido desde los tiempos de Adán y Eva. Es por eso que les dice San Pablo a maridos y mujeres, que deben mostrar su amor mutuo de una manera sensible. Deben respetarse y ser sumisos unos a otros con respeto cristiano. Deben amarse como se aman a sí mismos. Y resaltando las responsabilidades del marido dice que éste debe colocar las necesidades y deseos de su esposa por encima de las suyas propias. Por eso abandonó el esposo a su padre y a su madre, y se unió a su mujer.

En el Evangelio de hoy, San Juan narra un momento de gran importancia en la vida de los Apóstoles. Recordemos que el domingo pasado en el Evangelio escuchamos que Jesús dijo, *"Mi carne es verdadera comida y mi sangre es verdadera bebida"*. Estas palabras a muchos de los que se habían reunido para escucharle predicar no les gustaron. Más bien se escandalizaron. Incluso muchos discípulos de Jesús, los que hasta entonces habían sido sus fieles seguidores, comenzaron a marcharse. Jesús vio que los Apóstoles también tenían dudas así que les preguntó, *"¿También ustedes quieren dejarme?"* Pedro, hablando por todos los apóstoles dijo, *"Señor, ¿a quién iremos? Tú tienes palabras de vida eterna..."*. Con esta frase Pedro respondió por él y por los demás apóstoles.

Muchas veces nosotros también hemos pasado momentos de incertidumbre y de crisis en nuestra vida, y, quizás, en nuestra fe. En esos momentos, también, como los Apóstoles, debemos preguntarnos, *"¿a quién iremos?"* Nuestro Señor mora aquí, en este templo, en el Santísimo Sacramento, y está esperando que le pidamos su ayuda.

Twenty First Sunday of Ordinary Time
Cycle B Book 3
Readings: (R1) Joshua 24:1-2, 15-17, 18b (R2) Ephesians 5: 21-32 (Gos) John 6:60-69

During the course of our lives we often make hasty decisions. This is especially the case when the everyday decisions we make are not very important or do not carry significant consequences. For example, the menu that we choose for dinner, what we are going to buy in the supermarket, or what time we are going to go shopping. They are normal and ordinary decisions that we make every day. However, there are other very important decisions that we have to think about a lot because they affect the direction of our life. For example, marrying or not, changing religion, or choosing the career or job that we want to pursue when it comes time to choose. These are decisions that should not be taken lightly.

In the First Reading, we heard the words that Joshua, the leader of the Israelites, spoke when they arrived in the Promised Land. They were about to enter the territory that God had promised them. More than forty years had passed in the desert since they left Egypt. During that time they had encountered many tribes who worshiped a wide variety of gods. The Israelites had not always shown that they were faithful followers of their God. Sometimes they had gotten lost not only in the route they had followed through the desert but also in how they were following God's commandments. Now, Joshua reminds them that they have to make a decision of the utmost importance for the lives of all the Israelites. So Joshua summoned the elders of Israel, the heads of families, the judges and bailiffs of the people and told them, *"...if serving the Lord seems undesirable to you, then choose for yourselves this day whom you will serve, whether the gods your ancestors served beyond the Euphrates, or the gods of the Amorites, in whose land you are living."* And to make clear what decision he had made, he said: *"But as for me and my household, we will serve the Lord."* And all the people responded, *"Far be it from us to forsake the Lord to serve other gods! ... We too will serve the Lord, because he is our God."*

In the Second Reading, we heard the advice that Saint Paul gives to the Christians of Ephesus. The problem we have when we read and interpret the letters of Saint Paul is that they only contain the answers to questions asked by the Christian communities that he had founded or visited. We do not know exactly what the question was. But it seems that there was some serious problem that corresponded to the relationship between husband and wife in marriages. And it is likely that the Apostle's comments were directed directly to the married women and men of Ephesus because he wanted to settle the problem in a direct way. It is also likely that it was the problem of lack of respect and communication between husband and wife that, of course, has existed since the time of Adam and Eve. I believe that is why Saint Paul tells both husband and wife that they must show their love for each other in a tangible way. They must value and be submissive to one another with Christian respect. They must love one another as they love themselves. And highlighting the responsibilities of the husband Paul says that he must place the needs and desires of his wife above his own. That is why the husband abandoned his father and mother, and was united to his wife.

In today's Gospel, Saint John recounts a moment of great importance in the life of the Apostles. Let us remember that last Sunday in the Gospel we heard that Jesus said, "My flesh is real food and my blood is real drink." Many of those who had gathered to hear him preach did not like these words. To be precise, they were scandalized. Many disciples of Jesus, those who until then had been his faithful followers, began to leave. Jesus saw that the Apostles also had doubts so he asked them, *"Do you also want to leave me?"* Peter, speaking for all the apostles, said, *"Lord, to whom shall we go? You have the words of eternal life ..."* With this phrase, Peter answered for himself and for the other apostles.

Many times we too have experienced moments of uncertainty and crisis in our life, and, perhaps, in our faith. At such times, too, like the Apostles, we must ask ourselves, "To whom shall we go?" Our Lord dwells here, in this temple, in the Blessed Sacrament, and is waiting for us to ask for his help.

Vigésimo Segundo Domingo del Tiempo Ordinario
Ciclo B Tomo 3
Lecturas: (L1) Deuteronomio 4, 1-2. 6-8 (L2) Santiago 1, 17-18. 21b-22. 27
(Ev) Marcos 7, 1-8. 14-15. 21-23

Este domingo, el Evangelio nos habla de la hipocresía de las personas. Cuando los Fariseos preguntaron a Jesús, *"¿Por qué tus discípulos comen con manos impuras y no siguen la tradición de nuestros mayores?"*, no se referían a lavarse las manos antes de comer por razones de higiene, como lo hacemos nosotros. Lo que querían insinuar es que los discípulos de Cristo no cumplían con las leyes de los judíos sobre los ritos que tenían que seguir antes de comer. Los Fariseos eran miembros de una secta judía que fingían, en cualquier lugar, estar cumpliendo todas las exigencias de las 632 leyes judías, escritas por sus antepasados y conocidas como la Ley de Moisés. Se consideraban más puros que los otros judíos y por eso se mantenían separados de ellos. Jesús sabía que los Fariseos eran hipócritas. Se jactaban de ser mejores que los otros, mientras hablaban mal de ellos y los menospreciaban.

Comprobamos que, desde los tiempos de Jesús hasta la fecha, sigue ocurriendo lo propio. Seguimos sintiendo los mismos impulsos que detestaba El Señor. Cuantas personas, en la mañana del domingo, se visten bien, poniéndose muy presentables, muy dignos en su manera de vestir. Después, salen de sus casas con decisión hacia la casa de Dios. Y ¿por dentro? ¿Están limpios? ¿Llevan el alma limpia, que es lo que es verdaderamente importante? Hay que tomar un tiempo para embellecerse también por dentro porque la pureza de alma es lo importante para Dios. Llevar nuestra alma llena de pecados, aunque llevemos unas ropas muy limpias y elegantes, no agrada a Dios. Primero debemos pensar en la pureza del alma y después la bonita presencia física, las dos cosas van juntas y complacen al Señor. Pero la segunda sin la primera es una catástrofe.

En el Evangelio el Señor les dice a los Fariseos, *"nada de lo que entre de fuera puede manchar al hombre, lo que sí lo mancha es lo que sale de dentro"*. Ir muy limpios por fuera y muy sucios por dentro a recibir al Señor, llevar nuestra alma sucia y enferma por el pecado, es denigrante ante Dios y ante los mismos hombres. El problema es que los que hacen esto muchas veces no lo ven así. El mismo pecado les ciega. Y no ven la impureza de alma que llevan con ellos.

Discutiendo con los fariseos y escribas Jesús les echa en cara algo sumamente grave: *"Dejando el precepto de Dios, ustedes se aferran a la tradición de los hombres"*. Con decir esto el Señor no está rechazando los mandamientos divinos. Ni tampoco está diciendo que todas las tradiciones humanas que se han elaborado a través de los siglos alrededor del culto judía son falsas. No se trata de impugnar las tradiciones sino de ponerlas en el lugar que les corresponde. Todas las tradiciones son buenas mientras no se apartan de los mandamientos divinos que Dios nos ha dado, ni se oponen directamente a él. Por eso el Señor usa las palabras del Profeta Isaías para describir lo que están haciendo los fariseos y escribas: *"Este pueblo me honra con los labios, pero su corazón está lejos de mí. El culto que me dan está vacío, porque la doctrina que enseñan son preceptos humanos."* (Isaías 29:13)

Lo que quería decir Jesús es que si las tradiciones nacen de situaciones casuales que no se basan en la ley divina, con el tiempo habrá que averiguar si esas tradiciones siguen siendo validas. El gran error de los fariseos y escribas es querer conservar a toda costa todas las tradiciones aunque ya habían caducado por no ser ni validas ni necesarias. Algunas incluso contradecían los principales de los Diez Mandamientos. La verdadera religión pone la Palabra de Dios por encima de las prácticas y tradiciones humanas.

Sin duda, los cristianos deben ser fieles a las enseñanzas de Cristo. El apóstol Santiago, en la Segunda Lectura, dice que debemos aceptar con calma la Palabra que ha sido plantada en nosotros ya que puede salvarnos. El apóstol dice que debemos aceptarla tal y como es. Solo si nos sometemos a la Palabra dócilmente podemos llamarnos cristianos y salvarnos. Si llevamos las enseñanzas del Señor a la práctica y no nos limitamos solamente a escucharlas, estaremos siguiéndole, de corazón y de verdad.

Twenty Second Sunday of Ordinary Time
Cycle B Book 3
Readings: (R1) Deuteronomy 4:1-2, 6-8 (R2) James 1:17-18, 21b-22, 27
(Gos) Mark 7:1-8, 14-15, 21-23

This Sunday, the Gospel tells us about the hypocrisy of people. When the Pharisees asked Jesus, *"Why do your disciples eat with impure hands and not follow the tradition of our elders?"* They were not referring to washing their hands before eating for hygienic reasons, as we do. They wanted to imply that the disciples of Christ did not comply with the laws of the Jews regarding the rites that they had to follow before eating. The Pharisees were members of a Jewish sect that pretended, at all times, to be fulfilling all the demands of the 632 Jewish laws, written by their ancestors and known as the Law of Moses. They considered themselves purer than other Jews and therefore they kept separate from them. Jesus knew that the Pharisees were hypocrites. They boasted of being better than the others while speaking ill of them and belittling them.

We see that, from the time of Jesus to date, the same thing continues to happen. We continue to have the same tendencies that the Lord detested. How many people, on Sunday morning, dress well, making themselves very presentable, very dignified in their way of dressing? Later, they leave their houses with determination towards the house of God. And inside? Are they clean? Do they have a clean soul which is what is really important? You should take time to also clean your soul because purity of soul is what is important to God. Having a soul full of sins, even if we wear very clean and elegant clothes, does not please God. We must first think of the purity of the soul and then the beautiful physical presence; the two things go together and please the Lord. But the second without the first is a catastrophe.

In the Gospel, the Lord tells the Pharisees, *"Nothing outside a person can defile them by going into them."* To be very clean on the outside and very dirty on the inside to receive the Lord, to bring the Lord our soul dirty and sick from sin, is degrading before God and before men. The problem is that those who do this often do not see it that way. Sin itself blinds them. They do not see the impurity of soul that they carry with them.

In controversy with the Pharisees and scribes, Jesus blamed them for something extremely serious: *"You have let go of the commands of God and are holding on to human traditions."* By saying this, the Lord is not rejecting the divine commandments. Nor is he saying that all human traditions that have developed over the centuries around Jewish worship are false. It is not about challenging the traditions but about putting them in their rightful place. All traditions are good as long as they do not depart from the divine commandments that God has given us, nor do they oppose them. That is why the Lord uses the words of the Prophet Isaiah to describe what the Pharisees and scribes are doing: *"These people honor me with their lips, but their hearts are far from me. They worship me in vain; their teachings are merely human rules."* (Isaiah 29:13)

What Jesus was saying is that if traditions are born out of chance situations that are not based on divine law, over time it will be necessary to find out if those traditions are still valid. The great mistake of the Pharisees and scribes is to want to preserve all traditions at all costs, even though they have already expired because they are neither valid nor necessary. Some even contradicted the immutable core of the Ten Commandments. True religion is one that puts the Word of God above human practices and traditions.

Undoubtedly, Christians must be faithful to the teachings of Christ. The apostle James, in the second reading, says that we must calmly accept the Word that has been planted in us since it can save us. The apostle says that we must accept the Word as it is. Only if we meekly submit it can we call ourselves Christians and be saved. If we put the Lord's teachings into practice and we do not limit ourselves only to listening to them, we will be following him, in a heartfelt and truthful manner.

Vigésimo Tercer Domingo del Tiempo Ordinario
Ciclo B Tomo 3
Lecturas: (L1) Isaías 35, 4-7a (L2) Santiago 2, 1-5 (Ev) Marcos 7, 31-37

El Evangelio de hoy, nos narra la curación de un sordomudo que, por su condición física, tuvo que ser llevado y acompañado por otras personas para que se acercara al Señor. El hombre no podía hablar así que sus compañeros tuvieron que suplicarle a Jesús que le pusiera la mano sobre él y le curara. El Señor casi siempre pedía que las personas que venían a Él para ser curados mostraran que tenían fe en El. Pero San Marcos nos dice que en este caso, el sordomudo no podía mostrarle su fe a Jesús. Con esto el autor del evangelio nos quiere enseñar que a veces, nos es difícil tomar el primer paso para comenzar a caminar hacia la vida mejor que se nos ofrece cuando dejamos el pecado. Estamos tan impedidos por la costumbre de vivir en pecado, de padecer de una enfermedad espiritual que nos parece imposible dejar de pecar y enmendar nuestra vida. Eso es cuando la ayuda de alguna persona ajena nos puede ser útil. El sordomudo, por su condición física, no podía ni oír ni hablar. Sus acompañantes fueron los que tuvieron que suplicar a Jesús *"que le impusiera las manos"* y lo curara. Al ver la fe de las personas que trajeron al sordomudo, Jesús lo llevó aparte y lo curó.

Esto nos recuerda a Santa Mónica, la madre de San Agustín de Hipona. San Agustín nació en Tagaste, una ciudad del Norte de África en el año 354. Las frecuentes y abundantes lágrimas de santa Mónica eran en relación a su hijo, quien, desde joven, andaba perdido en ideas y costumbres. Y aunque sentía dolor por la vida de pecado y despilfarro que vivía su hijo, Mónica no dejó de pedir a Dios por su conversión. Sufrió y lloró por el hijo, pero sin abandonarlo ni rechazarlo. Los años pasaron y en el año 387 por fin se convirtió Agustín cuando vivía con su madre en Italia. Un poco antes de morir Mónica le dijo a su hijo, *"¿Y a mí que más me amarra a la tierra? Ya he obtenido de Dios mi gran deseo, el verte cristiano."* Y en el mismo año que se hizo cristiano su hijo, murió la santa. Santa Mónica es la santa patrona de las mujeres casadas y modelo de las madres de familia.

Sabemos que Dios creó todo lo que existe. Hay quienes dicen que después de crear todo, Dios se separó de su creación y ya no tiene nada que ver con lo que pasa en el universo creado. Eso no es lo que creemos los cristianos. Creemos en un Dios que nos ama tanto que decidió nacer como todos los seres humanos, pasar por el mundo *"haciendo el bien"* y sufrir una muerte cruel simplemente porque nos ama y quería redimirnos del pecado. Si no le importara lo que ocurre a la humanidad, nos hubiera abandonado para que pasáramos solos y sin amparo la lucha contra el Enemigo. Pero eso no es lo que hizo. Hoy en día, sigue amándonos a pesar de nuestras debilidades y caídas de gracia. Sigue cuidándonos aunque no sentimos su presencia. Ejerce sobre toda la creación, incluyendo sobre el género humano, su divina providencia.

En la Primera Lectura el Profeta Isaías anima a los Israelitas diciéndoles que no deben ser cobardes de corazón. El profeta dice que Dios muestra su dominio total sobre la creación ayudando al ser humano de manera material. Hace brotar aguas en el desierto y torrentes en la estepa. Convierte el páramo en un estanque. Hace crecer las plantas que necesitamos la humanidad para existir y las hace fructificar de modo que podamos alimentarnos con sus frutos. El Nuevo Testamento presenta a Jesús como el cumplimiento de la profecía del Profeta Isaías: *"Sean fuertes, no tengan miedo. Su Dios vendrá, vendrá con venganza; con retribución divina vendrá a salvarlos. Se abrirán entonces los ojos de los ciegos y se destaparán los oídos de los sordos; saltará el cojo como un ciervo, y gritará de alegría la lengua del mudo..."* (Is 34, 4-6) Cuando Juan el Bautista envía a sus discípulos a preguntarle a Jesús: *"¿Eres tú el que ha de venir o vamos a esperar a otro?"* Jesús les responde: *"Vayan y cuéntenle a Juan lo que están viendo y oyendo. Los ciegos ven, los cojos andan, los que tienen lepra son sanados, los sordos oyen, los muertos resucitan y a los pobres se les anuncian las buenas nuevas."* (Mateo 11: 3-5).

Twenty Third Sunday of Ordinary Time
Cycle B Book 3
Readings: (R1) Isaiah 35:4-7a (R2) James 2:1-5 (Gos) Mark 7:31-37

Today's Gospel tells us about the healing of a deaf-mute who, due to his physical condition, had to be taken and accompanied by other people to get closer to the Lord. The man could not speak so his companions had to beg Jesus to put his hand on him and heal him. The Lord almost always asked that the people who came to Him for healing show that they had faith in Him. But Saint Mark tells us that in this case, the deaf-mute could not show their faith to Jesus. With this the author of the gospel wants to teach us that sometimes, it is difficult for us to take the first step to begin to walk towards the better life that is offered to us when we leave sin. We are so handicapped by the habit of living in sin, of suffering from a spiritual illness that it seems impossible for us to stop sinning and amend our lives. That is when the help of someone outside can be useful. The deaf-mute, due to his physical condition, could neither hear nor speak. His companions were the ones who had to beg Jesus *"to lay hands on him"* and to heal him. Seeing the faith of the people who brought the deaf-mute, Jesus took him aside and healed him.

This reminds us of Saint Monica, the mother of Saint Augustine of Hippo. Saint Augustine was born in Tagaste, a city in North Africa in the year 354. Saint Monica's frequent and abundant tears were related to her son, who, from a young age, had been lost in ideas and customs. And although she felt pain for the life of sin and waste that her son lived, Monica did not stop asking God for his conversion. She suffered and wept for the son, but without abandoning or rejecting her. The years passed and in 387 Augustine was finally converted when he lived with his mother in Italy. A little before dying, Monica said to her son, *"What else ties me to the earth? I have already obtained from God my great desire, to see you as a Christian.* "And in the same year that her son became a Christian, the saint died. Santa Monica is the patron saint of married women and a model for mothers.

We know that God created everything that exists. There are those who say that after creating everything, God separated from her creation and no longer has anything to do with what happens in the created universe. That is not what we Christians believe. We believe in a God who loves us so much that he decided to be born like all human beings, go through the world *"doing good"* and suffer a cruel death simply because he loves us and wanted to redeem us from sin. If he did not care what happens to humanity, he would have abandoned us to pass alone and without protection the fight against the Enemy. But that's not what he did. Today, she continues to love us despite our weaknesses and falls from grace. Keep taking care of us even though we don't feel your presence. She exercises her divine providence over all creation, including mankind.

In the First Reading the Prophet Isaiah encourages the Israelites by telling them that they must not be cowardly at heart. The prophet says that God shows his total dominion over creation by helping human beings in a material way. He makes waters flow in the desert and torrents in the steppe. Turn the wasteland into a pond. It makes the plants that humanity needs to exist grow and makes them bear fruit so that we can nourish ourselves with their fruits. The New Testament presents Jesus as the fulfillment of the prophecy of the Prophet Isaiah: *"Be strong, do not be afraid. Your God will come; He will come with vengeance; with divine retribution he will come to save them. Then the eyes of the blind will be opened and the ears of the deaf uncovered; the lame man will leap like a deer, and the tongue of the mute will shout for joy... "* (Is 34, 4-6) When John the Baptist sent his disciples to ask Jesus: *"Are you the one who is coming or are we going to wait for another?"* Jesus responded: *"Go and tell John what you are seeing and hearing. The blind see, the lame walk, those with leprosy are healed, the deaf hear, the dead are raised, and the good news is preached to the poor. "*(Matthew 11: 3-5).

Vigésimo Cuarto Domingo del Tiempo Ordinario
Ciclo B Tomo 3
Lecturas: (L1) Isaías 50, 4-9a (L2) Santiago 2, 14-18 (Ev) Marcos 8, 27-35

El Evangelio nos dice que Jesús se encontraba orando en la compañía de sus discípulos cuando repentinamente les preguntó: *"¿Quién dice la gente que soy yo?"* Los apóstoles le explicaron las diferentes opiniones que ellos habían escuchad. El Señor estaba probando la fe de sus discípulos y por eso les volvió a preguntar, *"¿Y ustedes, quién dicen que soy yo?"* Pedro, espontáneamente, fue el primero en contestar: *"Tu eres el Mesías"*. El Señor se alegró mucho con la respuesta de Pedro. Es fácil decir, como hizo Pedro, *"Tú eres el Mesías,"* pero demostrar, mediante hechos, como lo hizo Pedro, que creemos plenamente en el Evangelio de Jesús, es harina de otro costal.

Hemos escuchado también cómo el Señor revelaba a los apóstoles acontecimientos que Él iban a suceder. Les estaba preparando para que, por mediación de ellos, la continuidad de su Iglesia fuera asegurada. Él ya sabía que iba a ser crucificado y que iba a entregar la comunidad cristiana a Pedro y los demás apóstoles. Claro, se quedaría con ellos en la Sagrada Eucaristía pero gobernar la comunidad, y administrarla diariamente, tendría que ser tarea de los apóstoles y sus sucesores.

Pedro, a pesar de sus dudas, e incluso negaciones, fue elegido por Jesús a ser cabeza de la Iglesia primitiva. Siempre mostró el Señor que tenía gran fe en Pedro. Todos los apóstoles, y el primero Pedro, ejercieron su apostolado con valentía asegurando, de esa manera, que la misión que Cristo les encomendó fuera continuada. Después de morir los apóstoles, la Iglesia siguió siendo fielmente llevada y guiada por el Santo Padre, el Sucesor de Pedro y Vicario de Cristo en la tierra. Gobernar la Iglesia no es nada fácil. La preocupación principal del Papa y los obispos es mantener la Iglesia unida y, a la vez, mantener y trasmitir a los fieles las enseñanzas de Jesucristo Nuestro Señor tal y como las recibieron de los apóstoles y sus sucesores. Esta tarea es difícil. Por eso necesitan nuestro apoyo y nuestras oraciones.

En el Evangelio que les acabo de leer, el Señor nos dice que cualquier persona que quiera seguirle tiene que negarse a sí misma. Eso implica ir abandonando cosas, e incluso personas, que por cualquier motivo nos alejan de Dios. Cristo tiene que ser el centro de nuestra vida, el primero en todo. Nos pide que sepamos cargar con las cruces que nos traer la vida cotidiana día, y que, comparadas con la que Él cargó, son pequeñas. Además, nos dice que tenemos llevarlas con resignación e incluso con alegría y dignidad. Jesús mismo, en el Evangelio, nos muestra que Él eligió libremente el camino de la Cruz. Les dijo a los apóstoles que Él tenía que padecer mucho. Para poder darle gloria a su padre y mostrar su fe en la misión salvífica que le había sido encomendada tenía que aceptar la cruz, morir en ella y resucitar de entre los muertos al tercer día. San Bernardo dice, *"la Cruz es el camino de la vida, el camino de la gloria y el camino del Reino"*.

Jesús es ante todo el Mesías, el Ungido de Dios, que somete toda su persona a la misión que El Padre le ha confiado: sufrir y morir en la cruz. Por eso podemos decir que en Él se unen el Ungido y el Siervo Sufriente, no como dos títulos distintos y contrapuestos de su naturaleza humana, sino como dos designaciones que definen y caracterizan una sola persona. Incluso cuando a Jesús se le compara a Moisés, Elías, Juan Bautista, Salomón, o Jonás, Él es distinto. Mantiene una absoluta confianza en que Dios le asistirá en medio del dolor y que le resucitará de entre los muertos. Por eso, Jesús llama a Pedro Satanás cuando éste intenta apartarle de su misión redentora. En la Segunda Lectura Santiago nos dice que para ser cristianos hay que ser como Cristo, hay que mantener una relación estrecha entre la fe y las obras; no son obras de la ley, sino obras de la fe. La obra más difícil que tenia Jesús era sufrir y morir en la cruz. Esa obra es la prueba de la fe que Cristo tiene en su Padre. Está dispuesto cumplir con su deber como hijo obediente. Y nadie ni nada le apartará de su deber.

Cristo sabe lo que es cargar con su cruz cuando nos pide que hagamos lo propio. Las cruces se nos pueden manifestar de diferentes maneras. Puede ser la pérdida de un ser querido, dificultades en la familia, enfermedades, o sentirnos poco aceptados por otros. Todas estas cruces, y otras muchas más, si sabemos llevarlas con paciencia y dignidad, serán una señal de que creemos en Jesús plenamente.

Twenty Fourth Sunday of Ordinary Time
Cycle B Book 3
Readings: (R1) Isaiah 50:4-9a (R2) James 2:14-18 (Gos) Mark 8:27-35

The Gospel tells us that Jesus was praying in the company of his disciples when he suddenly asked them: *"Who do people say that I am?"* The apostles explained to him the different opinions that they had heard. The Lord was testing the faith of his disciples and for that reason he asked them again, *"And you, who do you say that I am?"* Peter was the first to spontaneously answer: *"You are the Messiah."* The Lord was very happy with Peter's response. It is easy to say, as Peter did, *"You are the Messiah,"* but to demonstrate, through deeds, as Peter did, that we fully believe in the Gospel of Jesus, is another matter.

We have also heard how the Lord revealed to the apostles events that He would take place. He was preparing them so that, through their mediation, the continuity of his Church would be assured. He already knew that he was going to be crucified and that he was going to hand over the Christian community to Peter and the other apostles. Sure, he would stay with them in the Holy Eucharist but governing the community, and managing it daily, would have to be the task of the apostles and their successors.

Peter, despite his doubts, and even denials, was chosen by Jesus to be the head of the early Church. The Lord always showed that he had great faith in Peter. All the apostles, and the first Peter, exercised their apostolate with courage ensuring, in this way, that the mission that Christ entrusted to them would be continued. After the apostles died, the Church continued to be faithfully led and guided by the Holy Father, the Successor of Peter and Vicar of Christ on earth. Governing the Church is not easy. The main concern of the Pope and the bishops is to keep the Church united and, at the same time, to maintain and transmit to the faithful the teachings of Jesus Christ Our Lord as they received them from the apostles and their successors. This task is difficult. That is why they need our support and our prayers.

In the Gospel that I just read to you, the Lord tells us that anyone who wants to follow him has to deny himself. This implies abandoning things, and even people, that for whatever reason separate us from God. Christ has to be the center of our life, the first in everything. He asks us to know how to carry the crosses that everyday life brings us, and that, compared to the one He carried, they are small. In addition, it tells us that we have to wear them with resignation and even with joy and dignity. Jesus himself, in the Gospel, shows us that He freely chose the way of the Cross. He told the apostles that He had to suffer a lot. In order to give glory to his father and show his faith in the saving mission that had been entrusted to him, he had to accept the cross, die on it, and rise from the dead on the third day. Saint Bernard says, *"The Cross is the way of life, the way of glory and the way of the Kingdom."*

Jesus is first of all the Messiah, the Anointed of God, who submits his entire person to the mission that the Father has entrusted to him: to suffer and die on the cross. That is why we can say that in Him the Anointed One and the Suffering Servant unite, not as two different and opposed titles of his human nature, but as two designations that define and characterize a single person. Even when Jesus is compared to Moses, Elijah, John the Baptist, Solomon, or Jonah, He is different. He maintains absolute confidence that God will assist him in pain and raise him from the dead. For this reason, Jesus calls Peter Satan when he tries to divert him from his redemptive mission. In the Second Reading, James tells us that to be a Christian we have to be like Christ, we have to maintain a close relationship between faith and works; they are not works of the law, but works of faith. The most difficult work Jesus had was to suffer and die on the cross. That work is the proof of the faith that Christ has in his Father. He is willing to do his duty as an obedient son. And nobody and nothing will take him away from his duty.

Christ knows what it is to carry a cross when he asks us to do the same. Our crosses can manifest to us in different ways. It can be the loss of a loved one, difficulties in the family, illnesses, or feeling little accepted by others. All these crosses and many more, if we know how to carry them with patience and dignity, will be a sign that we fully believe in Jesus.

Vigésimo Quinto Domingo del Tiempo Ordinario

Ciclo B Tomo 3

Lecturas: (L1) Sabiduría 2, 12. 17-20 (L2) Santiago 3, 16 – 4, 3 (Ev) Marcos 9, 30-37

En el Evangelio, San Marcos nos relata que mientras Jesús y sus discípulos iban caminando a pie atravesando Galilea, Jesús ya estaba viendo que no le quedaba mucho tiempo entre ellos y quería prepararles. Quería asegurarse que seguirían fielmente su obra tras su muerte. Por el camino iba instruyéndoles acerca de su muerte y resurrección. Les decía que Él iba ser entregado en manos de los hombres y que tendría que morir pero que después resucitaría. Es probable que lo que les iba explicando a los apóstoles les era muy difícil de entender. Habían formado una idea completamente diferente del reino que el Mesías iba establecer. Al no entender lo que Jesús decía, se mostraron indiferentes a lo que les explicaba y se pusieron a hablar entre ellos. La actitud de los apóstoles es la misma actitud que muchas veces encontramos a nuestro alrededor cuando tratamos de explicar nuestra fe a los miembros no creyentes de nuestra familia o de la comunidad en que vivimos. Comprendemos las emociones que probablemente estaba sintiendo el Señor.

Seguramente, el Señor se sintió triste. Les estaba explicando a sus colaboradores más cercanos todo lo que sabía que iba pasar. Sabía que iba pasar un trance muy doloroso y cruel. Y los apóstoles, sus amigos, no le estaban prestando mucha atención, ignoraban la seriedad de lo que les estaba diciendo. Mostrando una indiferencia que se notaba, se pusieron a discutir entre ellos sobre quien debía ser el que mandaba en el Reino que estaban seguros que pronto inauguraría Jesús. Aunque el Señor ya sabía de lo que estaban deliberando mientras iban de camino hacia Cafarnaúm, al llegar en la ciudad les preguntó sobre lo que estaban discutiendo entre ellos. Creo que podemos ver la desilusión que Jesús sintió. Fijémonos. El Señor estaba preparando a sus seguidores más íntimos para los meses y años cuando El no estaría para ayudarles y guiarles y lo que vio en ellos es poca fe y mucha ambición personal. Precisamente lo que Él siempre les enseñó, incluso con su propio comportamiento, era que debían ser humildes, abandonando las ambiciones, ayudando al prójimo y apoyándose entre ellos. Y lo que vio no le gusto. Así que les dijo, quizás como un reproche, era *"si alguno quiere ser el primero, que sea el último de todos y el servidor de todos"*.

Ha pasado mucho tiempo desde sucedieron los acontecimientos que San Marcos nos relata en este Evangelio. Pero en muchas de nuestras comunidades hoy en día sigue habiendo rivalidades entre personas que buscan los primeros puestos. Sigue habiendo personas que piensan, "primero yo y siempre yo". En nuestro entorno a veces lo que brilla es la poca disposición a ser humilde. En la Segunda Lectura el Apóstol Santiago previene a su comunidad contra esa actitud, diciéndoles que donde hay rivalidades, egoísmos y envidias, hay desorden. Y allí, en el caos que engendra el desorden, es donde surge el pecado y toda clase de males. Y yo me pregunto, *"¿De dónde vienen las luchas y los conflictos en las comunidades?"* Seguramente, si hoy se encontraba el Apóstol Santiago entre nosotros, haría también la misma pregunta que hizo en su carta: *¿De dónde surgen las guerras y los conflictos entre ustedes? ¿No es precisamente de las pasiones que luchan dentro de ustedes mismos? Desean algo y no lo consiguen. Matan y sienten envidia, y no pueden obtener lo que quieren. Riñen y se hacen la guerra. No tienen, porque no piden. Y, cuando piden, no reciben porque piden con malas intenciones, para satisfacer sus propias pasiones."*.

Hermanas y hermanos, Santiago nos enseña que en sus tiempos había muchas personas que en vez de pasar por este mundo haciendo el bien, como Nuestro Señor, iban haciendo el mal. Andaban con altanería, no soportaban que nadie les reprochara nada y toleraban mal al que seguía a Dios con justicia. También en esta época sigue habiendo personas como estas. Este comportamiento es completamente opuesto a lo que Cristo enseñaba y sigue enseñando. Nos pide, igual que entonces, humildad para servir a los otros. Nos recuerda que tenemos que hacernos pequeños para hacernos grandes. El Apóstol Santiago nos dice que los que adquieran la sabiduría que viene de arriba aman la paz, son misericordiosos, imparciales y sinceros. Y ellos son los que van a compartir la gloria de Cristo Jesús, nuestro Señor.

Twenty-Fifth Sunday of Ordinary Time
Cycle B Book 3
Readings: (R1) Wisdom 2:12, 17-20 (R2) James 3:16 – 4:3 (Gos) Mark 9:30-37

In the Gospel, Saint Mark tells us that while Jesus and his disciples were walking on foot through Galilee, Jesus was already seeing that he did not have much time between them and wanted to prepare them. He wanted to make sure that they would faithfully follow his work after his death. Along the way he was instructing them about his death and resurrection. He told them that He was going to be handed over into the hands of men and that He would have to die but would later rise again. It is probable that what he was explaining to the apostles was very difficult for them to understand. They had formed a completely different idea of the kingdom that the Messiah was going to establish. Not understanding what Jesus was saying, they were indifferent to what he was explaining and began to talk among themselves. The attitude of the apostles is the same attitude that many times we find around us when we try to explain our faith to the non-believing members of our family or the community in which we live. We understand the emotions the Lord was probably feeling.

Surely, the Lord felt sad. He was explaining to his closest associates everything that he knew was going to happen. He knew he was going to go through would be very painful and cruel. And the apostles, his friends, were not paying much attention to him; they were ignoring the seriousness of what he was telling them. Showing an indifference that was noticeable, they began to argue among themselves about who should be the one who ruled in the Kingdom that they were sure that Jesus would soon inaugurate. Although the Lord already knew what they were discussing as they were on their way to Capernaum, upon arriving in the city He asked them about what they were discussing among themselves. I think we can see the disappointment that Jesus felt. Let's take a look. The Lord was preparing His most intimate followers for the months and years when He would not be there to help and guide them and what He saw in them is little faith and a lot of personal ambition. Precisely what He always taught them, even with their own behavior, was that they should be humble, abandoning ambitions, helping others and supporting each other. And what he saw he did not like. So he told them, perhaps as a reproach, it was *"if anyone wants to be first, let him be the last of all and the servant of all."*

It has been a long time since the events that Saint Mark tells us in this Gospel took place. But in many of our communities today there are still rivalries between people seeking the top ranks. There are still people who think, "me first and me always." In our environment sometimes what shines is the reluctance to be humble. In the Second Reading the Apostle Saint James warns his community against this attitude, telling them that where there are rivalries, selfishness and envy, there is disorder. And there, in the chaos that disorder engenders, is where sin and all kinds of evils arise. And I ask myself, "Where do the struggles and conflicts in the communities come from?" Surely, if the Apostle Saint James was among us today, he would also ask humanity the same question that he did in his letter: *"Where do wars and conflicts between you come from? Isn't it precisely the passions that fight within yourself? You want something and you don't get it. You kill and envy, and cannot get what you want. You grumble and make war. You do not have anything, because you do not ask for anything. And, when you ask, you do not receive because you ask with bad intentions, to satisfy your own passions."*

Sisters and brothers, Saint James tells us that in his time there were many people who instead of going through this world doing good, like Our Lord, were doing evil. They walked haughtily, they could not bear to be reproached for anything by anyone, and they tolerated badly those who followed God with justice. Also at this time there are still people like these. This behavior is the complete opposite of what Christ taught and continues to teach. He asks us, now as he asked his apostles then, for humility to serve others. He reminds us that we have to become small in order to become great. The Apostle James tells us that those who acquire the wisdom that comes from above love peace; they are merciful, impartial and sincere. And they are the ones who are going to share the glory of Christ Jesus, our Lord.

Vigésimo Sexto Domingo del Tiempo Ordinario
Ciclo B Tomo 3
Lecturas: (L1) Números 11, 25-29 (L2) Santiago 5, 1-6 (Ev) Marcos 9, 38-43. 45. 47-48

En el Evangelio de hoy, Nuestro Señor les dice a sus discípulos que dejen de prestar tanta atención a lo que hacen los demás, que se preocupen más por lo que hacen ellos mismos. Desde pequeños todos tenemos el instinto natural de observar la forma de ser de los demás. Es así como los niños aprenden qué hacer y qué no hacer. Este instinto es bueno porque acorta el tiempo de aprendizaje de los niños. Al ver o escuchar a los adultos hacer o decir algo, imitan sus gestos y palabras y reducen lo que de otro modo podía ser un largo periodo de aprendizaje. Pero a veces este instinto nos lleva a equivocarnos. Puede conducirnos a pensar que "hacer lo que haces no es pecado". O sea, podemos aprender a imitar gestos y palabras que no son buenas y que incluso son pecaminosas. Esta es la razón que los mayores tienen que tener mucho cuidado de lo que hacen y dicen en presencia de los miembros más jóvenes de la familia. El instinto natural de observar a otras personas también nos puede llevar a preocuparnos demasiado por las cosas que hace el vecino y no por las cosas que hacemos nosotros. Algunas personas ven inmediatamente las faltas en los demás, mientras que no ven, ni quieren ver, lo que está mal en ellos mismos. Pero no siempre es así. No siempre pensamos mal de la gente. También hay personas a las que admiramos, a las que nos gustaría ser más como ellos. Tienen pensamientos claros, actúan con rectitud y sus ideas son convincentes. No hay mentira ni engaño en su vida. Nuestro Señor Jesucristo fue así. Debemos escuchar y seguir los consejos que nos dio porque podemos confiar en él.

Lo que Jesús nos dice es que debemos ser firmes en nuestra vida, que no debemos cambiar fácilmente nuestras buenas ideas, que no debemos tratar de acomodar la palabra de Dios a nuestras ideas y caprichos, que somos nosotros quienes debemos ajustar nuestras vidas al evangelio y sus enseñanzas. Las palabras del Señor son claras y tajantes, en el buen sentido de la palabra. En materia de fe y moral, no hay término medio. O estamos con Cristo o estamos en contra de él. O aceptamos las enseñanzas de Cristo con todas sus consecuencias y lo seguimos fielmente o seguimos al enemigo. Las medias tintas no valen ante Dios. Dios quiere una entrega completa y sincera.

Hermanas y hermanos, desde hace tiempo hemos visto una oleaje de personajes en el cine, la televisión y los medios de comunicación que ansían difundir sus ideas erróneas sobre la moralidad entre nosotros. Por fortuna, sabemos que los católicos poseemos la plenitud de la verdad: las auténticas enseñanzas de Cristo. Tenemos a nuestro Señor Jesucristo presente entre nosotros en los siete sacramentos y especialmente en el Santísimo Sacramento del altar. ¿Qué hacer? Podríamos, por lo menos, con el buen ejemplo de nuestros hechos, tratar de encender el amor a Dios en el corazón de nuestro prójimo. Los católicos sabemos que no vivimos una vida donde no hay pecado y en la que todo vale. Sabemos que estamos de paso en este mundo en que vivimos. Solo somos peregrinos en esta vida. Nuestra patria definitiva no es este mundo. Hay otra vida que nos espera y en la que el Señor nos recompensará generosamente por todas nuestras renuncias. Las cosas de este mundo no se pueden comparar con la vida futura que nos espera. Pero si queremos llegar a vivir esa vida futura con Dios, no podemos vivir una vida separados de Dios. No podemos estar bien con Dios y con Satanás al mismo tiempo. Eso sería reírse de Dios. Y nadie se ríe de Dios.

No hay duda de que a veces es difícil cumplir con nuestras obligaciones como católicos. Pero sabemos que el Señor está aquí, en este templo, ofreciéndonos su ayuda. Decidió quedarse entre nosotros, en la Iglesia y en los sacramentos, especialmente en el Santísimo Sacramento, precisamente para estar con nosotros en los momentos difíciles, para ayudarnos. Al contemplar cómo debemos vivir nuestras vidas, debemos preguntarnos: ¿Somos católicos o no? ¿Realmente queremos seguir a Cristo? Si la respuesta a estas preguntas es sí, entonces debemos preguntarnos: ¿Estamos tratando de imitar la vida de Cristo cumpliendo la voluntad de nuestro Padre celestial? ¿Creemos en la presencia real y verdadera de Nuestro Señor en el Santísimo Sacramento? ¿Nos confesamos y recibimos la comunión como medio de santificación y unión con Dios? En resumen, ¿vivimos una vida digna a los ojos de Dios?

Twenty Sixth Sunday of Ordinary Time
Cycle B Book 3
Readings: (R1) Numbers 11:25-29 (R2) James 5:1-6 (Gos) Mark 9:38-43, 45, 47-48

In today's Gospel, Our Lord tells his disciples to stop paying so much attention to what others are doing, to worry more about what they do themselves. From childhood we all have the natural instinct to observe the way of being of others. This is how children learn what to do and what not to do. This instinct is good because it shortens children's learning time. By watching or hearing adults do or say something, they mimic their gestures and words and reduce what could otherwise be a long learning period. But sometimes this instinct leads us to make mistakes. It can lead us to think that "doing what you do is not a sin." In other words, we can learn to imitate gestures and words that are not good and that are even sinful. This is the reason that the elderly have to be very careful what they do and say in the presence of the younger members of the family. The natural instinct to observe other people can also lead us to worry too much about the things that the neighbor does and not about the things that we do. Some people immediately see the faults in others, while they do not see, nor do they want to see, what is wrong with themselves. But it's not always like this. We don't always think badly of people. There are also people we admire, who we would like to be more like them. They have clear thoughts, they act righteously, and their ideas are compelling. There is no lie or deception in your life. Our Lord Jesus Christ was like that. We must listen and follow the advice he gave us because we can trust him.

What Jesus tells us is that we must be firm in our life, that we must not easily change our good ideas, that we must not try to accommodate God's word to our ideas and whims, that it is we who must adjust our lives to the gospel and His teachings. The Lord's words are clear and blunt, in the good sense of the word. In matters of faith and morals, there is no middle ground. Either we are with Christ or we are against him. Either we accept the teachings of Christ with all its consequences and follow him faithfully or we follow the enemy. Half measures are not worth before God. God wants a complete and sincere surrender.

Sisters and brothers, we have long seen a wave of characters in film, television, and the media eager to spread their misconceptions about morality among us. Fortunately, we know that Catholics possess the fullness of truth: the authentic teachings of Christ. We have our Lord Jesus Christ present among us in the seven sacraments and especially in the Blessed Sacrament of the altar. What to do? We could, at least, with the good example of our actions, try to kindle love for God in the hearts of our neighbors. Catholics know that we do not live a life where there is no sin and in which anything goes. We know that we are passing through this world in which we live. We are only pilgrims in this life. Our definitive homeland is not this world. There is another life that awaits us and in which the Lord will reward us generously for all our resignations. The things of this world cannot be compared with the future life that awaits us. But if we want to get to live that future life with God, we cannot live a life separated from God. We cannot be right with God and with Satan at the same time. That would be laughing at God. And nobody laughs at God.

There is no doubt that it is sometimes difficult to fulfill our obligations as Catholics. But we know that the Lord is here, in this temple, offering us his help. He decided to stay among us, in the Church and in the sacraments, especially in the Blessed Sacrament, precisely to be with us in difficult moments, to help us. As we contemplate how we should live our lives, we must ask ourselves: Are we Catholic or not? Do we really want to follow Christ? If the answer to these questions is yes, then we must ask ourselves: Are we trying to imitate the life of Christ by fulfilling the will of our heavenly Father? Do we believe in the real and true presence of Our Lord in the Blessed Sacrament? Do we go to confession and receive communion as a means of sanctification and union with God? In short, do we live a dignified life in the eyes of God?

Vigésimo Séptimo Domingo del Tiempo Ordinario
Ciclo B Tomo 3
Lecturas: (L1) Génesis 2, 18-24 (L2) Hebreos 2, 9-11 (Ev) Marcos 10, 2-16

Uno de los problemas más dolorosos de la familia moderna es el divorcio. En las telenovelas, en el cine, y en las revistas el divorcio se menciona frecuentemente como algo común y natural. Desgraciadamente muchas personas atraviesan cada día por esta experiencia. A menudo en las familias hoy en día vemos padres separados, hijos confundidos, tensiones, y frustraciones. Después de intentar en vano otros caminos de comprensión y unidad, cuando todo falla, se piensa en el divorcio como la única solución. Muchos tienen posteriormente suerte y reorganizan sus vidas. Otros sufren por años la impresión de que al divorciarse se habían equivocado. Detrás de este grave problema de nuestra sociedad, existe otro problema muy fuerte: la falta de unidad en la familia.

Al casarse los matrimonios suelen soñar con la unidad y la comprensión. Nadie se casa con la idea de divorciarse inmediatamente después. Sin embargo, a través del tiempo, muchas parejas tienen que reconocer que su matrimonio ha fracasado. La ley civil acepta el divorcio como una solución fácil. El evangelio de hoy nos dice claramente lo que piensa Dios sobre este problema. En los tiempos de Jesús, existía el mismo problema familiar y la ley aceptaba el divorcio. Algunos enemigos de él Señor quisieron ponerle una trampa y le preguntaron: *"¿Le es lícito a un hombre divorciarse de su mujer?"* Jesús les explica que el plan de Dios para el matrimonio presenta la imagen ideal: permanecer el matrimonio unidos para siempre. La ley de los hombres presenta la realidad que vivimos: cuando la unidad es imposible la pareja se separa. Lo que debemos recordar es que el plan de Dios siempre es ideal, a pesar de que la realidad humana no sea así.

Lo primero que Jesús pone en claro es que el matrimonio es sagrado. La unión de un hombre con una mujer no es un simple experimento. Antes de casarse, las parejas no pueden pensar que si el matrimonio funciona, continúa y si no funciona, se cancela, para comenzar de nuevo. Hay jóvenes que piensan así. Para ellos, sus sentimientos y sus cuerpos son simplemente como piezas en un juego de mesa. Su vida es como una lotería en que se puede ganar o perder. No se dan el tiempo necesario para hacer que su amor se convierte en un compromiso serio que implica tantos sacrificios como alegrías. El matrimonio no es un juego. Se trata de nada más y nada menos que las vidas de dos personas humanas con toda su dignidad.

En el matrimonio, esposo y esposa entregan totalmente el uno a la otra la totalidad de su masculinidad y su feminidad. Son iguales como seres humanos pero diferentes como hombre y mujer. El matrimonio, se realiza porque existe esta diferencia esencial y natural. Este fue el plan de Dios para la humanidad desde el principio. Después de haber creado la tierra, el agua, la luz, las plantas y los animales, Dios creó a la primera pareja humana. La Biblia dice: *"Y Dios creó al ser humano a su imagen; lo creó a imagen de Dios. A su imagen hombre y mujer los creó…"* Dios creó a la vez, el hombre y la mujer como una unidad para que ni el hombre ni la mujer sintieran la soledad. Los creó, siendo dos, para que fuesen como una sola persona. Por eso la soledad no es algo normal para los seres humanos. Para crecer hay que dar y recibir. Y nuestra fe nos dice que la forma más perfecta de dar y recibir es en el matrimonio entre hombre y mujer. Por desgracia, la realidad que vivimos no corresponde al plan de Dios. Jesús nos dice que el divorcio existe por la dureza de corazón del ser humano. Cuando los conyugues se dejan de hablar, de compartir lo que piensan y sienten, se aíslan. El corazón deja de ser sensible a la otra persona y se endurece. Cuando hay infidelidades en el matrimonio, el corazón se divide y se pone indiferente y duro. En estos casos la vida conyugal se convierte en una cruz o una cárcel y muchos creen que el único camino viable es separarse. Pero todos saben con tristeza que eso no es lo que querían al principio, ni forma parte del plan de Dios para su vida.

Los matrimonios tienen que luchar todos los días por conservar la unidad, a pesar de la rutina, de la diferencia de caracteres, y de los cambios de humor. Ser dichosos en el matrimonio depende mucho de la energía que se pone en conseguirlo. En nuestros tiempos, los matrimonios que no se divorcian, que siguen casados después de muchos años, son un signo de unidad ante la sociedad que cree más en la explotación que en el amor y que admira más a la persona egoísta que a la generosa.

Twenty Seventh Sunday of Ordinary Time
Cycle B Book 3
Readings: (R1) Genesis 2:18-24 (R2) Hebrews 2:9-11 (Gos) Mark 10:2-16

One of the most painful problems in the modern family is divorce. In soap operas, in movies, and in magazines, divorce is frequently mentioned as something common and natural. Unfortunately many people go through this experience every day. Often in families today we see separated parents, confused children, tensions, and frustrations. After trying in vain other paths of understanding and unity, when all else fails, divorce is thought of as the only solution. Many are later lucky and rearrange their lives. Others suffer for years the impression that when they divorced they were wrong. Behind this serious problem in our society, there is another very strong problem: the lack of unity in the family.

When marrying, couples often dream of unity and understanding. No one marries with the idea of getting divorced immediately afterwards. However, over time, many couples have to acknowledge that their marriage has failed. Civil law accepts divorce as an easy solution. Today's gospel clearly tells us what God thinks about this problem. In the time of Jesus, the same family problem existed and the law accepted divorce. Some enemies of the Lord wanted to trick him and asked him: *"Is it lawful for a man to divorce his wife?"* Jesus explains that God's plan for marriage presents the ideal picture: the married couple will remain together forever. The law of men presents the reality that we live: when unity is impossible, the couple separates. What we should remember is that God's plan is the ideal, even though human reality is not like that.

The first thing Jesus makes clear is that marriage is sacred. The union of a man with a woman is not a simple experiment. Before getting married, couples cannot think that if the marriage works, it continues and if it does not work, it is canceled so as to start over. There are young people who think this way. For them, their feelings and their bodies are simply like pieces in a board game. Their life is like a lottery in which they can win or lose. They do not take the time to make their love turn into a serious commitment that involves both sacrifice and joy. Marriage is not a game. It is about nothing more and nothing less than the lives of two human persons with all their dignity.

In marriage, husband and wife fully surrender the totality of their masculinity and femininity to each other. They are the same as human beings but different as man and woman. Marriage takes place because there is this essential and natural difference. This was God's plan for humanity from the beginning. After creating the earth, water, light, plants and animals, God created the first human couple. The Bible says: *"And God created man in his image; He created him in the image of God. In his image he created man and woman...."* God created both man and woman at the same time to be a unit so that neither man nor woman would be lonely. He created them, while they are two people, to be as one person. That is why loneliness is not something normal for human beings. To grow you have to give and receive. And our faith tells us that the most perfect way to give and receive is in a marriage between a man and a woman. Unfortunately, the reality we live does not correspond to God's plan. Jesus tells us that divorce exists because of the hardness of heart of the human being. When the spouses stop talking, they stop sharing what they think and feel and they isolate themselves. The heart stops being sensitive to the other person and it becomes hardened. When there is infidelity in the marriage, the heart is divided and it becomes indifferent and hard. In these cases married life becomes like a cross or a prison and many believe that the only viable way is to separate. But sadly, everyone knows that is not what they wanted at first, nor is it part of God's plan for their life.

Married couples have to struggle every day to maintain their unity, in spite of the routine, the difference in characters, and the mood swings. Being blissful in marriage depends a lot on the energy they put into it. In our times, couples who do not divorce, who remain married after many years, are a sign of unity in a society that believes more in exploitation than in love and that admires the selfish person more than the generous one.

Vigésimo Octavo Domingo del Tiempo Ordinario
Ciclo B Tomo 3
Lecturas: (L1) Sabiduría 7, 7-11 (L2) Hebreos 4, 12-13 (Ev) Marcos 10, 17-30

Las lecturas de la misa hoy coinciden en una cosa. En la vida de todo ser humano los valores que rigen nuestras vidas nos definen. O sea, lo que más apreciamos, lo que más creemos que es importante en nuestra vida, es lo que más determina nuestra manera de actuar y de vivir, en fin, nuestra manera de ser. Lo mismo se puede decir de las sociedades. Si una persona o una sociedad valora más el dinero y la fama que la moralidad y la virtud, lo que más peso tendrá en la vida diaria de esa persona o esa sociedad será el esfuerzo en obtener y aferrarse del dinero y la fama. No cabe duda que hay una gran variedad de valores que pueden regir nuestra vida. Hay valores económicos, culturales, morales, religiosos, etc. Ante el conjunto de valores en que podemos basar nuestras vidas, es necesario establecer un orden entre ellos y una jerarquía.

En el Evangelio hoy San Marcos menciona un hecho que los tres evangelistas: San Marcos, San Lucas y San Mateo, incluyen en sus evangelios. Esto confirma la importancia que este tema tenía para las primeras comunidades cristianas. Nos dice San Marcos, en el Evangelio de esta Santa Misa, que Jesús iba de camino cuando se le acercó un hombre corriendo. Se le arrodilló ante e; Señor y le preguntó, *"¿qué debo hacer para alcanzar la vida eterna?"*. Después de asegurarse que el hombre estaba siguiendo todos los mandamientos que Dios había dado a la comunidad hebrea, Jesús le dijo de una manera tajante, *"... anda, vende todo lo que tienes, dale el dinero a los pobres... y luego sígueme"*. San Marcos dice que después de escuchar este mandato del Señor, el hombre se puso de pie y mostrando su tristeza al escuchar las palabras de Jesús, se marcho Sentía tristeza porque era un hombre rico.

"Hijos, ¡qué difícil les es entrar en el reino de Dios a los que ponen su confianza en el dinero!" Esas son las palabras del Señor al explicar a sus seguidores una de las exigencias básicas de entrar en el Reino de Dios. Los valores religiosos y morales tienen que ocupar los primeros puestos en la jerarquía de valores de la vida de cualquier persona que quiere seguir a Jesús. Los valores culturales y económicos tienen que ser menos importantes en la vida de los que nos autodenominamos cristianos. Cualquier intento en anteponer nuestro estado monetario o social ante nuestras creencias religiosas o valores morales pone en peligro nuestra salvación y hace dudosa nuestra entrada al Reino de Dios.

El Libro de Sabiduría fue escrito más o menos 50 años antes de nacer Jesús. Su autor, cuyo nombre no se conoce, fue probablemente un miembro sabio de la comunidad judía de Alejandría, en Egipto. A veces habla directamente al lector y a veces habla en la persona del Rey Salomón, poniendo sus enseñanzas en labios del sabio rey de la tradición hebrea para enfatizar su importancia. Dios le había ofrecido al Rey Salomón cualquier cosa que deseaba. Podía escoger entre todas las riquezas del mundo y le seria concedido todo lo que pedía. Y Salomón, explicando lo que había pedido dice, *"Supliqué, y se me concedió la prudencia; invoqué, y vino a mí el espíritu de sabiduría. La preferí a cetros y tronos, y, en su comparación, tuve en nada la riqueza"*. Siendo mandatario lo que deseaba, más que riquezas y fama, era la sabiduría para poder regir a su reino con prudencia. Los valores que rigen la vida de una persona o de una sociedad son el índice de su carácter humano y cristiano.

Se ha dicho que vales lo que valen tus valores. Actualmente, hay unas tendencias reflejadas en nuestra sociedad que nos deben hacer reflexionar sobre los intereses y valores que tenemos como católicos. En esta cultura en que vivimos, ¿cuáles son los valores que más interesan y preocupan? A juzgar por las encuestas son muchos: la salud, el trabajo, la política, el medio ambiente, la economía tanto personal como nacional y varios otros. Lo que falta en esta lista de valores es Dios. Si por encima del seguimiento de Cristo ponemos los bienes económicos, puede ser que aumente nuestra cuenta bancaria pero esto ocurrirá con desventaja y daño a la persona humana y a la fe cristiana. Nuestro Señor nos dice que no debemos poner nada ni a nadie por encima de nuestro amor por Dios. La recompensa por hacerlo es impresionante: *"Nadie que haya dejado casa, hermanos, hermanas, madre, padre, hijos o hacienda por mí y por el Evangelio, quedará sin recibir el ciento por uno ahora al presente... y en el mundo venidero la vida eterna"*.

Twenty Eighth Sunday of Ordinary Time
Cycle B Book 3
Readings: (R1) Wisdom 7:7-11 (R2) Hebrews 4:12-13 (Gos) Mark 10:17-30

The readings of the Mass today coincide on one thing: in the life of every human being the values that govern our lives define us. In other words, what we most appreciate, what we believe is most important in our life, is what most determines our way of acting and living, in short, our way of being. The same can be said of societies. If a person or a society values money and fame more than morality and virtue, what will have more weight in the daily life of that person or that society will be the effort to obtain and hold on to money and fame. There is no doubt that there is a great variety of values that can govern our lives. There are economic, cultural, moral, religious values, etc. Given the set of values on which we can base our lives, it is necessary to establish an order between them and a hierarchy.

In today's Gospel, Saint Mark mentions a fact that the three evangelists: Saint Mark, Saint Luke and Saint Matthew, include in their Gospels. This confirms the importance that this topic had for the first Christian communities. Saint Mark tells us, in the Gospel of this Holy Mass, that Jesus was on his way when a running man approached him. He knelt down and asked, *"What must I do to achieve eternal life?"* After making sure that the man was following all the commandments that God had given to the Hebrew community, Jesus told him in a blunt way, *"... go, and sell everything you have, give the money to the poor... and then follow me."* Saint Mark says that after hearing this command from the Lord, the man stood up and showing his sadness when hearing the words of Jesus, he left He felt sad because he was a rich man.

"Children, how difficult it is for those who put their trust in money to enter the kingdom of God!" Those are the Lord's words as he explains to his followers one of the basic demands of entering the Kingdom of God. Religious and moral values have to rank high in the hierarchy of values in the life of anyone who wants to follow Jesus. Cultural and economic values have to be less important in the lives of those of us who call ourselves Christians. Any attempt to put our monetary or social status before our religious beliefs or moral values endangers our salvation and makes our entry into the Kingdom of God doubtful.

The Book of Wisdom was written about 50 years before Jesus was born. Its author, whose name is not known, was probably a wise member of the Jewish community in Alexandria, Egypt. Sometimes he speaks directly to the reader and sometimes he speaks in the person of King Solomon, putting his teachings on the lips of the wise king of the Hebrew tradition to emphasize their importance. God had offered King Solomon whatever he wanted. He could choose between all the riches in the world and everything he asked for would be granted. And Solomon, explaining what he had asked, says, *"I begged, and prudence was granted me; I called, and the spirit of wisdom came to me. I preferred her to scepters and thrones, and, in comparison, I cared not for wealth."* Being a leader, what he wanted, more than wealth and fame, was the wisdom to be able to rule his kingdom with prudence. The values that govern the life of a person or a society are the index of their human and Christian character.

It has been said that your value is determined by what values you value. Currently, there are trends reflected in our society that should make us reflect on the interests and values that we have as Catholics. In this culture in which we live, what are the values that are of most interest and concern? Judging by the surveys, there are many: health, work, politics, the environment, the economy, both personal and national, and several others. What is missing from this list of values is God. If we put economic goods above the following of Christ, it may be that our bank account will increase, but this will occur with a disadvantage and damage to the human person and the Christian faith. Our Lord tells us that we should not put anything or anyone above our love for God. The reward for doing so is impressive: *"No one who has left home, brothers, sisters, mother, father, children or property for me and for the Gospel will be left without receiving a hundredfold now to the present ... and in the world to come eternal life"*.

Vigésimo Noveno Domingo del Tiempo Ordinario
Ciclo B Tomo 3
Lecturas: (L1) Isaías 53, 10-11 (L2) Hebreos 4, 14-16 (Ev) Marcos 10, 35-45

En nuestro evangelio de hoy, el Señor nos enseña que el mayor debe hacerse el menor y el servidor de todos. "Siervo de los siervos de Dios", es el título que han usado los Papas de la Iglesia Católica desde hace catorce siglos. Precisamente los viajes pastorales del Papa San Juan Pablo II alrededor del mundo que nos ensenaron que para llevar a cabo nuestra tarea de servidor todos debemos servir los unos a otros como hermanas y hermanos en Cristo.

En realidad, toda la actividad en la Iglesia se puede describir en dos palabras: comunión y participación. Si usamos estas palabras como un guía, nadie debe sentirse solo o sola en la Iglesia. Dios nos llama a vivir en comunidad con El, a recibir su cuerpo y su sangre en la Santa Comunión. También nos llama a formar un solo cuerpo, una comunidad con nuestros prójimos, y de esta forma servirnos los unos a los otros mutuamente. Nadie es tan rico que no tenga nada que recibir; nadie es tan pobre que no tenga nada que dar.

La primera lectura es del libro del profeta Isaías. Consiste en dos versículos de la descripción que da Isaías en el capítulo 53 de la persona que se llama "el Siervo Sufriente". La iglesia católica primitiva, por razones que son obvias cuando uno lee este capítulo, identifico a esta persona con el Mesías, Jesucristo. Después de describir el sufrimiento por el que pasaría el sirviente en expiación por los pecados del pueblo, Isaías dice: *"Mi siervo justificará a muchos, porque cargó con los crímenes de ellos"*. En las siguientes líneas de esta descripción, Isaías dice que el sirviente, *"... derramó Su alma hasta la muerte Y con los transgresores fue contado; llevó el pecado de muchos, e intercedió por los transgresores"*. No es difícil ver porque los primeros cristianos atribuyeran esta descripción a Jesús, el Servidor por excelencia.

Nuestro Señor, para servirnos, se hizo semejante en todo a nosotros, menos en el pecado. Sufrió los problemas que sufrimos nosotros. Se compadeció de nuestras debilidades. Precisamente por esta razón podemos acercarnos a Él con confianza y con la seguridad de que seremos socorridos. Hay una escena en el evangelio según San Juan que siempre me conmueve. Es la noche de la última cena. Jesús se reúne con sus discípulos y les lava los pies. El que es el mayor se hace el menor. El que es el maestro de todos se convierte en el servidor de todos. De esta forma nos muestra que en el servicio encontraremos la verdadera grandeza.

Nuestro evangelio hoy nos muestra que aunque habían convivido con el Señor, escuchándole día tras día, seguía habiendo competencia entre los discípulos para alcanzar los mejores puestos. Pero además de reprobar la actitud de Santiago y Juan, el Señor les dice a los otros diez apóstoles que no deben actuar como jueces con ellos. La historia nos muestra como el egoísmo puede causar considerables divisiones en el mundo y hasta en la iglesia. Un verdadero discípulo del Señor se esfuerza cada día en servir, en ayudar a crecer a los demás como personas y como miembros de la comunidad y no en fracturar la unión que debe existir en ella.

Pongamos la autoridad de los padres de familia como ejemplo. Con su dedicación y su amor, ellos sirven a sus hijos ayudándoles a crecer en sabiduría, edad y gracia delante de Dios y de los hombres. La autoridad no es para dominar y aplastar, sino para ayudar a que cada uno llegue a ser lo que Dios quiera que sea: una mejor persona, un mejor ciudadano, un mejor cristiano.

Todas los dones que Dios nos ha dado no son exclusivamente para nosotros, sino para que sirvan también a los demás. En su Primera Carta a los Corintios, San Pablo compara la comunidad Cristiana al cuerpo humano. En él, los miembros -vista, oído, tacto, pies, etcétera se complementan unos a otros para que todo el cuerpo se mantenga sano y pueda cumplir sus funciones. Lo mismo pasa en la sociedad y en la Iglesia. Nos necesitamos. Por lo tanto debemos dedicarnos a servir a los miembros más necesitados.

Que Cristo, en esta eucaristía, nos cure de nuestras malas inclinaciones de dominio y de abuso de poder y nos infunda su espíritu de servicio.

Twenty Ninth Sunday of Ordinary Time
Cycle B Book 3
Readings: (R1) Isaiah 53:10-11 (R2) Hebrews 4:14-16 (Gos) Mark 10:35-45

In our gospel today, the Lord teaches us that the greatest must become the least and the servant of all. "Servant of the servants of God" is the title that the Popes of the Catholic Church have used for fourteen centuries. It is precisely the pastoral trips of Pope Saint John Paul II around the world that taught us that, in order to carry out our duty as a servant, we must all serve one another as sisters and brothers in Christ. servant that taught us all the importance of serving one another for we are all sisters and brothers in Christ.

In reality, all activity in the Church can be described in two words: communion and participation. If we use these words as a guide, no one should feel alone in the Church. God calls us to live in community with him, to receive his body and blood in Holy Communion. It also calls us to form a single body, a community with our neighbors, and in this way serve one another mutually. No one is so rich that he has nothing to receive; nobody is so poor that they have nothing to give.

The first reading is from the book of the prophet Isaiah. It consists of two verses of Isaiah's description in chapter 53 of the person who is called "the Suffering Servant." The early Catholic Church, for reasons that are obvious when one reads this chapter, identified this person with the Messiah, Jesus Christ. After describing the suffering that the servant would go through in atonement for the sins of the people, Isaiah says: *"My servant will justify many, because he bore their crimes."* In the following lines of this description, Isaiah says that the servant, *"... poured out His soul to death And was counted with the transgressors; he bore the sin of many, and interceded for the transgressors."* It is not difficult to see why the first Christians attributed this description to Jesus, the Servant par excellence.

Our Lord, to serve us, made himself like us in everything, except in sin. He suffered the problems that we suffer. He felt sorry for our weaknesses. Precisely for this reason we can approach Him with confidence and with the assurance that we will be helped. There is a scene in the Gospel according to John that always moves me. It is the night of the last supper. Jesus meets with his disciples and washes their feet. He who is the oldest becomes the youngest. He who is the master of all becomes the servant of all. In this way he shows us that in service we will find true greatness.

Our Gospel today shows us that although they had lived with the Lord, listening to him day after day, there was still competition among the disciples to reach the best positions. But in addition to reproving the attitude of James and John, the Lord tells the other ten apostles that they should not act as judges with them. History shows us how selfishness can cause considerable divisions in the world and even in the church. A true disciple of the Lord strives every day to serve, to help others grow as individuals and as members of the community and not to break the union that should exist in it.

Take the authority of parents as an example. With their dedication and their love, they serve their children by helping them grow in wisdom, age and grace before God and men. Authority is not to dominate and crush, but to help each one become what God wants him to be: a better person, a better citizen, a better Christian.

All the gifts that God has given us are not exclusively for us, but to serve others as well. In his First Letter to the Corinthians, Saint Paul compares the Christian community to the human body. In it, the members' sight, hearing, touch, feet, etc. complement each other so that the whole body remains healthy and can fulfill its functions. The same happens in society and in the Church. We need each other. Therefore we must dedicate ourselves to serving the members most in need.

May Christ, in this Eucharist, heal us from our bad inclinations for dominance and abuse of power and infuse us with his spirit of service...

Trigésimo Domingo del Tiempo Ordinario
Ciclo B Tomo 3
Lecturas: (L1) Jeremías 31, 7-9 (L2) Hebreos 5, 1-6 (Ev) Marcos 10, 46-52

Al pedir algo del Señor hay que salir a su encuentro, pedir a gritos si es necesario, y esperar su respuesta. Así, estaremos preparados para aceptarla sin vacilación cuando llega. Aunque no recibimos la respuesta esperada inmediatamente no debemos perder la fe. El creer, el ser iluminado por la fe, es seguir a Cristo para servirlo, como las piadosas mujeres que "lo seguían y lo servían."

Cuando pensamos en cualquier persona que es eficaz nos viene a la mente alguien que logra hacer lo que se propone. Logra su cometido siguiendo caminos acertados, usando los mejores medios y termina su tarea en tiempo record. Todo lo que se propone, lo logra. Para la mentalidad humana esta es una definición razonable. Pero muchas veces lo que Dios hace nos es desconcertante. Nadie duda que Dios sea eficaz. Lo que quiere que se haga, se hace. Pero muchas veces los caminos que son acertados para Dios no son precisamente acertados para los seres humanos.

En la Primera Lectura el Profeta Jeremías describe el feliz regreso de los israelitas a su tierra natal después de 70 años de exilio en Babilonia. Sin embargo es muy probable que su destierro en esa capital pagana no les debiera parecer un acto acertado de parte de Dios. Después de años de aguantar las infidelidades y fechorías del pueblo judío, el Todopoderoso decidió manifestar su poder entregándoles a los Babilonios y dejándoles en el exilio hasta que todos los culpables infieles a Dios habían muerto y había nacido una nueva generación de creyentes. De esa manera los judíos aprendieron que Dios no iba seguir protegiéndoles de los estragos de sus enemigos mientras que el pueblo judío le fuera infiel. La paciencia divina tiene límites. Dios es misericordioso pero no se le puede engañar con impunidad. La vuelta a Jerusalén del Pueblo Escogido fue la manera que uso Dios para manifestar su fuerza, su amor y su misericordia. Él era, después de todo, *"para Israel un padre, y Efraín es mi primogénito"*. Y como todo buen padre de familia, Dios no solo premia por las cosas buenas que hacen sus hijos sino también castiga cuando actúan de una mala manera.

Para los judíos de la época de Jesús, subir a Jerusalén era algo hermoso. Visitar el templo y orar en él era el vértice de la vida de los hebreos. Nuestro Evangelio hoy sigue contándonos como el Señor seguía su peregrinaje a Jerusalén en compañía de sus apóstoles y demás discípulos. Era la última vez que iba subir el Monte Sion donde la ciudad está ubicada porque esta vez lo que encontraría Jesús seria la cruz y la muerte. Esto inevitablemente desafiaba las esperanzas y la voluntad de seguimiento de sus discípulos.

Subir a Jerusalén era algo sublime para todos los judíos. Deberían haber sentido una gran alegría los apóstoles y los discípulos del Señor entrar a la Ciudad Santa con Jesús. Pero poco antes de entrar en la Ciudad Santa, Jesús les había dicho: *"Ahora vamos rumbo a Jerusalén, y el Hijo del hombre será entregado a los jefes de los sacerdotes y a los maestros de la ley. Ellos lo condenarán a muerte y lo entregarán a los gentiles"* (Marcos 10, 33). Seguir peregrinando a Jerusalén sabiendo que allí encontraría el Señor la cruz y la muerte es algo incomprensible para sus seguidores. Desafiaba inevitablemente toda lógica humana.

De repente, al salir Jesús de Jericó con sus discípulos y bastante gente, encontraron el ciego Bartimeo sentado al borde del camino gritando, *"¡Jesús, Hijo de David, ten compasión de mí!"* Bartimeo tenía una fe inmensa en que Jesús, era el Mesías, descendiente de David y que el Señor seria misericordioso y le curaría su ceguera. Por eso grita con insistencia, sin temor e incluso con osadía.

Si aceptamos la misericordia y la eficacia de Dios en nuestras vidas, tenemos que aceptar sus exigencias. O sea, como cristianos no podemos aceptar los dones que Dios nos concede y, a la vez, tratar de engañarle olvidándonos de las obligaciones que tenemos hacia El.

Los exilados liberados de su esclavitud en Babilonia se ponen en camino hacia la Palestina, Bartimeo es curado de su ceguera y sigue a Jesús camino de Jerusalén, los cristianos, redimidos y absueltos de nuestros pecados por Cristo, nuestro sumo sacerdote, tenemos que seguirle fielmente por los caminos de la vida hasta llegar a nuestra patria verdadera, al hogar que tiene preparado para nosotros en el cielo.

Thirtieth Sunday of Ordinary Time
Cycle B Book 3
Readings: (R1) Jeremiah 31:7-9 (R2) Hebrews 5:1-6 (Gos) Mark 10:46-52

When asking for something from the Lord, we must go out to meet him, cry out if necessary, and wait for his answer. Thus, we will be prepared to accept it without hesitation when it arrives. Although we do not receive the expected response immediately, we must not lose faith. To believe, to be enlightened by faith, is to follow Christ to serve him, like the godly women who "followed and served him."

When we think of anyone who is efficient, someone who manages to do what they set out to do comes to mind. He achieves his mission by following the right paths, using the best means and completes his task in record time. Everything that is proposed is achieved. For the human mind this is a reasonable definition. But many times what God does is disconcerting to us. No one doubts that God is efficient. What he wants done is done. But many times the measures used that are right for God are not exactly right for human beings.

In the First Reading the Prophet Jeremiah describes the happy return of the Israelites to their homeland after 70 years of exile in Babylon. However, it is very likely that their exile in that pagan capital did not seem like the right measure on the part of God. After years of enduring the infidelities and misdeeds of the Jewish people, the Almighty decided to manifest his power by handing them over to the Babylonians and leaving them in exile until all the guilty unfaithful to God had died and a new generation of believers had been born. In this way, the Jews learned that God would not continue to protect them from the ravages of their enemies while the Jewish people were unfaithful to him. Divine patience has its limits. God is merciful but cannot be deceived with impunity. The return to Jerusalem of the Chosen People was the way that God used to manifest His strength, His love and His mercy. He was, after all, *"a father to Israel and Ephraim is my firstborn."* And like all good fathers, God not only rewards the good things his children do but also punishes them when they act in a bad way.

For the Jews of Jesus' day, going up to Jerusalem was a beautiful thing. Visiting the temple and praying in it was the apex of life for the Hebrews. Today our Gospel continues to tell us how the Lord continued his pilgrimage to Jerusalem in the company of his apostles and other disciples. It was the last time that he was going to climb Mount Zion where the city is located because this time what Jesus would find would be the cross and death. This inevitably challenged the hopes and the willingness of his disciples to follow.

Going up to Jerusalem was something sublime for all Jews. The apostles and disciples of the Lord should have been very happy to enter the Holy City with Jesus. But shortly before entering the Holy City, Jesus had told them: *"Now we are going to Jerusalem, and the Son of man will be delivered to the chief priests and teachers of the law. They will condemn him to death and hand him over to the Gentiles."* (Mark 10:33). Going on pilgrimage to Jerusalem knowing that there the Lord would find the cross and death is something incomprehensible for his followers. It inevitably defied all human logic.

Suddenly, as Jesus left Jericho with his disciples and quite a few people, they found the blind Bartimaeus sitting on the side of the road shouting, *"Jesus, Son of David, have mercy on me!"* Bartimaeus had an immense faith that Jesus was the Messiah, descendant of David and that the Lord would be merciful and would cure his blindness. That is why he shouts insistently, without fear and even boldly.

If we accept God's mercy and efficacy in our lives, we have to accept his demands. In other words, as Christians we cannot accept the gifts that God grants us and, at the same time, try to deceive him by forgetting about the obligations we have towards him.

The exiles freed from their slavery in Babylon set out on their way to Palestine. Bartimaeus is cured of his blindness and follows Jesus on the way to Jerusalem. Christians redeemed and absolved of our sins by Christ, our high priest must follow him faithfully along the paths of life until we reach our true homeland, the home that he has prepared for us in heaven.

Trigésimo Primer Domingo del Tiempo Ordinario
Ciclo B Tomo 3
Lecturas: (L1) Deuteronomio 6, 2-6 (L2) Hebreos 7, 23-28 (Ev) Marcos 12, 28b-34

San Marcos nos dice en el Evangelio hemos escuchado hoy, que un escriba se acercó a Jesús y le preguntó: *"¿Qué mandamiento es el primero de todos?"*. Y aunque la repuesta probablemente no era la que el escriba esperaba, con ella, Jesús, detalló el fundamento de todas sus enseñanzas. En realidad lo que el Señor enseñó al escriba y a todos los que le estaban escuchando no era nuevo, en sí. La novedad era que el mandamiento más importante de todos es en realidad una combinación de dos otros mandamientos que ya formaban parte de las enseñanzas de la fe judía. Estos se pueden resumir en dos oraciones: *"Amarás al Señor tu Dios más que cualquier persona o cosa"* y *"amarás al prójimo como te amas a ti mismo"* En estos dos mandamientos se basan todo lo que el Señor predicaba y todos los preceptos que la fe judía y también nuestra Iglesia enseñan. Esto no debe sorprendernos ya que nuestra fe se basa en la fe que profesaban los judíos de los tiempos de Jesús. Los judíos, como dijo el Papa San Juan Pablo II, son nuestros hermanos mayores en la fe (Juan Pablo II, Discurso, Gran Sinagoga de Roma, 1986).

La novedad del concepto cristiano del amor no se basa en el contenido. Los dos mandamientos que cita el Señor vienen del Torá, los primeros cinco libros de lo que algunos llaman la Biblia Judía y otros el Antiguo Testamento. El primer mandamiento viene del libro de Deuteronomio, y la podemos leer en nuestra Primera Lectura hoy. El segundo mandamiento es del libro del Éxodo. La novedad no consiste en el contenido de los dos mandamientos sino en la unión indiscutible entre los dos mandamientos. De los dos mandamientos surge solo uno. Además, según Jesús, el nuevo mandamiento creado por esta combinación es el más importante de todos. De este nuevo mandamiento el Señor dice: "No hay mandamiento mayor que éstos". Y con esta oración revela que los dos mandamientos deben ser unidos y considerados solo un mandamiento. Después de describir este coloquio entre el escriba y el Señor, San Marcos dice: *"Y ninguno se atrevía a hacerle preguntas"*, indicando que la respuesta había dado en el clavo, y por tanto cualquier otro comentario sobre ella sobraba.

Incluso el escriba que le hizo la pregunta al Señor puede ver la importancia de este nuevo mandamiento. Al escuchar las palabras de Jesús, le dice el escriba que tiene mucha razón y que cumplir este nuevo mandamiento, *"vale más que todos los holocaustos y* sacrificios". Con esta frase, lo que insinúa el escriba es algo inusitado en la fe judía de los tiempos de Jesús. Para los judíos, lo más importante era visitar al templo y ofrecerle sacrificios a Dios en el altar. Pero lo que Cristo le dice al escriba, y también nos lo dice a nosotros, es que este nuevo mandamiento, este mandamiento de amor netamente cristiano, es el resumen de todos los otros preceptos existentes en el mundo judío. Para nosotros hoy en día es el concepto que respalda todos los mandamientos, leyes y preceptos de nuestra fe cristiana.

San Marcos, al sugerir que los holocaustos y sacrificios no valen en sí más que el amor a Dios y al prójimo, está sentando las bases para la desaparición de la necesidad de ofrecer holocaustos y sacrificios sangrientos a Dios en el altar del templo. Está diciendo que no importa si el templo de Jerusalén desaparezca completamente o si las autoridades ya no dejan que los seguidores de Cristo participen en la liturgia que se celebra allí. En cualquier sitio donde exista el amor verdadero, el amor a Dios y al prójimo, se celebra la nueva liturgia. Es un culto nuevo en que los animales ya no se sacrifican sino que Jesús mismo es el victima que se sacrifica en la Misa, el Sacrificio del Altar de la nueva liturgia de la comunidad cristiana.

Años después de que San Marcos escribiera su Evangelio, San Juan añade algo más a lo que San Marcos dice que Cristo enseñó, *"Este mandamiento nuevo les doy: que se amen los unos a los otros. Así como yo los he amado, también ustedes deben amarse los unos a los otros. De este modo todos sabrán que son mis discípulos, si se aman los unos a los otros".* El signo que distingue al cristianismo de otras religiones es que no solo amamos a nuestro Dios sino mostramos ese amor amándonos unos a otros.

Thirty First Sunday of Ordinary Time
Cycle B Book 3
Readings: (R1) Deuteronomy 6:2-6 (R2) Hebrews 7:23-28 (Gos) Mark 12:28b-34

Saint Mark tells us in the Gospel we have heard today that a scribe approached Jesus and asked him: *"What commandment is the first of all?"* And although the answer was probably not what the scribe expected, with it, Jesus detailed the foundation of all his teachings. In reality what the Lord taught the scribe and all who were listening to him was not new, in itself. The novelty was that the most important commandment of all is actually a combination of two other commandments that were already part of the teachings of the Jewish faith. These can be summarized in two sentences: *"You will love the Lord your God more than anyone or anything"* and *"you will love your neighbor as you love yourself."* These two commandments are based on everything that the Lord preached and all the precepts that the Jewish faith and also our Church teach. This should not surprise us since our faith is based on the faith professed by the Jews of the time of Jesus. Jews, as Pope Saint John Paul II said, are our older brothers in the faith (John Paul II, Speech, Great Synagogue of Rome, 1986).

The novelty of the Christian concept of love is not based on content. The two commandments the Lord quotes come from the Torah, the first five books of what some call the Jewish Bible and others the Old Testament. The first commandment comes from the book of Deuteronomy, and we can read it in our First Reading today. The second commandment is from the book of Exodus. The novelty does not consist in the content of the two commandments but in the indisputable union between the two commandments. Of the two commandments only one arises. Furthermore, according to Jesus, the new commandment created by this combination is the most important of all. Of this new commandment the Lord says: "There is no commandment greater than these." And with this prayer he reveals that the two commandments must be united and considered only one commandment. After describing this colloquy between the scribe and the Lord, Saint Mark says: *"And no one dared to ask him questions"*, as if to indicate that the answer hit the nail on the head, and therefore any other question was superfluous.

Even the scribe who asked the Lord the question can see the importance of this new commandment. Hearing the words of Jesus, the scribe tells him that he is very right and that fulfilling this new commandment, *"is worth more than all the burnt offerings and sacrifices."* With this phrase, what the scribe implies is something unusual in the Jewish faith of the time of Jesus. For the Jews, the most important thing was to visit the temple and offer sacrifices to God on the altar. But what Christ tells the scribe, and also tells us, is that this new commandment, this command of purely Christian love, is the summary of all the other existing precepts in the Jewish world. For us today it is the concept that supports all the commandments, laws and precepts of our Christian faith.

St. Mark, by suggesting that burnt offerings and sacrifices are worth no more than love of God and neighbor, is laying the groundwork for the disappearance of the need to offer burnt offerings and bloody sacrifices to God on the altar of the temple. He is saying that it does not matter if the temple in Jerusalem disappears completely or if the authorities no longer allow followers of Christ to participate in the liturgy that is celebrated there. Wherever there is true love, love of God and neighbor, the new liturgy is celebrated. It is a new cult in which the animals are no longer sacrificed but Jesus himself is the victim who is sacrificed at Mass, the Sacrifice of the Altar of the new liturgy of the Christian community.

Years after Saint Mark wrote his Gospel, Saint John adds something else to what Saint Mark says that Christ taught, *"This new command I give you: love one another. Just as I have loved you, you must also love one another. In this way everyone will know that they are my disciples, if they love one another"*. The sign that distinguishes Christianity from other religions is that we not only love our God but we show that love by loving one another.

Trigésimo Segundo Domingo del Tiempo Ordinario
Ciclo B Tomo 3
Lecturas: (L1) 1 Reyes 17, 10-16 (L2) Hebreos 9, 24-28 (Ev) Marcos 12, 38-44

En las lecturas de la misa hoy las mujeres juegan un papel sobresaliente y positivo. Además se trata de mujeres viudas, que es otro dato muy importante que debemos recordar si queremos entender mejor lo que los autores de estas lecturas quieren ensenarnos.

Los hechos narrados en la primera lectura son de la vida del profeta Elías. Su nombre significa "Mi Dios es Yahvé" y vivió más o menos en el siglo IX a. C. Durante la época del profeta, y de hecho hasta hace no muchos años, ser viuda era el equivalente a vivir una vida de extrema pobreza. Si bien se esperaba que los hombres protegieran y mantuvieran a sus esposas e hijos, el destino de las mujeres y los niños dependía del marido mientras vivía éste. Después de su muerte, una viuda dependía de sus hijos. Si la viuda tenía suerte, sus hijos eran amables y la cuidaban hasta su muerte. Si no tenía suerte o no tenía hijos, tenía que acostumbrarse a una vida de mendicidad.

Tanto la Primera Lectura como el Evangelio nos presentan dos viudas. No como ejemplo de pobreza sino como ejemplo de generosidad dentro de la pobreza. El autor del Primer Libro de los Reyes, nos cuenta la historia de una viuda en Sarepta, una región que había sufrido una sequia de tres anos en duración. Solo le quedaba unos granos de harina y unas gotas de aceite parar alimentarse ella y su hijo. Sus planes eran de mezclar los ingredientes que tenia, amasar la masa y hornear el pan. Después, ella y su hijo esperarían la muerte por hambre, que seguramente les viniera ya que no tenían más comida. En esa situación llega el profeta Elías y le pide agua y pan. La viuda, sabiendo que no tiene suficiente pan par alimenta el profeta, le dice que es imposible hacer lo que pide. Al fin, la mujer accede. El don de la generosidad que Dios le ha dado la mueve a dar lo que iba ser su última cena al profeta. No piensa en lo que le ocurrirá a ella y su hijo, solo piensa en someterse a la voz de Dios que le llega por medio del profeta Elías. Dios le premia por su generosidad haciendo que, *"Ni la orza de harina se vació, ni la alcuza de aceite se agotó hasta que llegue la lluvia a la región".* Al ver Dios la fe de la viuda y su desprendimiento la premia con abundancia de comida para sustentarla y su hijo.

En el Evangelio escuchamos la historia de una mujer excepcional, una viuda que visita el templo y de la que el Señor comenta. Siendo pobre y necesitada, no tenía la obligación bajo la ley judía de dar limosna para el culto en el templo. Si tuviera la obligación de dar estas limosnas, su acción habría sido generosa porque dio todo de lo poco que tenía. Pero entregó su última moneda, todo lo que tenía para vivir aunque no estaba obligada a hacerlo y eso hace brillar su generosidad, precisamente porque hizo algo que estaba más allá de la obligación. No era que fuera generosa con Dios, sino que de su corazón le salió el mostrar su amor por Dios dando todo lo que tenía. Es inevitable el contraste entre la actitud de la viuda que echó su última moneda en la colecta y la de los ricos que dieron lo que sobraba de su riqueza.

Hermanas y hermanos en Cristo, el ser humano fue creado a la imagen de Dios. El Todopoderoso es también el "todo generoso". Dios nos da tanto y espera tan poco. Todo lo que pide es que lo amemos y seamos fieles a él. Esa generosidad es la que Dios espera que imitemos. La generosidad de las dos viudas es un reflejo fiel de la generosidad misma de Dios. Es la misma generosidad divina que impulso a Jesús a ofrecerse como un sacrificio libremente en la cruz por nuestros pecados. Sigue ofreciéndose como víctima propiciatoria cada día en cada Misa que se celebra en los templos católicos. En su existencia en esta tierra, Jesús sabía que no había nacido como ser humano para condenar a la humanidad sino para salvarla. Continúa en el cielo intercediendo por nosotros de una manera generosa y eterna. Nada ni nadie queda excluido de su generosidad.

Thirty Second Sunday of Ordinary Time
Cycle B Book 3
Readings: (R1) 1 Kings 17:10-16 (R2) Hebrews 9:24-28 (Gos) Mark 12:38-44

In today's Mass readings, women play an outstanding and positive role. The readings are about widowed women, which is another very important fact that we must remember if we want to better understand what the authors of these readings want to teach us.

The events narrated in the first reading are from the life of the prophet Elijah. His name means "My God is Yahweh" and he lived more or less in the 9th century BC. During the time of the prophet, and in fact until not many years ago, being a widow was the equivalent of living a life of extreme poverty. While men were expected to protect and provide for their wives and children, the fate of women and children depended on the husband while he was alive. After his death a widow was dependent on her children. If the widow was lucky, her children were kind and cared for her until her death. If she was unlucky or had no children, she had to get used to a life of begging.

Both the First Reading and the Gospel present us with two widows. Not as an example of poverty but as an example of generosity within poverty. The author of the First Book of Kings tells us the story of a widow in Sarepta, a region that had suffered a three-year drought. She only had a few grains of flour and a few drops of oil to feed herself and her son. Her plans were to mix the ingredients she had, knead the dough and bake the bread. Later, she and her son would wait for death from hunger, which would surely come to them since they had no more food. In this situation the prophet Elijah arrives and asks for water and bread. The widow, knowing that she does not have enough bread to feed the prophet, tells him that it is impossible to do what he asks. Finally, the woman agrees. The gift of generosity that God has given her moves her to give what was to be her last supper to the prophet. She does not think about what will happen to her and her son, she only thinks about submitting to the voice of God that comes to her through the prophet Elijah. God rewards her for her generosity by saying that, *"Neither the flour jar will be empty, nor the oil bowl be exhausted until the rain comes to the region."* When God sees the faith of the widow and her unselfishness, he rewards her with an abundance of food to support her and her son.

In the Gospel we hear the story of an exceptional woman, a widow who visits the temple and of whom the Lord comments. Being poor and needy, she had no obligation under Jewish law to give alms for temple worship. If she had the obligation to give these alms, her action would have been generous because she gave all of the little that she had. But she gave up her last coin, everything she had to live on even though she was not obligated to do so and this makes her generosity shine, precisely because she did something that was beyond the obligation. It wasn't that she was generous to God, but that it came from her heart to show her love for God by giving everything she had. The contrast between the attitude of the widow who gave her last coin in the collection and that of the rich who gave the leftovers of their wealth is inevitable.

My sisters and brothers in Christ, human beings were created in the image of God. The Almighty is also the "all generous". God gives us so much and expects so little. All he asks is that we love him and be faithful to him. That generosity is what God expects us to imitate. The generosity of the two widows is a faithful reflection of God's great generosity. It is the same divine generosity that prompted Jesus to offer himself as a sacrifice freely on the cross for our sins. He continues to offer himself as a sacrificial victim each day at each Mass that is celebrated in Catholic churches. While he lived on this earth, Jesus knew that he was not born as a human being to condemn humanity but to save it. He continues to intercede for us in heaven in a generous and eternal way. Nothing and no one is excluded from his generosity.

Trigésimo Tercer Domingo del Tiempo Ordinario
Ciclo B Tomo 3
Lecturas: (L1) Daniel 12, 1-3 (L2) Hebreos 10, 11-14. 18 (Ev) Marcos 13, 24-32

Las lecturas hoy se pueden interpretar o explicar de dos diferentes maneras. Y no solo son maneras diferentes sino completamente opuestas: la esperanza y la desesperanza. Ninguno de los escritores de las Sagradas Escrituras fueron reporteros o historiadores de su tiempo mucho menos del fin de los tiempos. Les hubiera sido imposible describir con certeza los acontecimientos de los últimos anos y días de la existencia de este mundo. Así que usando un lenguaje casi misterioso y usando símbolos tratan de explicar el misterio del fin de la historia humana. Por lo tanto, debemos estar atentos para no confundir el mensaje que quieren transmitir con las palabras que usa. Las palabras tienen que dar a sus lectores una sensación de la enorme importancia del final de todo: *"el sol se hará tinieblas, la luna no dará su resplandor, las estrellas caerán del cielo, los astros se tambalearán"*. Oculto tras esta escena horrorosa hay un mensaje de Dios: *"El mundo en que vive la humanidad no es eterno. La historia tendrá un fin."*

San Marcos usa el lenguaje apocalíptico judío muy de moda y muy apropiado en sus tiempos en el mundo que conocía él. Las comunidades cristianas sufrían persecuciones no solo de los romanos sino de quienes hace poco habían sido correligionarios suyos y que ahora les consideraban herejes. Este hecho es importante pero, aunque trágico en sí, no debe distraernos de la revelación de Dios. El mensaje es que Dios se ha revelado al mundo. Solo lo conocemos tal y como es porque quiso revelarse de una manera cierta, irrevocable y verdadera en Jesucristo, nuestro Señor, Dios y Salvador. Aunque ha sido revelado, sigue siendo un misterio. No podemos satisfacer nuestra curiosidad, no podemos dar una explicación detallada y razonable del "por qué" de la revelación de nuestro Dios Trino precisamente en un punto de la historia humana tan limitada y precaria.

Sin embargo, la verdad es que Dios apareció de manera repentina, inesperada y extraordinaria. El nacimiento de Nuestro Señor, en circunstancias de extrema pobreza, en un establo, de una virgen, y como un niño indefenso que ni siquiera podía levantar la cabeza sin ayuda, es imprevisible e incomprensible. Y más desconcertantes son las palabras del evangelista San Marcos en el Evangelio de hoy cuando describe lo que sucederá en el último día de nuestra existencia como género humano: *"Entonces verán al Hijo del hombre venir sobre las nubes con gran poder y majestad; enviará a los ángeles a reunir a sus elegidos de los cuatro vientos, de horizonte a horizonte"*. El bebé pequeño, el hombre crucificado, vendrá con gran poder y majestad. Eso es increíble.

Nos debe alentar las palabras de Jesucristo, según el evangelio de Marcos: *"enviará a los ángeles para reunir a sus elegidos de los cuatro vientos, de horizonte a horizonte"*. El evangelista habla sólo de los elegidos. De los condenados no se nos dice nada. ¿Puede ser que el último día se cerrará con un feliz término? Esta es otra situación en que se puede usar la frase, "Solo Dios sabe". La suerte final de cada persona está envuelta en el misterio más absoluto. Es por eso que a la Iglesia no le gusta comentar sobre el destino final de cualquier persona. El proceso de canonización es la excepción pero la Iglesia solo se atreve decir que alguna persona está en el cielo tras un largo y complicado proceso de investigación. ¿Por qué? Pues precisamente porque hay cosas que "Solo Dios sabe." El mismo Jesús al hablar de cuándo serán los últimos tiempos dice, *"el día y la hora nadie lo sabe, ni los ángeles del cielo ni el Hijo, sólo el Padre."* Lo mismo ocurre con el destino final de las almas de los difuntos.

Lo que sabemos es que el evangelio de hoy nos da un gran consuelo y una extraordinaria confianza en el poder y en la misericordia de Dios. Porque no sólo estamos en espera en este mundo, sino que somos esperados en el otro por Dios, santísima Virgen María, santos, nuestros familiares, por todos nuestros seres queridos. Todos están esperando que nuestra vida termine para poder disfrutar de nuestra compañía otra vez. Por eso Jesucristo murió en la cruz, para que todos pudiéramos disfrutar de la compañía de todos nuestros seres amados otra vez. Nos esperan para darnos un abrazo. Y seguramente nos lo darán si nos arrepentimos y dejamos que Cristo nos santifique con su gracia y su amor.

Thirty Third Sunday of Ordinary Time
Cycle B Book 3
Readings: (R1) Daniel 12, 1-3 (R2) Hebrews 10:11-14, 18 (Gos) Mark 13:24-32

The readings today can be interpreted or explained in two different ways. They are not only ways that are different but completely opposite: hope and despair. None of the writers of the Holy Scriptures were reporters or historians of their time, much less of the end times. It would have been impossible for them to describe with certainty the events of the last years and days of the existence of this world. So using an almost mysterious language and using symbols they try to explain the mystery of the end of human history. Therefore, we should be careful so as not to confuse the message they want to convey with the words they use. The words have to give their readers a feeling of the enormous importance of the end of everything: *"the sun will go dark, the moon will not shine, the stars will fall from the sky, the stars will sway."* Hidden behind this horrific scene is a message from God: *"The world in which humanity lives is not eternal. History will end."*

Saint Mark uses the Jewish apocalyptic language very fashionable and very appropriate in his time in the world he knew. The Christian communities suffered persecution not only from the Romans but from those who had recently been their co-religionists and who now considered them to be heretics. This fact is important but, although tragic in itself, it should not distract us from God's revelation. The message is that God has revealed himself to the world. We only know God as He is because He wanted to reveal Himself in a certain, irrevocable and true way in Jesus Christ, our Lord, God and Savior. Although he has been revealed, he remains a mystery. We cannot satisfy our curiosity, we cannot give a detailed and reasonable explanation of the "why" of the revelation of our Triune God at precisely such a limited and precarious point in human history.

However, the truth is that God appeared in a sudden, unexpected and extraordinary way. The birth of Our Lord, in circumstances of acute poverty, in a stable, of a virgin, and as a helpless child who could not even lift his head without help is unforeseeable and incomprehensible. And more puzzling are the words of the evangelist Saint Mark in the Gospel today when he describes what will happen on the last day of our existence as a human race: *"Then they will see the Son of man coming on the clouds with great power and majesty; he will send the angels to gather his elect from the four winds, from horizon to horizon"*. The small baby, the crucified man, will come in great power and majesty. That is incredible.

We should be encouraged by the words of Jesus Christ, according to the Gospel of Mark: *"he will send angels to gather his elect from the four winds, from horizon to horizon."* The evangelist speaks only of the elect. Could it be that the last day will end with a happy ending? This is another situation where the phrase, "Only God knows" can be used. The final fate of each person is shrouded in absolute mystery. That is why the Church does not like to comment on the final destiny of any person. The canonization process is the exception but the Church only dares to say that someone is in heaven after a long and complicated investigation process. Why? Well, precisely because there are things that "Only God knows." Jesus himself, when speaking of when the end times will be, says, *"Nobody knows the day and hour, neither the angels of heaven nor the Son, only the Father."* The same goes for the final destination of the souls of the departed.

What we do know is that today's gospel gives us great comfort and extraordinary confidence in the power and mercy of God. Because not only are we waiting in this world, but we are waited for in the other by God, the Blessed Virgin Mary, the saints, our relatives, by all our loved ones. Everyone is waiting for our life to end so that they can enjoy our company again. That is why Jesus Christ died on the cross, so that we could all enjoy the company of all our loved ones again. They are waiting for us to give us a hug. And they will surely give it to us if we repent and allow Christ to sanctify us with his grace and love.

Nuestro Señor Jesucristo, Rey del Universo
Ciclo B Tomo 3
Lecturas: (L1) Daniel 7, 13-14 (L2) Apocalipsis 1, 5-8 (Ev) Juan 18, 33b-37

¡Viva Cristo Rey!

Hoy celebramos la Solemnidad de Nuestro Señor Jesucristo, Rey del Universo.

Con esta solemnidad se cierra el año litúrgico después de haber celebrado todos los misterios de la vida del Señor. Es como si el año litúrgico fuese una recopilación de todo el misterio salvífico. Hoy celebramos el amor del Rey del Universo que vino a establecer su reinado no con el aire de soberbia y prepotencia del conquistador sino con la bondad y la mansedumbre del pastor. Las lecturas que hemos escuchado hoy nos muestran a Jesús como el soberano poderoso ante una sociedad que parece querer vivir de espaldas a Dios.

La soberanía de Cristo sobre toda la creación alcanzará su plenitud tras el juicio final pero el proceso de reconciliar consigo todo lo que existe ya ha comenzado. El vínculo misterioso entre Dios Creador y su creación, roto por el Pecado Original de Adán, fue restablecido por la crucifixión y muerte de Jesucristo. Este acontecimiento es un punto clave en la historia de la humanidad. Cuando haya establecido el cielo nuevo y la tierra nueva, tras su venida gloriosa al fin de los tiempos, Cristo ofrecerá toda la creación en solemne homenaje a Dios Padre.

Ya conocemos el resultado de la guerra contra Satanás, el pecado, el dolor y la muerte. Cristo ha vencido los poderes oscuros del enemigo. El vínculo de amor y gracia entre Dios y la humanidad ha sido restaurado al encarnarse Jesucristo. El Reino de Dios está cerca. Esta es la buena nueva que Jesucristo vino a anunciar a la humanidad. El amor de Dios y la salvación que nos trajo Jesucristo está a nuestro alcance. Solo tenemos que abrir nuestros corazones a Dios y cumplir sus mandamientos. A este reino pueden entrar todos los que llevan una vida sin pecado. No importa si nuestra vida pasada no fue digna o si en ella hubo pecado. El encuentro amoroso con Jesús en el Sacramento de la Reconciliación nos salvará dándonos la paz verdadera.

Por eso el cristiano no puede mantenerse pasivo ante el reinado de Cristo en el mundo. Los cristianos estamos llamados a extender el Reino de Cristo, aquí, en la tierra. Nuestra tarea es luchar para que no haya tantos odios ni tantas crueldades. Nuestra meta es extender a nuestro alrededor el amor y la comprensión. Esto lo lograremos mediante una evangelización constante y sincera.

Los que muestran su amor a Dios al servir a sus hermanos y hermanas con humildad, los que practican bien las obras de la misericordia, esos entrarán en el Reino. Para los egoístas, los soberbios y los duros de corazón no hay lugar en el Reino de Dios. Cuando tratamos de anunciar la buena nueva y colaboramos en la extensión del Reino anunciado por Jesús, cuando procuramos hacer más humano y más cristiano el mundo que nos rodea, podremos decir que somos seguidores de Cristo. Siempre debemos recordar que en el Reino de Dios la contraseña es "servir es reinar."

Que Cristo reine en nuestros corazones, en nuestros pensamientos y en nuestras acciones, siempre y en todas partes.

¡Viva Cristo Rey!

Our Lord, Jesus Christ, King of the Universe
Cycle B Book 3
Readings: (R1) Daniel 7:13-14 (R2) Revelation 1:5-8 (Gos) John 18, 33b-37

Long live Christ the King!

Today we celebrate the Solemnity of Our Lord Jesus Christ, King of the Universe.

With this solemnity the liturgical year closes after having celebrated all the mysteries of the life of the Lord. It is as if the liturgical year were a compilation of the entire salvific mystery. Today we celebrate the love of the King of the Universe who came to establish his reign not with the air of pride and arrogance of the conqueror but with the kindness and meekness of the shepherd. The readings we have heard today show us Jesus as the powerful sovereign in a society that seems to want to live with its back to God.

The sovereignty of Christ over all creation will reach its fullness after the final judgment, but the process of reconciling all that exists to himself has already begun. The mysterious link between God the Creator and his creation, broken by the Original Sin of Adam, was reestablished by the crucifixion and death of Jesus Christ. This event is a key point in the history of mankind. When he has established the new heaven and the new earth, after his glorious coming at the end of time, Christ will offer all creation in solemn homage to God the Father.

We already know the outcome of the war against Satan, sin, pain, and death. Christ has conquered the dark powers of the enemy. The bond of love and grace between God and humanity has been restored by the incarnation of Jesus Christ. The Kingdom of God is near. This is the good news that Jesus Christ came to announce to humanity. The love of God and the salvation that Jesus Christ brought us is within our reach. We just have to open our hearts to God and keep his commandments. This kingdom can be entered by all who lead a sinless life. It does not matter if our past life was not worthy or if there was sin in it. The loving encounter with Jesus in the Sacrament of Reconciliation will save us by giving us true peace.

That is why the Christian cannot remain passive before the reign of Christ in the world. Christians are called to extend the Kingdom of Christ, here on earth. Our task is to fight so that there is not so much hatred or so much cruelty. Our goal is to spread love and understanding around us. We will achieve this through constant and sincere evangelization.

Those who show their love for God by serving their brothers and sisters with humility, those who do the works of mercy well, they will enter the Kingdom. For the selfish, the proud and the hard-hearted there is no place in the Kingdom of God. When we try to announce the good news and collaborate in the extension of the Kingdom announced by Jesus, when we try to make the world around us more human and more Christian, we can say that we are followers of Christ. We must always remember that in the Kingdom of God the password is "to serve is to reign."

May Christ reign in our hearts, in our thoughts and in our actions, always and everywhere.

Live Christ the King!

www.ingramcontent.com/pod-product-compliance
Lightning Source LLC
LaVergne TN
LVHW061313060426
835507LV00019B/2128